金融街 **10** 号丛书
The Series of No.10 Financial Street

金融街**10**号丛书
The Series of No.10 Financial Street

债券市场发展研究
（第四辑）

STUDY ON THE DEVELOPMENT
OF BOND MARKET

中央国债登记结算有限责任公司◎主编

全 国 百 佳 图 书 出 版 单 位

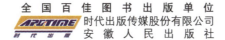
时代出版传媒股份有限公司
安 徽 人 民 出 版 社

图书在版编目（CIP）数据

债券市场发展研究（第四辑）/ 中央国债登记结算有限责任公司 主编 . --
合肥：安徽人民出版社，2022.3

（金融街 10 号丛书）

ISBN 978-7-212-09644-1

Ⅰ . ①债… Ⅱ . ①中… Ⅲ . ①债券市场—研究—中国 Ⅳ . ① F832.51

中国版本图书馆 CIP 数据核字 (2021) 第 222489 号

债券市场发展研究（第四辑）
ZHAIQUAN SHICHANG FAZHAN YANJIU (DI SI JI)

中央国债登记结算有限责任公司　主编

出 版 人：杨迎会　　　　　　　　　　丛书策划：曾昭勇　白　明

责任编辑：李　芳　　　　　　　　　　责任印制：董　亮

封面设计：许润泽

出版发行：时代出版传媒股份有限公司 http://www.press - mart.com

　　　　　安徽人民出版社 http://www.ahpeople.com

地　　址：合肥市政务文化新区翡翠路 1118 号出版传媒广场八楼　　邮编：230071

电　　话：0551-63533258　0551-63533259（传真）

印　　刷：安徽省人民印刷有限公司

开本：710mm×1010mm　1/16　　印张：22.75　　　　字数：300 千

版次：2022 年 3 月第 1 版　　　　2022 年 3 月第 1 次印刷

ISBN 978 - 7 - 212 - 09644 - 1　　　　　　　　　定价：36.00 元

目录

利率市场化必然会降低商业银行的盈利能力吗？

——基于信贷资源配置效率的探讨

李栋

摘　要： 利率市场化改革后，中央银行将利率定价权交还给市场，商业银行间的竞争必然会导致均衡时的存贷款利差收窄。但是存贷款收窄就一定意味着商业银行从表内业务中获得的收入降低吗？本文指出，利率市场化对商业银行盈利能力的影响有两种效应，利差效应倾向于降低表内业务利润，而由信贷资源配置效率提升所产生的再配置效应则倾向于提高商业银行的利润，最终影响取决于这两种效应的相对强弱。利用理论模型和数值模拟，本文证实了，在我国再配置效应可能大于利差效应，因而利率市场化有可能提升商业银行的利润水平。此外，利率市场化还有助于增加经济的总产出，提高社会福利水平。

关键词： 利率市场化　商业银行　国有企业　民营企业　信贷配置

一、引言

利率市场化是实现资源有效配置的必要条件。作为资金的价格，利率发挥着指示器的功能，引导资金从回报率低的部门流向回报率高的部门，最终使得经济中所有风险调整后的回报率相等。然而，上述机制有一个重要前提，就是利率是可以由市场自发决定。如果利率是由中央计划者人为管制的，则很难充分反映资金之间的供求状况，此时其信号功能就会被扭曲，并降低资金的配置效率。

我国的利率水平长期以来都受到中央银行的管制，这有其历史必然性。在计划经济时代，一切价格水平都处于政府的管制下，利率水平自然也不例外，经济中的所有利率水平都由重要政府决定，体现了计划经济的资源配置方式（王廷科，2003）。1996年伊始，中国人民银行开启了利率市场化的步伐，遵循"先外币后本币、先贷款后存款、先长期大额后短期小额"的总体思路，渐进式地放松对于利率水平的管制。在21世纪的第一个十年，我国完全放开外币的存贷款利率，对于本币的存贷款利率也实行了有管理的浮动利率，即规定存款利率上限和贷款利率下限，但央行始终不敢轻易放松对于利率的控制权。这是因为，一方面在改革开放至今的40年内，我国的经济增长模式主要是"投资＋出口"的双引擎驱动模式，巨大的投资需求需要由商业银行提供价格低廉的贷款作为支撑，因而央行必须对贷款利率进行管制；另一方面，在利率管制阶段商业银行的主要利润来源于存贷款利差所带来的收入，随着银行业的不断发展，我国商业银行间的竞争愈发激烈，为了能够争夺到更多的存款和贷款资源，各家银行必然都会将提高存款利率、降低贷款利率作为自己的最优策略，这种价格战最终会导致存贷款利差的收窄，降低商业银行的盈利能力。要保证银行能获得足够的利润以维持经营，中央银行必须对存款利率进行管制，维持一定的利率差。因此，尽管我国的利率市场化进程至今已 20 年有余，中国人民银行也曾表露出要尽快完成利率市场化改革的决心，但其对于存贷款基准利率的调控却始终没有真正放开。

2013 年 7 月，央行取消了对于商业银行的贷款利率下限管制；2015 年 10 月进一步放开了存款利率上限的管制，这意味着利率市场化改革迈出其关键一步。因此有学者称，我国的利率市场化改革已经实现，这其实是一种极具误导性的判断。事实上，即便是放开了对于利率定价的限制，中央银行依然会对商业银行的存贷款利率进行指导。究其原因，首先，我国利率市场化的制度基础尚未建设完毕，基准利率、银行业的准入和退出机制以及其他领域的配套改革仍处于缺位状态；其次，参考国际经验，存贷款利率的完全放开往往伴随着银行业的系统性风险，以存贷利差为主要利润来源的银行的盈利能力会受到较大冲击，进而引起金融市场乃至实体经济的动荡。国内外的许多学者就利率市场化对商业银行的影响展开了理论分析和实证检验，Kaminsky & Reinhart（1999）利用从 1970 年至 1995 年间 20 个国家的面板数据进行实证分析，发现金融自由化直接导致了银行业危机。Cubillas et al.（2013）进一步考察了 83 个发达和发展中国家的 4333 家银行，发现利率市场化确实提高了商业银行的风险暴露，但发生的渠道不同：对于发达国家而言，利率市场化主要通过加剧银行间竞争而提高风险；对于发展中国家而言，则是通过提高银行的风险偏好而增加其脆弱性。国内的学者也得出了类似的结论，如彭建刚等（2016）利用做市商模型对我国 2003 至 2014 年间 45 家商业银行进行了分析，发现在利率市场化的进程中，商业银行存贷款利差呈现先扩大后缩小的趋势；李媛（2014）则指出，利率市场化对我国商业银行盈利能力的影响取决于改革推进时所处的宏观经济环境，在繁荣期对银行利润的影响较小，衰退期的影响则较为显著。总而言之，综合前人的研究可以发现，利率市场化导致商业银行的利差收窄似乎已成为公认的事实，利差收窄会降低商业银行的盈利能力，因而导致银行业危机。据此，学者们指出，商业银行需要转变经营理念，加快金融创新，拓展表外业务以弥补表内业务收入下降对其利润造成的冲击（王廷科，2003；金玲玲等，2012，李宏瑾，2015）。

然而，上述文献都存在一个共同的问题，就是仅仅从总量上分析了存贷款利差缩小这一成本因素，并没有从结构上分析利率市场化后，资源配置效率提高所带来的收益。本文认为，在放开利率管制后，市场化的定价机制会导致利率市场化后均衡时的存贷款利差小于管制时期的存贷款利差，这一点已成为不争的事实。但存贷款利差收窄必然导致商业银行的利润下降这一命题并不一定正确。在我国，商业银行向两种所有制的企业发放贷款：国有企业和民营企业，在利率管制时期，商业银行有激励向国有企业提供大量的价格低廉的贷款，这就造成了信贷资源的错配。一旦利率价格由市场决定，这种扭曲将会被修正乃至消除，商业银行的部分贷款资源将从效率较低的国有企业流向效率较高的民营企业，进而提高其从贷款中获得的收入。一旦这种资源有效配置所带来的收益超过利差收窄产生的成本，那么商业银行的利润水平就有可能提高。

基于此，本文构建了一个动态一般均衡模型，以分析利率市场化对商业银行利润的影响，在一定程度上弥补了此类文献的缺失。通过对模型进行数值模拟，我们得出了几个比较重要的结论：第一，利率市场化提高了经济的总产出，这是由资本在国有企业和民营企业间的重新配置所带来的效率改进；第二，利率市场化改进了经济总体的福利水平；第三，尽管存贷款利差有所收窄，但商业银行的利润水平有所上升，这主要来源于贷款资源配置效率的提高给商业银行带来的收益。

本文余下部分安排如下，第二部分是理论分析，探讨了利率市场化对商业银行利润的影响机理；第三部分和第四部分是本文的理论模型，分别介绍了利率市场化情形下的模型和利率管制情形下的模型，并推导出了一些关键结论，第五部分是针对上述两个模型的数值模拟，第六部分是结论。

二、利率市场化对商业银行利润影响的机理探讨

利率管制的重要目的之一就是维持一定的存贷款利差水平。在金融市场发展的初期，商业银行的业务结构相对单一，以存贷款业务为主，因此其最主要的利润来源就是贷款业务的收入减去存款业务的成本。随着银行业整体的不断发展，行业内部的结构也在不断演化。在我国，曾经工农中建交五大国有银行独大的局面已不复存在，类似招商银行、民生银行等股份制银行异军突起，加剧了市场整体的竞争程度。为了获取充足的信贷资源以维持自身的行业地位和一定的利润水平，商业银行纷纷展开"价格战"，用较高的存款利率吸引储户，并用较低的贷款利率吸引借款人。如果不对利率水平进行管控，那么在这种博弈的过程中银行的利润会越来越低，最终降至 0 甚至为负，导致银行业危机爆发，对金融市场和实体经济产生较大的冲击。因此，为了避免金融动荡，政府有必要实施存款上限和贷款下限的管制以维持一定的利差水平，从而保证商业银行的运营。

然而，随着我国经济的不断发展，利率管制已很难适应当前经济发展的需要，利率市场化改革迫在眉睫。首先，根据 Shaw（1973）的"金融深化"理论，低利率会降低居民的储蓄意愿，导致金融脱媒，限制了银行的放贷能力，进而降低投资效率，最终导致经济增速下降。而政府为了避免经济下滑，必然会出台更严厉的利率管制措施，进一步降低实际利率水平，导致储蓄资源的进一步萎缩，最终形成恶性循环。对于我国而言，上述机制已然发生，截至目前我国各大商业银行一年期的定期存款利率在 2% 左右的水平，活期存款利率仅为 0.35% 左右，而 2018 年年初以来的通货膨胀率为 2.7%，实际存款利率已然为负。相比之下，市场上的货币基金产品的名义收益率为 3%~4% 之间，比定期存款利率更高；且流动性与活期存款相同或类似，这必然导致居民的储蓄意愿下降，因此"金融脱媒"的现象在我国愈演愈烈。其次，我国正在经历由高速增长向高质量增长的转型，利率管制的必要性也在逐渐下降。过去为了支撑"投资＋出口"双引擎的增长模式，政府必须保证商业银行能够为企业提供大量的廉价贷款以满足巨大的投资需求，同时保证商业银行获得一定的利润以维持经营，因此，对利率水平进行管制以为这一增长引擎注入源源不断的动力。可如今这一模式所带来的边际产出在不断递减，投资效率的降低和由外贸环境所导致的外部需求高度不确定，使得以投资和出口拉动经济增长的方式难以为继。这就要求我国转变发展思路，改变增长模式，因此党的十九大报告提出"我国经济已由高速增长阶段转向高质量增长阶段"，而利率市场化正是这种转变的必要前提。只有让利率水平充分反映出各部门的经济效益，才能让资金自发地流向回报率更高的部门，在这种资金不断流动的过程中由市场选择新的增长点，并促进经济结构的优化。最后，随着我国的金融市场发展的深化，各种金融创新产品也层出不穷，这导致央行对于 M2 等货币供应量的统计愈发困难，对于居民货币需求的预测也越来越不稳定。如果没有办法精确地测量居民货币需求，那么数量型货币政策必定会大打折扣。为了提高我国货币政策的执行效率，实现货币政策由数量型向价格型的转变，客观上也要求我国尽快推进利率市场化。

我国的利率市场化改革确实是以渐进的方式稳步推进。在 21 世纪初，央行放松了对于外币的存贷款利率限制，但对本币实行有管理的浮动利率制度，即规定存款利率上限和贷款利率下限。在 2013 年 10 月，中国人民银行取消了对于贷款利率下限的管制，2015 年 6 月进一步放开了对存款利率上限的管制。然而，这并不意味着利率的定价权就被完全交还给市场，时至今日，商业银行的存贷款利率依然是在央行的指导下形成。这也是为什么在存款利率上限放开后，市场并没有观察到如理论所预言的利差收窄。

可以确信的是，一旦央行将利率定价权完全交还给市场，那么银行业内部激烈的竞争必然会导致利率市场化后均衡时的利差水平低于管制下的利差水平。但是，利差水平的收窄一定意味着商业银行从存贷款业务中获得利润下降吗？本文认为：在我国并非如此。利率市场化对商业银行利润的影响应该存在两种效应，第一种是利差效应，即利差的收窄会倾向于降低商业银行传统业务的利润；第二种是再配置效应，即利率市场化后，资源配置效率的提高所带来的银行贷款业务收入的上升。我国的市场中存在两类所有制企业：国有企业和民营企业，商业银行需要基于一定的原则向这两类企业提供贷款，并收取利息费用。如果利率是由资金的供求关系决定的，那么贷款利率理应满足边际收益法则，即不论对国有企业还是民营企业而言，其最优的贷款需求量都应该是使得最后一单位贷款所带来的边际产出等于边际成本，而商业银行同样可以基于这一原则分别给两类企业的贷款定价，此时的信贷配置是有效率的。然而，在利率管制时代，信贷资源在国有企业和民营企业间的配置却存在扭曲，具体而言国有企业获得了相对过剩的贷款，而民营企业的贷款较为稀缺。这主要是因为贷款利率受到管制，无法充分反映违约风险、流动性风险和期限风险，商业银行就无从基于风险为贷款定价，因而其自身也倾向于将更多的信贷资源配置在风险较小且有政府隐性担保的国有企业上。在上述因素的作用下，就出现了效率较低的国有企业贷款过剩，而效率较高的民营企业却普遍面临"融资难、融资贵"的局面。这不仅导致信贷资源错配，经济结构扭曲，经济增长效率受损，而且也使得商业银行从贷款业务中获得的收入下降了。然而，一旦利率市场化改革得以实现，商业银行能够基于国有企业和民营企业的经营效率和风险来对贷款进行定价，那么资源配置的效率也能够得到改善，在提高经济发展质量的同时有助于提升商业银行的贷款业务收入。这就是利率市场化的再配置效应，它倾向于提高商业银行的利润水平。由此可见，利率市场化对商业银行的盈利能力有两种截然相反的效应，利差效应倾向于降低商业银行的利润水平，而再配置效应则倾向于提高商业银行的盈利能力，最终的影响应取决于这两种效应的相对强弱，这就是本文意图探讨的问题。在剩余部分我们将构建具有中国特色的动态一般均衡模型，刻画出我国特有的国有企业和民营企业并存的供给侧结构，并利用该模型分析利率市场化对我国经济效率和商业银行利润的影响。

三、利率市场化情形下的模型

我们首先构建完全利率市场化下的模型，并将之命名为经济 I。经济

I包含三个部门：家庭部门、企业部门和商业银行部门，下文对其逐一进行刻画。

（一）家庭部门

家庭部门中，存在两类异质性个体，工人和企业家。工人的一生期的效用函数为：

$$\sum_{t=0}^{\infty}\left(\beta^{w}\right)^{t} u\left(c_{t}^{w}, n_{t}^{w}\right) \qquad (1)$$

其中 β^{w} 表示工人的贴现率。假定即期效用是对数函数：

$$u(c_{t}^{w}, n_{t}^{w}) = \ln c_{t}^{w} + b\ln(1 - n_{t}^{w}) \qquad (2)$$

c_{t}^{w} 表示工人在第 t 期的消费，n_{t}^{w} 是在第 t 期的劳动供给，b 是消费和闲暇的替代弹性。将工人的时间禀赋标准化为 1，则 $1 - n_{t}^{w}$ 表示他在第 t 期所享受的闲暇。在第 0 期，工人拥有数量为 D_{0} 的初始资本禀赋，此后的每一期，工人的收入分为两块：在国有企业工作所获得的工资性收入和从银行存款中获得的财产性收入。其支出也分为两块，即每期的消费和银行存款量。因此工人在第 t 期的预算约束为：

$$c_{t}^{w} + d_{t} \leq (1 + r_{t-1}^{d} - \delta)d_{t-1} + w_{t}^{G}n_{t}^{w}, \quad D_{0}给定 \qquad (3)$$

其中 d_{t} 表示工人在第 t 期的存款，r_{t-1}^{d} 是商业银行提供给工人的存款利率，w_{t}^{G} 是国有企业支付给工人的工资率，δ 是资本折旧率。假定工人对于未来是完美预见的，他们需要在（3）式的约束下选择自己的消费、劳动供给和储蓄以最大化一生期的效用（1）。把上述序列问题转化为动态规划问题，则工人的 Bellman 方程为：

$$V(d_{t-1}) = \max_{c_{t}^{w}, n_{t}^{w}, d_{t}} \ln c_{t}^{w} + b\ln(1 - n_{t}^{w}) + \beta^{w}V(d_{t})$$
$$s.t. \ c_{t}^{w} + d_{t} = (1 + r_{t-1}^{d})d_{t-1} + w_{t}^{G}n_{t}^{w}, \quad D_{0}给定 \qquad (4)$$

企业家的效用函数和预算约束的设定与工人类似，在此不再赘述，直接给出企业家的 Bellman 方程：

$$V(k_{t-1}^e) = \max_{c_t^e, n_t^e, k_t^e} \ln c_t^e + b \ln(1 - n_t^e) + \beta^e V(k_t^e)$$

$$s.t. \quad c_t^e + k_t^e = (1 + r_{t-1}^p)k_{t-1}^e + w_t^p n_t^p + \Pi_t, \quad K_0 给定 \tag{5}$$

其中，c_t^e、n_t^e、k_t^e 分别表示企业家在第 t 期所选择的消费、劳动供给和资本存量，β^e 是企业家的贴现率，r_{t-1}^p 和 w_t^p 是民营企业提供给企业家的资本回报率和工资率，Π_t 为银行利润。比较最优化问题（4）和（5）可以发现，工人和企业家的异质性主要体现在三个方面。首先，金融市场的参与度不同。在现实经济中，尽管国有企业归全体国民所有，但工人并不能直接向国企投资。此外，受到市场门槛（Albanesi，2007）等不完备因素的限制，工人的金融市场参与度较低，往往会以存款的方式持有其未消费掉的收入。企业家则不同，他们拥有民营企业，可以将多余的收入直接投入企业进行生产并赚取更高的资本收入。其次，劳动力市场分割。我国的劳动力市场存在分割，因而我们假定工人只供职于国有企业，而企业家只供职于民营企业。最后，贴现率不同。由于工人是储蓄者，企业家则需要贷款以经营企业，因而工人相较于企业家更有耐心，即 $\beta^w > \beta^e$。求解（4）和（5）可以得到如下最优性条件：

$$\frac{1}{c_t^w} = \beta^w (1 + r_t^d - \delta) \frac{1}{c_{t+1}^w} \tag{6}$$

$$b \frac{c_t^w}{n_t^w} = w_t^G \tag{7}$$

$$\frac{1}{c_t^e} = \beta^e (1 + r_t^p - \delta) \frac{1}{c_{t+1}^e} \tag{8}$$

$$b \frac{c_t^e}{n_t^e} = w_t^p \tag{9}$$

其中（6）和（8）式分别是工人和企业家消费的欧拉方程，（7）式和（9）式分别是工人和企业家的期内最优化条件。

（二）商业银行

作为本经济中唯一的金融中介，商业银行是连接家庭部门和企业部门的桥梁，承担着资金融通的功能。在每一期，商业银行从工人处吸收存款，并把存款贷放给国有企业和民营企业进行生产。此外，商业银行还从事同业拆借业务，每期从其他银行处借贷同业存款，并支付利息。我们假定商业银行是以利润最大化为目标的，它每期选择吸收的存款量、放出的贷款量和与其他银行拆借的资金数目以最大化自身的利润。因此，商业银行的利润函数为：

$$\Pi = \max_{d_t, l_t^G, l_t^P, IB_t} \sum_{t=0}^{\infty} \left\{ \begin{array}{l} (1+r_{t-1}^G)l_{t-1}^G - l_t^G + (1+r_{t-1}^P)l_{t-1}^P - l_t^P + d_t - (1+r_{t-1}^d)d_{t-1} \\ -(1+i_{t-1}^{ib})IB_{t-1} + IB_t - \dfrac{\sigma_d d_{t-1}^2 + \sigma_l^G (l_{t-1}^G)^2 + \sigma_l^P (l_{t-1}^P)^2}{2} \end{array} \right\} \quad （10）$$

（10）式中，l_t^G 和 l_t^P 分别是商业银行在第 t 期向国有企业和民营企业提供的贷款，r_{t-1}^G 和 r_{t-1}^P 是第 t 期向上一期的贷款所收取的利率。d_t 是银行从工人处吸收的存款，r_{t-1}^d 是为上一期存款所支付的利率。IB_t 是商业银行在第 t 期从其他银行处所获得的同业贷款，i_{t-1}^{ib} 是银行间的同业拆借利率。$\dfrac{\sigma_d d_{t-1}^2 + \sigma_l^G (l_{t-1}^G)^2 + \sigma_l^P (l_{t-1}^P)^2}{2}$ 表示银行所付出的管理成本，由于银行需要对其所收取的存款和放出的贷款进行管理并会产生费用，因此，这一项可以看成是银行运营的成本。与以往处理银行管理成本的方式不同（戴金平和陈汉鹏，2013；林琳等，2016），在我们的模型中，假定银行对于每单位国有企业贷款的管理成本 σ_l^G 和民营企业的成本 σ_l^P 是不同的。这是因为，相较而言国有企业由于可抵押的资产规模足够大且有政府的隐性担保，风险相对较小，因而银行需要为这部分贷款付出的管理成本也较低。然而民营企业没有充足的抵押物作保证，且由于其与银行间信息不对称的程度更高，银行为了防止逆向选择和道德风险的发生必须进行更多的调查、评估和监管活动，从而这部分贷款的管理成本更高。基于此，我们自然而然地假定$\sigma_l^G < \sigma_l^P$。银行的预算平衡条件为：

$$l_t^G + l_t^P = d_t + IB_t \tag{11}$$

把均衡条件（11）代入利润函数（10）式可以消掉所有的跨期项，因而银行的终生利润最大化问题等同于最大化每一期的利润，即

$$\Pi = \max_{d_t, l_t^G, l_t^P, IB_t} (1+r_t^G)l_t^G + (1+r_t^P)l_t^P - (1+r_t^d)d_t$$
$$- (1+i_t^{ib})(l_t^G + l_t^P - d_t) - \frac{\sigma_d d_t^2 + \sigma_l^G (l_t^G)^2 + \sigma_l^P (l_t^P)^2}{2} \tag{12}$$

注意到上式等号右边的第四项再次运用了均衡条件（11），即$IB_t = l_t^G + l_t^P - d_t$求解（12）式，可以得到银行的最优化条件为：

$$r_t^G = r_t^{ib} + \sigma_l^G \tag{13}$$

$$r_t^P = r_t^{ib} + \sigma_l^P \tag{14}$$

$$r_t^d = r_t^{ib} - \sigma_d \tag{15}$$

（13）-（15）式是商业银行利率的定价规则。从本质上来说，商业银行的各种利率都是以基准利率（即我们这里的银行间同业拆借利率）为准，并在此基础上加上一个风险溢价。由于民营企业的风险较高，银行给其提供贷款时需要付出的管理成本更高，因而在市场化情形下，民营企业的贷款利率也会更高。

（三）企业部门

本模型中的企业分为国有企业和民营企业。这两类企业的所有制结构不同，国有企业由国家经营和管理，民营企业是私有制的，其所有人就是企业家。国有企业的生产函数为：

$$Y_t^G = A_t^G \left(K_t^G \right)^\alpha \left(n_t^G \right)^{1-\alpha} \tag{16}$$

其中 Y_t^G 是国有企业生产的产品，A_t^G 是国企的全要素生产率，K_t^G 和 n_t^G 分别是国有企业生产时所使用的资本和劳动力，α 是国企资本的要素密集度。民营企业的生产函数为：

$$Y_t^P = A_t^P \left(K_t^P \right)^\theta \left(n_t^P \right)^{1-\theta} \tag{17}$$

其中的变量定义与国企相同。从（16）和（17）式可以看出，国有企业和民营企业的异质性主要有两点。第一，国企和民企的全要素生产率不同。因此，我们假定 $A_t^G < A_t^P$，且全要素生产率的运动方程为：

$$A_t^i = \bar{A}^i + \rho^i A_{t-1}^i, \quad i = G, P$$

第二，国企和民企的要素密集度不同。由于国有企业往往集中在第二产业，是资本密集型企业，而民企大多分布在第三产业，其吸纳劳动力的能力比国有企业要强，因而是劳动密集型企业。根据这些典型事实，我们假定 $\alpha > \theta$。除此之外，国有企业和民营企业是相同的，他们生产同质化的产品，并在商品市场上完全竞争。

由于国企和民企是完全竞争的，因而他们都是价格接受者。为了简便起见，我们把商品的价格标准化为1。国有企业和民营企业的利润最大化问题为：

$$\max_{K_t^i, n_t^i} Y_t^i - r_t^i K_t^i - w_t^i n_t^i, \quad i = G, P \tag{18}$$

求解（18）式，可以得到国企和民企的最优性条件为：

$$r_t^G = \alpha A_t^G \left(K_t^G\right)^{\alpha-1} \left(n_t^G\right)^{1-\alpha} \tag{19}$$

$$w_t^G = (1-\alpha) A_t^G \left(K_t^G\right)^{\alpha} \left(n_t^G\right)^{-\alpha} \tag{20}$$

$$r_t^P = \theta A_t^P \left(K_t^P\right)^{\theta-1} \left(n_t^P\right)^{1-\theta} \tag{21}$$

$$w_t^P = (1-\theta) A_t^P \left(K_t^P\right)^{\theta} \left(n_t^P\right)^{-\theta} \tag{22}$$

（四）均衡

我们的经济共存在三个市场：产品市场、要素市场和金融市场。

产品市场的均衡条件为：

$$c_t^w + c_t^e = Y_t^G + Y_t^P$$

要素市场的均衡条件为：

$$n_t^w = n_t^G, \quad K_t^G = l_t^G$$

$$n_t^e = n_t^P, \quad K_t^P = l_t^P + K_t^e$$

金融市场的均衡条件为：

$$l_t^G + l_t^P = d_t + IB_t$$

四、利率管制情形下的模型

在本部分我们刻画利率管制情形下的经济，并将之称为经济 II。假定央行对商业银行的存贷款利率实行管制。此时，银行部门的利润最大化条件为：

$$\Pi = \max_{d_t, l_t^G, l_t^P, IB_t} (1+\overline{r}^G)l_t^G + (1+\hat{r}_t^P)l_t^P - (1+\overline{r}^d)d_t$$
$$-(1+i_t^{ib})(l_t^G + l_t^P - d_t) - \frac{\sigma_d d_t^2 + \sigma_l^G (l_t^G)^2 + \sigma_l^P (l_t^P)^2}{2} \tag{23}$$

比较（23）和（12）式可以发现，利率管制前后主要有三个因素发生了变化,第一是银行给家庭的存款利率$\overline{r}^d$,由于存款利率是管制的,因而它不再由均衡条件(15)决定,而是由央行直接设定。第二是商业银行给国有企业的贷款利率$\overline{r}^G = \overline{r}^l - \tau$,其中$\overline{r}^l$是央行规定的贷款基准利率,$\tau$表示商业银行对国有企业的贷款优惠。第三是民营企业的贷款利率$\hat{r}_t^P$,商业银行并不会按照管制利率给民企贷款,往往是基于管制利率的一定程度的上浮。我们认为,这意味着商业银行给民营企业的贷款利率既考虑了基准利率的约束,同时也基于一定程度的市场化行为。因此,将给民营企业的贷款利率设置为贷款基准利率和民企的资本回报率的加权平均,即:

$$\hat{r}_t^P = \lambda \overline{r}^l + (1-\lambda) r_t^p \qquad (24)$$

其中,$\overline{r}^l$表示央行所设定的贷款基准利率,λ度量了贷款利率的市场化程度。

存款利率管制同样会影响家庭部门。利率管制影响最直接的就是资本性收入,此时工人存款所获得的收益不再由其与银行间存款的供求关系决定,而是直接由央行给定,因而工人家庭的预算约束变为:

$$c_t^w + d_t \leq (1 + \overline{r}^d) d_{t-1} + w_t^G n_t^w \qquad (25)$$

为了简便起见,模型的其他部分则与经济 I 完全相同。

五、数值模拟

在第三部分和第四部分的模型中,我们得出了一些关键结论。在本部分中,我们将对模型进行数值模拟,以求更直观地揭示利率市场化对商业银行利润和整个宏观经济的影响,首先对参数进行校准。

（一）参数校准

企业部门需要校准的参数包括 $\{\alpha, \theta, \rho^s, \rho^p, \bar{A}^s, \bar{A}^p\}$。借鉴杨汝岱（2015）等的做法，我们利用 1997—2013 年的工业企业数据库估计出了 $\alpha = 0.381$，$\theta = 0.312$，以及国企和私企的 TFP 分别为 2.98 和 14.43，把这两个值近似看成是稳态下国有企业和民营企业的全要素生产率水平。考虑到民营企业的技术进步速率高于国有企业，我们设定 $\rho^s = 0.8$，$\rho^p = 0.9$，进而计算出 $\bar{A}^s = 0.569$ 和 $\bar{A}^p = 1.443$。

家庭部门需要校准的参数包括 $\{\beta^w, \beta^e, b\}$，β^w 和 β^e 分别是工人和企业家的主观贴现率，我国的学者一般取 0.93~0.99，考虑到企业家相较于工人更耐心，我们设定 $\beta^w = 0.93$，$\beta^e = 0.97$。b 是劳动的替代弹性，考虑到我国劳动者每日的实际工作时间较长，约占总时间的 40%，结合其他参数的取值，我们设定 $b = 1.5$。

银行部门需要校准的参数包括 $\{r^{ib}, \sigma_d, \sigma_l^G, \sigma_l^P, \bar{r}^l, \bar{r}^d, \tau, \lambda\}$，$r^{ib}$ 是市场基准利率水平，我国目前尚无官方认可的市场基准利率，我们选择 2018 年以来一年期的中债收益率的均值作为基准利率，即 $r^{ib} = 0.03$。σ_d、σ_l^G 和 σ_l^P 分别表示商业银行对存款、国企贷款和民企贷款的管理成本，本文将之设定为 $\sigma_d = 0.004$，$\sigma_l^G = 0.0171$，$\sigma_l^P = 0.0453$。$\bar{r}^l$ 和 $\bar{r}^d$ 分别是中央银行设定的存贷款基准利率，参考中国人民银行的官方利率水平，我们将 $\bar{r}^l$ 设定为 4.5%，$\bar{r}^d$ 设定为 2%。τ 是商业银行对国有企业的折扣，将之设定为 0.5%。λ 表示商业银行在对民营企业的贷款进行定价时，市场化因素所占比重，我们令 $\lambda = 0.5$。

（二）经济的稳态特征

表 1 中列出了利率市场化情形下一些关键变量的稳态值：

表 1　利率市场化下的稳态

变量名	数值	变量名	数值
工人消费	14.29	企业家消费	55.38
工人劳动供给	0.3611	企业家劳动供给	0.3439
国企贷款利率	4.71%	民企贷款利率	7.53%
国企贷款占比	65.43%	民企贷款占比	34.57%
国企产出	20.2	民企产出	62.75
银行利润	4.03	存款利率	3.5%

资料来源: 利用 Matlab 对模型进行数值模拟后整理得到。

为了形成对比,我们在表 2 中给出管制利率下的稳态情形:

表 2　利率管制下的稳态

变量名	数值	变量名	数值
工人消费	13.54	企业家消费	55.12
工人劳动供给	0.3534	企业家劳动供给	0.3470
国企贷款利率	4%	民企贷款利率	5.72%
国企贷款占比	78.64%	民企贷款占比	21.36%
国企产出	18.56	民企产出	62.2
银行利润	1.29	存款利率	2%

资料来源: 利用 Matlab 对模型进行数值模拟后整理得到。

比较表 1 和表 2,我们可以得出如下关键结论。结论一: 利率市场化提高了经济增长的效率和质量。在利率市场化情形下,信贷资源得到了有效配置,使得国有企业和民营企业的产出都有所增加,因而经济中的总供给上升。结论二: 利率市场化提高了稳态下居民的福利水平。在利率管制情形下,由于两类企业的产出水平都相对较低,因而工人和企业家的消费也较低,而且由于商业银行存在对民营企业的信贷抑制,民营企业家为了维持企业运营进行了过度的资本积累，进一步限制了其消费。在利率市场化后，得益于资源配置效率改善所带来的产出上升，工人和企业家的消费水平都有所上升。对于企业家而言，其稳态时的劳动供给下降意味着闲暇的上升，因而其福利水平得到了显著改进；对于工人而言，尽管国企资本的减少使得其劳动供给增加并降低了其从闲暇中获得的效用，但经过计算不难发现这种效用的降低被消费上升而带来的效用增加所抵消了，因此不论工人还是企业家的效用水平都有所提高，经济的整体福利水平得到了提升。结论三：利率市场化缩小了商业银行的存贷款利差，但提高了其利润水平。在利率管制下，商业银行只能对民营企业进行一定的市场化定价，为国有企业提供的贷款利率和为居民提供的存款利率都被限制在一个固定的水平上，经计算可以得到此时商业银行的存贷款利差为 2.37%；利率市场化改革完成后，商业银行对所有的利率都可以进行自由定价，因而所有的利率水平都有所上浮，这表明利率管制确实抑制了商业银行的定价权，此时的存贷款利差为 2.18%，这意味着利差效应确实存在，即利率市场化使得商业银行的存贷款利差收窄。然而，信贷资源配置效率的提高增加了商业银行从贷款中获得的收入，并最终使得利率市场化情形下商业银行的利润水平高于利率管制情形下的利润水平。这一结果非常具有启发性，对于我国而言，在利率管制时期信贷资源在国有企业和民营企业间错配严重，而修正这种错配所带来的好处是巨大的，可能使得利率市场化对商业银行的再配置效应超过利差效应，并使得拥有自主定价权的商业银行从表内业务中获得的利润也有所增加。

（三）外部冲击对各变量的影响

本节中我们对模型的动态转移进行了模拟。假定经济中发生了一单位永久冲击，首先考察利率市场化时的效应。从图 1 可知，当冲击发生时，银

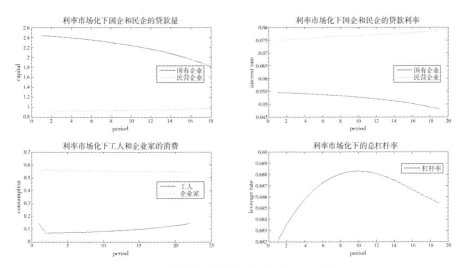

图 1　利率市场化下各变量对冲击的反应

行会减少给国有企业的贷款，并增加给民营企业的贷款，这一效应导致国有企业的贷款利率下降，而民营企业的贷款利率大幅提升。从消费上来看，冲击发生后，企业家的消费比较平稳，但工人的消费先是大幅下降，后小幅提升。最后，经济中的总杠杆率先是上升后下降。

　　图 2 是利率管制的情形。首先，我们发现此时冲击持续的时间变短了，

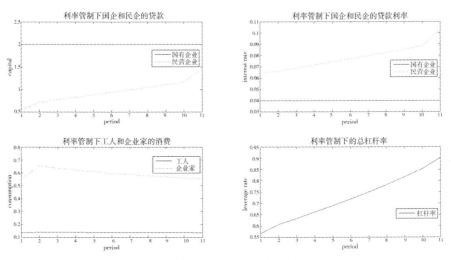

图 2　利率管制下各变量对冲击的反应

对经济变量的影响仅存在了 11 期，这意味着当央行进行利率管制时，确实可以有效抵御系统性的冲击。但是这种防御力量的增加是以效率损失为代价的。在利率管制的情形下，由于根据我们模型的设定，给国企的贷款利率是不变的，因而由（13）式可知，给国企的贷款数量也不变。此时，当冲击发生后，给民企的贷款量有所增加，且收取的贷款利率大幅上升。这意味着在利率管制下，民营企业是受到冲击影响最严重的部门。然而，图 2 告诉我们，此时经济中的杠杆率大大上升了，这意味着利率市场化有去杠杆的效果。

最后，图 3 显示了利率市场化和利率管制下银行的利润。当冲击刚刚发生的时候，银行利润是有所上升的，这是因为银行把更多的资金分配给了利率更高的民营企业。然而，当利率市场化以后，随着时间的推移，商业银行减少了给国企的贷款，且国企的偿债能力下降，贷款利率也下降。尽管民营企业的贷款量和利率都有所上升，但还是不足以减少国企贷款下降所导致的利润流失，因而在长期中银行利润下降幅度较大。相比而言，在利率管制的情形下，由于国企的贷款量和贷款利率是固定的，因而一开始银行是亏损

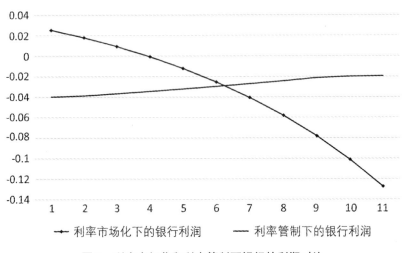

图 3　利率市场化和利率管制下银行的利润对比

的，但随着给民企的贷款增加，这种亏损会逐渐减少。从图 3 可以发现，在 6 期以前，利率市场化情形下商业银行的抗风险能力强于管制情形。但如果银行自身不及时调整其业务结构，那么从第 7 期开始它的状况将会变差。因此放开利率管制后，尽管商业银行单纯依靠利差在稳态时获得的利润也能增加，但如果业务结构单一，会导致长期抗风险能力的下降。为了降低银行受到的冲击，在放开管制后必须要求银行转变经营思路，扩充表外业务，在增加利润的同时提高其抗风险能力。

六、结论

我国已然进入利率市场化改革的攻坚阶段，探讨利率市场化改革对商业银行乃至经济增长质量的影响意义重大。以往的研究者都认为利率市场化后商业银行的存贷款利差会收窄，因此，其从表内获得的利润将会受到冲击。本文指出，此类分析仅仅考虑了利率市场化对商业银行产生的利差效应，没有考虑信贷资源配置效率提高所带来的再配置效应。如果利率市场化使得商业银行将更多的资本配置到效率更高的民营企业，则其从贷款业务中获得的收入就会提高，当这种再配置效应超过利差效应时，即便是利率市场化完成后，商业银行从表内业务中获得的收入也会有所提高。

本文通过构建了一个包含工人和企业家作为消费者，国有企业和民营企业作为生产者，以及以追求利润最大化为目标的商业银行的三部门模型，较为清晰地刻画了利率市场化对宏观经济和商业银行的影响机理。根据数值模拟的结果，本文得出：利率市场化有助于优化信贷资源在国有企业和民营企业间的配置，优化经济结构，提高经济增长的效率和质量；利率市场化所带来的经济效率的改善提高了整体的社会福利水平；利率市场化确实使得商业银行的利差收窄，但改革后信贷资源配置效率的提高使得商业银行从贷款业务中获得的收入水平超过了存款利率上升所带来的成本，最终使得商业银行从表内业务中获得的利润有所提高。但这并不意味着商业银行只要维持现在的业务结构就能高枕无忧了，我们进一步证明了利率市场化降低了商业银行的抗风险能力，当面临系统性冲击时，尽管短期内商业银行从表内业务中获得的收入有可能上升，但在中长期内其所遭受的利润损失显著大于利率管制下的情形。因此，商业银行依然应该积极拓宽业务范围，调整业务结构，着力金融创新，提高自身的抗风险能力。

当然，模型并不能完全代表现实，在我们模型中的部分假设其实正是我国要努力的方向。例如，我们假定商业银行有完全的能力基于风险收益特征为企业的贷款进行定价，但事实上我国的商业银行目前尚不具备这样的能力，而这种定价能力本身也可能是利率市场化后商业银行面临的风险（黄金老，2001）。因此，本文认为，如果真正想让商业银行和中国经济从信贷资源有效配置中获得较大的帕累托改进，在推进利率市场化改革同时，还应注重提高商业银行的定价能力，建议商业银行选取中债企业债收益率曲线作为商业银行贷款定价基准。

参考文献：

[1] 易纲. 中国改革开放三十年的利率市场化进程 [J]. 金融研究，2009 (1).

[2] 孙国峰，段志明. 中期政策利率传导机制研究——基于商业银行两部门决策模型的分析 [J]. 经济学 [J], 2016 (10).

[3] 马骏、纪敏等. 新货币政策框架下的利率传导机制 [M]. 北京：中国金融出版社 , 2016.

［4］马骏,洪浩,贾彦东,张施杭胤,李宏瑾,安国俊.收益率曲线在货币政策传导中的作用[R].中国人民银行工作论文,2016.

［5］张健华,等.我国均衡利率的估算研究[R].中国人民银行金融研究重点课题获奖报告,2012.

［6］李栋,王超群,周舟.推动存贷款利率市场化[J].中国金融,2018(3).

地方政府债务与经济增长的关系研究

——以空间经济学的视角

李怡达

摘　要：党的十九大报告中明确提出中国特色社会主义进入新时代，中国经济从高数量增长向高质量增长转型，经济风险增加，尤其更加注重对叠加风险的控制。杠杆率过高是风险之一，其中，地方政府债务问题风险的一个方面，地方政府债务是把"双刃剑"，其对经济增长具有积极推动作用，但是很少有人关注其对经济的空间作用。本研究就是站在空间的角度，探索地方政府债务对经济增长的空间影响，在政策制定中或是管控地方政府债务过程中应充分考虑这一空间作用，以推动中国经济的健康发展。

关键词：地方政府债务　经济增长　空间效应

一、问题的提出

现阶段，中国经济正处于转变发展方式、优化经济结构、转换增长动力的攻关期，新一轮经济转型的特征更趋明显（胡玲，安娜，刘玉龙，2018）。

整个经济正从高速增长转向高质量发展阶段。经济转型是经济发展向更高级形态、更复杂分工、更合理结构演变的"惊险一跃",在此过程中,各类风险易发高发,可能会集中释放。在中国国情下,地方政府是"全能型政府"(李晓飞,2019),在经济发展中起到举足轻重的作用。学者们对地方政府债务问题多有研究(龚强,王俊,贾珅,2019;马海涛,吕强,2004;宋立,2004;于海峰,崔迪,2010),因为我国政府部门显性债务规模占 GDP 的比重增长较快,2008—2016 年由 27.1% 提高到 46.4%。若考虑隐性债务,政府部门债务规模扩张明显加快,且近年来地方政府债务特别是隐性债务增长较快。

有人认为过度依赖债务驱动的增长模式是杠杆率攀升的根源,对于地方政府债务对经济的推动机制已有研究,在此基础上也有学者分析出了最优的地方政府债务规模。但是,以上研究中缺乏了对一个重要因素的考量:空间因素。地理学第一定律指出:任何事物与别的事物之间都是相关的,但近处的事物比远处的事物相关性更强。

加入空间因素的考量,才能更加准确地了解地方政府杠杆率增加的深层次原因,才能反映出地方政府债务和经济增长的关系。因此本研究就是要回答两个问题:地方政府之间举债会互相影响吗?地方政府举债对经济增长空间影响机制是什么?

二、理论分析与待检验的命题

(一)地方政府债务与经济增长关系的理论机制分析

传统理论认为,经济增长主要依靠三驾马车,投资消费和净出口,其中投资分为政府投资和非政府投资,经济增长的主要推动力是资本的形成,投资是使资本形成最直接的力量（武剑，1999），但是对于投资资金的来源很少进行细分。财政平衡理论一度占有主导地位，政府投资资金主要是来自前一年的财政收入，政府不具有债务。随着发展政府负债进行投资的理论开始盛行。

政府负债投资促进经济增长的逻辑比较明确，一个理性的经济发展范式是从简单的劳动分工模式到日益复杂模式的持续演进（杨小凯，1997），为了促进经济发展，地方政府希望通过"招商引资"的方式，制度经济学家更喜欢将其归纳为制度因素（North，1995），其根本上是通过基础设施建设和在保证产权、税收等方面做出了"可信承诺"，基础设施建设需要财政支出作保证，税收优惠相应也需要财政支持。当基础设施建设完善，税收优惠时，带来产业集聚，增加了地区的经济活力，带来经济增长。

（二）地方政府债务空间相关性的理论分析

地方政府的招商引资往往具有竞争性。学术界常常将这种机制归纳为"竞争锦标赛""登顶比赛"或是"自上而下的标尺竞争"（评判标准就是地方经济的 GDP 表现）（张晏、夏纪军，2007；傅勇、张晏，2007），地方政府之间的相互竞争促进了资源配置的效率。但地方政府面临着严格的公共财政和金融约束，没有足够的资金提高基本公共服务和设施水平，因此，地方政府通过"举债"来进行基础设施建设，由于地方政府之间的竞争，距离越近的城市竞争性越强，因此，地方政府债务具有了空间的相关性。

关于空间相关性的原因归纳总结来看有以下四个方面：

1. 观测数据地理位置接近（geographical proximity）。由于地理位置的接近而导致的空间相关性是空间相关性最初的定义，与地理学第一定律相吻合，这种相关性是一种普遍现象。

2. 个体间互相竞争和合作（cocompetition and coordination）。相近的个体或是面临相同市场的个体，会在空间上相互竞争和合作，进而做出相近的行为，这在信息交流便利，交通发达的今天尤为突出。

3. 模仿行为（copy cat）。在一个样本中，单个个体会重复或模仿一个或几个特定个体的行为。在这种情况下，如果不考虑空间相关性，所建立的模型会和真实情况相差较远。

4. 溢出效应（spillover effect）。溢出效应是指经济活动和过程中的外部性对未参与经济活动和过程的周围个体的影响，经济活动中，城市间房价的溢出效应已经被广泛证实（余华义、黄燕芬，2015）。不同城市之间的经济活动往来往往是溢出效应产生的基础。

三、计量模型与样本数据

（一）计量模型

为了能从空间溢出的角度更加直观地分析地方政府土地供应行为对住房市场的空间影响，首先应该对住房价格的空间数据进行统计意义上的相关性分析。传统的描述性统计方法局限于缺少空间变量，只能对数据做时间维度的描述分析，对数据的变化趋势规律做一定的总结，缺乏空间分布的描述，致使其无法进一步揭示现象的内在特征和关联特性。近年来学者们多采用地统计学（Geostatistics）理论为核心的探索性空间数据分析（Exploratory Spatial Data Analysis, ESDA）方法对空间数据的变动趋势和分布模式等进行统计分析，并采用多种软件工具（ArcGIS、Matlab、Geoda、Stata、R）来实现这一目标。对住宅价格的空间分布进行统计分析的目的为：第一是更好地把据住宅价格的空间分布的特征；第二是对住宅价格城市之间的空间效应进行检验，以作为后期建立计量经济模型奠定基础。

空间数据的空间效应有很多分类标准，就从检验和基础标准来讲，可分为"空间依赖"（Spatial Dependence）和"空间异质"（Spatial Heterogeneous）两个概念（Anselin, 1988）。"空间依赖"（Spatial Dependence）就城市数据来讲常常表现为数据在城市之间的"空间自相关"（Spatial Autocorrelation），指的就是分布在同一空间中的不同样本点，样本观测值之间存在相互依赖（Griffth, 1987; Ansilin and Getis, 1992），具体原因为：相同、相近的地理环境，频繁的经济活动交流等。

空间自相关用公式可以表示为：

$$\text{cov}(P_i, P_j) = E(P_i P_j) - E(P_i)E(P_j) \neq 0, i \neq j \qquad （1）$$

其中，i 和 j 表示不同城市，P_i 和 P_j 分别表示城市 i 和城市 j 的住宅价格。根据研究空间范围总体和局部区域的不同，可以分为全局空间自相关（Global Spatial Autocorrelation）和局部空间自相关（Local Spatial Autocorrelation）。空间相关性的分析首先要建立起空间权重矩阵。

（二）空间权重矩阵的构建

以区域经济管理的角度进行研究，要将表示空间效应的变量引入经济管理过程中去，建立空间计量模型进行空间统计分析。一般的操作方法是采用空间权重矩阵 W 来表达各个样本在空间区域内的邻近关系，其一般形式如下：

$$\overline{W} = \begin{pmatrix} W_{11} & W_{12} & \cdots & W_{1n} \\ W_{21} & W_{22} & \cdots & W_{2n} \\ \vdots & \vdots & \vdots & \vdots \\ W_{n1} & W_{n2} & \cdots & W_{nn} \end{pmatrix}$$

式中的 W_{ij} 表示地区 i 和地区 j 之间的邻近关系。空间经济学研究中关于空间矩阵的构造一直是有争议的话题，很难找到一个完全描述空间相关结构的空间矩阵，理论上来看，也不存在完美的空间矩阵，构造空间矩阵的基本原则是要满足"空间相关性随着'距离'的增加而减少"的原则。这里所说的"距离"的概念并非指地理上的"距离"，还包含了两个个体之间经济关系的远近，合作上是否紧密，也可以上升到社会意义上所说的人际关系亲疏与否。

研究空间效应的学者就空间权重的设置做了很多有益的尝试（见表1），归纳总结来看有：

1. 邻接权重，基于相邻关系的矩阵称为邻接矩阵，如果第 i 个空间单元和第 j 个空间单元相邻，则权重分为 1，即 $W_{ij}=1$，否则 $W_{ij}=0$，此时空间单元自身之间定义为"不相邻"。表达式见下表1。需要补充的是，空间单元之间是否邻接的判断方式有三种：一是边界相邻，即两个空间单元有共同边界，这种邻接被称为 Rook 邻接；二是顶点相邻，即两个空间单元之间有共同顶点，则认为他们邻接，这种被称为 Bishop 相邻；三是边界或顶点相邻，即两个空间单元有共同的边界或是相同的顶点，则认为它们相邻，这被称为 Queen 邻接（高远东、温涛和王小华，2013；张兵、翁辰，2015；李鸿渐，2016）。

2. 经济距离权重，主要考虑将两个地区的经济水平差距，一般以人均GDP 来衡量（林光平、龙志和和吴梅，2005，2006；冯烽、叶阿忠，2012）。

3. 空间距离权重，空间权重矩阵可以通过设定距离来确定，这有两种方式，一种是直接按照距离的倒数作为权重，即 $W_{ij}=1/d$，其中 d 表示空间单元 i 和空间单元 j 之间的距离，一般用同一坐标系下的经纬度计算所得，这里所指的距离都是指欧氏距离（Eucliden Distance）[1]；还有一种是通过设定有限空间距离的阈值来确定两个空间单元之间距离的权重，当两个空间单元之间的距离在此阈值之内时，则将权重记为1，即 $W_{ij}=1$，当大于此阈值时，则将权重记为0，即 $W_{ij}=0$，大多数研究采用的是空间距离矩阵（覃成林、杨霞，2017）。

4. 嵌套权重矩阵，常常是以上几种空间权重矩阵的组合，有邻接和经济距离嵌套，有空间距离和经济距离嵌套（Michaela and Andrea，2017；傅鹏、张鹏和周颖，2018）。

表1 空间权重矩阵的设定、内涵及元素计算方法

权重矩阵	含义	元素计算公式	说明
邻接权重	区域 i 和区域 j 之间是否相邻接	$w_{ij} = \begin{cases} 1 \\ 0 \end{cases}$	1 表示相邻，0 表示不相邻
空间距离权重	区域 i 和区域 j 之间地理差距	$w_{ij} = \begin{cases} \dfrac{1}{d^2}, i \neq j \\ 0, i = j \end{cases}$	d 表示两地区地理中心之间的距离
经济距离权重	区域 i 和区域 j 之间经济实力差距	$w_{ij} = \begin{cases} \dfrac{m_i m_j}{r_{ij}^2}, i \neq j \\ 0, i = j \end{cases}$	r_{ij} 为地区 i 与地区 j 的地理距离；m_i 为地区 i 的经济实力，常以人均实际GDP 衡量
竞争矩阵	区域 i 和区域 j 之间投入产出比关系和旅客量等流量数据	$w_{ij} = \begin{cases} \dfrac{a_{ij}}{\sum\limits_k a_{ik}}, i \neq j \\ 0, i = j \end{cases}$	a_{ij} 代表"从区域 i 运往区域 j 的货物"或行业的单位产出对中间品投入行业的需求量

---

[1] 欧氏距离也成为欧几里得度量，是一种常用的距离定义，指的是 m 维空间中两点之间的实际距离，在三维空间中指的是两点之间的实际距离。

续表

权重矩阵	含义	元素计算公式	说明
嵌套权重	区域 i 和区域 j 之间相邻关系和经济距离	$\overline{W} = \overline{W}_d diag\left(\dfrac{\overline{Y_1}}{\overline{Y}}, \cdots, \dfrac{\overline{Y_n}}{\overline{Y}}\right)$	$\overline{W}_d$ 为地理距离空间权重矩阵;$\overline{Y}_i$ 为地区 i 的物质资本存量平均值;$\overline{Y}$ 为总物质资本存量平均值

本研究采用的是中国 35 个大中城市 2007—2016 年的面板数据,只有地理位置随着时间的变化会发生可忽略不计的变化,因此,本研究采用城市之间的地理距离来反映其空间关系。

（三）空间相关性检验

在使用空间计量模型回归之前,优先检验样本数据之间是否存在空间相关性,如果不存在就用传统计量方法即可;如果存在,即可使用空间计量方法,检测空间依赖性的方法,根据研究区域的不同可以分为全局空间自相关分析（Global Spatial Autocorrelation）和局部空间自相关分析。

1. 全局空间自相关分析

全局空间自相关分析研究的是整个研究区域中城市之间的平均关联程度、整体分布情况等,以表明整个区域中对象之间是否存在显著的空间分布模式（Cliff and Ord, 1970）。最常用的检测全局空间自相关的指数包括莫兰指数 I（Moran's I）,吉尔里相邻比率指数 C（Geary's Contiguilty Ratio C）以及 Getis-Ord 指数 G（Getis-Ord's G）,其中莫兰指数 I（Moran's I）最为常用和流行,本研究主要使用 Moran's I 指数。

Moran's I 指数是由澳大利亚统计学家帕特里克·阿尔弗雷德·皮尔斯·莫兰（Patrick Alfred Pierce Moran）于 1950 年首先提出,应用非常广泛。全局空间自相关的 Moran's I 统计量可表示为:

$$I = \frac{\sum_{i=1}^{n}\sum_{j=1}^{n} w_{ij}(x_i - \overline{x})(x_j - \overline{x})}{W_0 S^2} \quad (2)$$

式中：x_i 和 x_j 分别是第 i 个空间和第 j 个空间单元（代表不同城市）的属性观测值；$\overline{x} = \frac{1}{n}\sum_{i=1}^{n} x_i$ 是平均属性值，$S^2 = \frac{1}{n}\sum_{i=1}^{n}(x_i - \overline{x})^2$ 为方差；n 为的空间单元数量；w_{ij} 为空间权重值，$W_0 = \sum_{i=1}^{n}\sum_{j=1}^{n} w_{ij}$ 表示空间权重矩阵 W 的所有元素之和。

在进行显著性统计检验时，一般假设变量 x 服从正态分布，计算 Z 统计量进行判断：

$$Z_I = \frac{I - E(I)}{\sqrt{Var(I)}} \quad (4)$$

其中，$E(I)$ 和 $Var(I)$ 分别是 Moran'I 指数的期望值和方差，计算式为：

$$E(I) = -\frac{1}{n-1} \quad (5)$$

$$Var(I) = \frac{n^2 W_1 - n W_2 + 3 W_0^2}{W_0^2(n^2 - 1)} E(I)^2 \quad (6)$$

其中：

$$W_0 = \sum_{i=1}^{n}\sum_{j=1}^{n} w_{ij}$$

$$W_1 = \frac{1}{2}\sum_{i=1}^{n}\sum_{j=1}^{n}(w_{ij} + w_{ji})^2$$

$$W_2 = \frac{1}{2}\sum_{i=1}^{n}\sum_{j=1}^{n}(w_{ij} + w_{ji})^2$$

选择原假设 $H_0 : I = 0$；备择假设 $H_1 : I \neq 0$。Moran'I 指数可以看作空间

单元 i 和 j 的相关系数，其值域为 −1 到 1，满足：

① $0 < I_i < 1$，表明空间单元 x_i 与周围单元的属性观测值呈正相关，I 越大正相关性越高，属性观测值呈现出高—高集聚或低—低集聚的分布格局；

② $−1 < I_i < 0$，表明空间单元 x_i 与周围单元的属性观测值呈负相关，I 绝对值越大负相关性越高，属性观测值呈现出高—低相异集聚或低—高集聚相异的分布格局；

③ $I_i = 0$，表明空间单元 x_i 与周围单元的属性观测值不存在空间相关。

（四）样本数据

由于数据有限，我们只能收集到 35 个大中城市的地理数据，数据采用的是全国 35 个大中城市 2008 年到 2017 年 10 年的面板数据进行实证分析，地方债务数据比较全的是根据审计署要求的在 2014 年集中公布的政府性债务审计结果，2015 年后皆为抽查结果，数据无法满足市政需要，本研究采用的是 35 个大中城市每年发行的地方债券规模作为地方政府债务的代理变量。

四、地方政府债务与经济增长关系的实证检验

（一）地方政府债务与经济增长的描述性统计分析

本研究运用 ArcGIS 软件，将 35 个大中城市 2008 年到 2017 年的国内生产总值做了可视化处理，发现，我国 35 个大中城市 GDP 具有显著的空间性，上海及其周围 GDP 都较高，北京 GDP 明显高于周边城市，但是 35 个城市 GDP 的变化趋势几乎保持一致。中国 35 个大中城市地方政府债务数据

随机性较强，很难发现明显的城市间的互动。

另外，可以看出一些规律如我国 35 个大中城市 GDP 具有显著的空间相关性，地方政府债务空间性相关性相对较弱，但只从图形观察分析中无法获得科学的结论，后文中将采用科学的方法对空间相关性做进一步的证实。

（二）全局莫兰指数及其检验

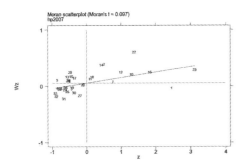

图 1a　2008 年 35 个大中城市 GDP 的 Moran 指数散点图

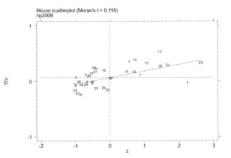

图 1b　2009 年 35 个大中城市 GDP 的 Moran 指数散点图

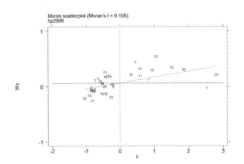

图 1c　2010 年 35 个大中城市 GDP 的 Moran

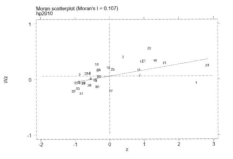

图 1d　2011 年 35 个大中城市住房价格的 Moran 指数散点图

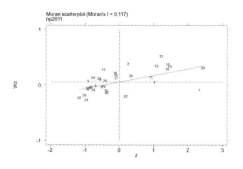

图 1e　2012 年 35 个大中城市住房价格的 Moran 指数散点图

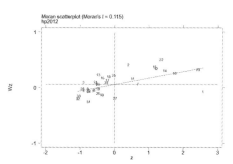

图 1f　2013 年 35 个大中城市 GDP 的 Moran 指数散点图

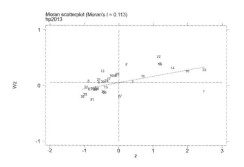

图 1g　2014 年 35 个大中城市 GDP 的 Moran 指数散点图

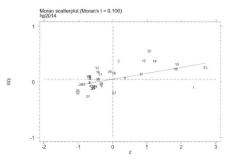

图 1h　2015 年 35 个大中城市住房价格的 Moran 指数散点图

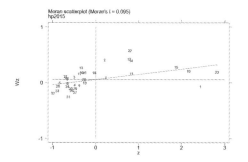

图 1i　2016 年 35 个大中城市住房价格的 Moran 指数散点图

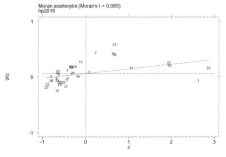

图 1j　2017 年 35 个大中城市住房价格的 Moran 指数散点图

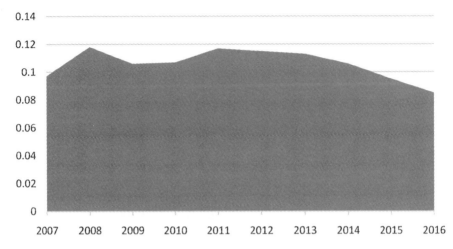

图2 2008—2017年35个大中城市住宅价格的全局Moran's I指数

表2 35个大中城市GDP的全局Moran's I指数及统计值

年份	Moran's I	Z统计值
2008	0.097	4.103（***）
2009	0.118	4.642（***）
2010	0.106	4.316（***）
2011	0.107	4.340（***）
2012	0.117	4.567（***）
2013	0.115	4.546（***）
2014	0.113	4.485（***）
2015	0.106	4.300（***）
2016	0.095	3.991（***）
2017	0.085	3.687（***）

由上表可知,城市 GDP 全局空间自相关指数 Moran's I 均大于零,且 Z 的得分远大于 1.96,通过了 1% 显著性水平检验,拒绝 GDP 城市随机分布的假说,说明 35 个大中城市 GDP 存在着较显著的空间正相关性,即整体上看,城市 GDP 较高的城市与其他高 GDP 的城市相邻,GDP 较低的城市与其他低 GDP 的区域相邻。

（三）地方政府债务与经济增长空间模型的建立

本部分内容要研究相邻区域的土地供应行为对本区域内住房市场的影响,所以本文基于 Elhorst（2014）的研究,本研究设定了一种无约束的空间杜宾模型,包括了因变量,同时也包括了所有自变量的空间滞后项,就本文而言实证模型为:

$$\ln GDP_{it} = \ln GDP_{i,t-1} + \rho \overline{W} \ln GDP_{it} + \beta \ln localdebet_{it} + \theta \overline{W} \ln localdebet_{it} + \sum_{1}^{n} \alpha_{\eta} con_{\eta it} + \varepsilon_{it};$$
$$i = 1,2,3,...,35; t = 2008,2009,...,2017 \tag{7}$$

空间杜宾模型（SDM）同时考虑解释变量和被解释变量的空间滞后项,很好地体现出城市之间地方政府土地供应行为的互动对本城市住宅价格的溢出效应。就模型来说,GDP_{it} 表示城市 GDP,$\overline{W} \ln GDP_{it}$ 是 $\ln GDP_{it}$ 的空间滞后项,系数 ρ 表示空间相邻的其他城市 GDP 的波动对本城市住宅价格的影响, 表示 GDP 的空间溢出; 表示地方政府负债率,$\overline{W} \ln localdebet_{it}$ 为 $\ln localdebet_{it}$ 的空间滞后项,θ 表示空间相邻的其他城市的地方政府负债率对本城市地方政府负债率的影响,也是本研究最关注的系数之一;$con_{\eta it}$ 是控制变量,其中 n 表示控制变量的个数,α_{η} 代表的是控制变量的回归系数,空间权重矩阵用两个城市地理距离来表示,即根据两个城市之间距离的倒数来设定,此数据利用国家基础地理信息系统中的数据计算得到。为了检验估计结果的稳健性,本研究还设置了距离倒数的平方 $\overline{W}$ 进入模型检验,两种权重都经过标准化的处理。

上述两种空间权重法矩阵的具体设定如下：

$$\overline{W}: w_{ij} = \begin{cases} \dfrac{1}{d}, i \neq j \\ 0, i = j \end{cases} \tag{8}$$

$$\overline{W}': w_{ij} = \begin{cases} \dfrac{1}{d^2}, i \neq j \\ 0, i = j \end{cases}$$

（四）变量说明

本部分仍然是选取了中国城市层面的数据作为研究的基础，数据的空间范围是中国 35 个大中城市，时间跨度从 2008 年到 2017 年，N 为 35，T 为 10 的典型短面板数据，地理数据来源于国家基础数据信息系统中各个城市中心的经纬度。因变量是城市 GDP；自变量包括控制变量、解释变量。控制变量包括人口数量（people）、国内生产总值（gdp）、人均可支配收入（income）、公共服务水平（public），解释变量为地方政府的政府债务（local debt）。变量的描述性统计结果见表 4。

表 4　模型所涉及变量的描述统计

数据名称	变量名称	单位	样本量	均值	标准差	最小值	最大值
实际 GDP	gdp	亿元	350	7894.42	73675.49	226.25	1360333
人口数量	people	万人	350	438.52	360.18	86.08	2145.30
实际人均收入	income	元	350	22429.67	11662.12	10099.49	195257.6
负债率	local debt	亿元	350	19.7%	12%	6.6%	56.3%
基本公共服务	public		350	0	1	−1.76	3.48

为避免价格趋势的干扰，研究中所涉及的名义变量都已经通过去价格趋势转化为实际变量[①]，另通过描述统计分析（见表4），变量之间单位不统一，数据之间的差别较大，为了防止单位不同带来的干扰，对所有变量进行了定基对的无量纲化处理，以减少单位不同对回归带来的干扰，为了消除共线性、减少异方差，在回归计算中对变量均取对数。

（五）结果分析

本部分基于前文建立的空间杜宾模型，依次进行了包含空间权重向量及控制变量的参数估计，以检验是否存在地方政府负债率对其他城市的经济增长带来影响的现象。另需要特殊说明的是由于35个大中城市都是直辖市、计划单列市或是省会城市，虽然不在一个省份也会出现跨省份的竞争，所以做全国样本回归具有合理性。

表5　回归结果

| | (1) | | (2) | |
| | SDM-RE($\overline{W}$) | | SDM-RE($\overline{W}$) | |
	估计值	t 统计量	估计值	t 统计量
ρ	0.527***	6.57	0.443***	6.87
people $_{it}$	0.163*	1.65	0.142**	2.08
income $_{it}$	0.201***	4.31	0.268***	4.73
gdp $_{it-1}$	0.035*	1.81	0.039	1.51
public $_{it}$	0.033*	1.71	0.002	1.11
localdebt$_{it}$	0.086***	2.84	0.063*	1.85
Wlocaldebt$_{it}$	0.061***	3.03	0.053***	3.68
常数	0.124	0.26	0.122	0.40

---

① 名义数据除以定基的 CPI 数据即可得到实际数据。

续表

	(1)		(2)	
	SDM-RE($\overline{W}$)		SDM-RE($\overline{W'}$)	
	估计值	t 统计量	估计值	t 统计量
R^2	0.495		0.576	
Log-Likelihood	165.227		249.227	
Hausman	−9.04		−18.52	
OBS	350		350	

注：OBS 为观测值，*、**、*** 分别表示通过显著性水平为 10%、5% 和 1% 的统计检验。

以地方政府债券作为地方政府债务的代理变量做了全国样本的回归分析，结果见表 5。回归过程中分别使用了未使用稳健标准误的随机效应（SDM-RE）和固定效应模型（SDM-FE），经过豪斯曼检验（Hausman）可知，统计量均为负，故可以接受随机效应的原假设，为节约空间，遂在表中也未列出固定效应的估计结果。

表 5 结果显示的是在上一章实证模型基础上加入住宅价格滞后项和工业用地出让面积滞后项的结果，列（1）表示 $\overline{W}$ 作为空间权重矩阵的结果，列（2）表示 $\overline{W'}$ 作为空间权重矩阵的结果，模型主要的回归系数的符号和显著水平基本保持一致，说明该模型所得的结论是稳健的。就以列（1）的结果为主，具体为 GDP 空间滞后系数 ρ 为 0.527，且在 1% 的显著水平上显著，说明全国 35 个大中城市的 GDP 存在空间的正相关性，即周边城市经济波动会影响到本地区的经济，这与大多数学者得到的结论一致，也与图 1 中反映的波动相一致。上一年的本城市 GDP 的系数为 0.086，并在 1% 的显著水平上显著，经济发展具有连续性，这与一般规律相一致。地方政府负债率的空

间滞后项的回归系数为 0.061，并在 1% 的显著水平上显著，说明周边城市的负债率对本城市的负债率有正的溢出效应，周边城市 1% 的负债率增加会导致本城市经济显著增长 0.061%。这个联系到地方政府"招商引资"的竞争便不难理解，周边地方政府为了城市的经济增长而"招商引资"，扩大负债率，本城市地方政府倍感压力，也扩大负债率"招商引资"，进而促进了本地区经济的上涨，各控制变量的估计系数大多是显著的，R^2 为 0.495，对数似然比统计量（Log-Likelihood）为 165.227，说明了该实证模型较好地描述了自变量和因变量之间的关系。

五、结论

本研究是对已有研究的进一步深化，在充分考虑了空间相互作用的基础上，进一步分析了负债率对经济增长的空间影响，佐证了"全国一盘棋"政策的科学性和重要性，更加丰富了现有的研究内容范围。

研究通过建立适宜的空间权重矩阵，以城市中心的欧式距离的倒数作为空间权重矩阵的元素，并对其进行标准化，在此基础上对 35 个大中城市的 GDP 做了空间相关性分析，全局性 Moran's I 指数和局域性分析都证明了城市 GDP 之间存在空间相关性，未考虑空间相关性是不全面的，根据本文研究的特点建立起空间杜宾模型（SDM）。研究发现，周围城市的负债率对本城市的经济发展有显著影响，地方政府之间在负债率方面也有"学习效应"和"竞争效应"，并且"头部效应"显著，经济发展水平越高的城市对周围城市的影响程度更大，这从另一个角度解释了已有研究中经济增长的"波纹效应"，或者说是经济带动作用的存在以及原因，从而佐证了城市群发展的重要意义。

政策调控在"一城一策"的基础上还要有"全国一盘棋"的调控框架，考虑到"头部效应"和"波纹效应"，应着重控制特大型城市的地方政府负债率，以起到模范带头作用。

应充分考虑地方政府之间的空间关系，在政策制定时应用这个关系，构建城市群发展机制，大力推动"京津冀""长三角""中原""成渝""粤港澳大湾区"等城市群的发展，形成有利的增长集体，推动中国经济的持续健康发展。

参考文献：

［1］胡铃，安娜，刘玉龙．打好攻坚战：打好防范金融风险攻坚战 [J]. 金融世界，2018(4).

［2］李晓飞．户籍分割、资源错配与地方包容型政府的置换式治理 [J]. 公共管理学报，2019,16(1):21-33+174-175.

［3］龚强，王俊，贾珅．财政分权视角下的地方政府债务研究：一个综述 [J]. 经济研究，2011(7):144-156.

［4］马海涛，吕强．我国地方政府债务风险问题研究 [J]. 财贸经济，2004(2): 12-17.

［5］宋立．市政收益债券：解决地方政府债务问题的重要途径 [J]. 管理世界，2004(2):27-34.

［6］于海峰，崔迪．防范与化解地方政府债务风险问题研究 [J]. 财政研究，2010(6):56-59.

［7］武剑．储蓄、投资和经济增长——中国资金供求的动态分析 [J]. 经济研究，1999(11):29-38.

［8］杨小凯．当代经济学与中国经济 [M]. 北京：中国社会科学出版社，1997.

［9］道·诺斯．制度变迁理论纲要 [J]. 改革，1995(3): 52-56.

［10］周黎安．晋升博弈中政府官员的激励与合作——兼论我国地方保护主义和重复建设问

题长期存在的原因 [J]. 经济研究 , 2004(6): 33–40.

［11］张晏，夏纪军 . 地区竞争与市场化进程的趋同性——中国是否会出现"一个国家 , 两种经济"[J]. 财经问题研究 , 2007(4): 11–18.

［12］傅勇，张晏 . 中国式分权与财政支出结构偏向：为增长而竞争的代价 [J]. 管理世界，2007(3): 4–12.

［13］余华义，黄燕芬 . 货币政策效果区域异质性、房价溢出效应与房价对通胀的跨区影响 [J]. 金融研究 . 2015(2): 95–113.

［14］L A. Spatial Econometrics: Methods and Models[J]. Economic Geography, 1988, 65(2): 160–162.

［15］R G. Final Environmental Impact Statement of the Proposed Ground Based Free Electron Laser Technology Integration Experiment, White Sands Missile Range, New Mexico[J]. Agricultural Marketing Journal of Japan, 1987, 2(23): 167–241.

［16］L A, A G. Spatial Statistical Analysis and Geographic Information Systems[J]. Annals of Regional Science, 1992, 26(1): 19–33.

［17］高远东，温涛，王小华 . 中国财政金融支农政策减贫效应的空间计量研究 [J]. 经济科学 . 2013(1): 36–46.

［18］张兵，翁辰 . 农村金融发展的减贫效应——空间溢出和门槛特征 [J]. 农业技术经济 , 2015(9): 37–47.

［19］李鸿渐 . 财政金融支农减贫效应的空间计量分析 [J]. 统计与决策 , 2016(7): 162–165.

［20］林光平，龙志和，吴梅 . 我国地区经济收敛的空间计量实证分析 :1978—2002 年 [J]. 经济学 (季刊), 2005(S1): 67–82.

［21］林光平，龙志和，吴梅 . 中国地区经济 σ – 收敛的空间计量实证分析 [J]. 数量经济技术经济研究 , 2006(4): 14–21.

［22］冯烽，叶阿忠 . 技术溢出视角下技术进步对能源消费的回弹效应研究——基于空间面板数据模型 [J]. 财经研究 , 2012(9): 123–133.

［23］P E J. Matlab Software for Spatial Panels[J]. International Regional Science Review, 2014, 37(3): 389–405.

中美长端利差传导机制研究

闫彦明　张源欣

摘　要: 随着我国经济增速结构性调整,长端利率作为反映市场预期、影响内外部资本流动的关键价格,成为宏观调控机制设计的核心目标。为厘清我国相对外部长端利差的生成及影响机制,本文基于期限利差的预期理论,以离散小波算法(MODWT)做频域分解;使用带有时变参数的结构向量回归模型(TVP-SVAR),探析经济增速和通胀预期对长端利差的传导关系,并利用动态脉冲响应分析其对长端利差分别的冲击效应;使用 TVP-FAVAR 模型,模拟测算宏观经济因素波动对长端利差的短期影响。研究发现,中美长端利差受到经济及价格因素的影响。其中,我国经济相对增长将导致中美利差收窄 0.05 个单位,通胀预期离差将拉动长端利差走阔。本文证明经济增速是影响我国长端利率的核心要素。

关键词: 国债收益率　经济增速　通胀预期　多频谱分析

一、引言

长端利率作为反映市场预期、影响内外部资本流动的关键价格，是宏观经济系统中的核心价格基准；为抵御外部风险、稳定经济增长，围绕内外部利率调控目标设计并实施稳定政策的重要意义日益突显。对长端利率的相对利差调控将对金融市场的预期管理及平稳运行产生深刻影响。为厘清我国与外部长端利差与经济基本要素之间的相关关系，并深入讨论核心经济要素对我国长端利差的影响传导机制，本文基于修正的带有时变参数的动态结构化自回归模型（Time Variable Parameters-Structural Vector Auto-Regressive, TVP-SVAR）研究经济相对增速和通胀预期差值对长端利差的波动传导关系。本文认为自 2005 年以来，经济增长是影响我国长端利率的关键要素。考虑到较长周期内经济变量具有趋势趋同特征，对分析变量相关特性构成干扰。本文引入多频谱分析方法，采用离散小波分解方法（Maximal Overlap Discrete Wavelet Transform, MODWT）剔除序列趋势成分，以便讨论变量的周期相关关系。

本文余下安排如下：第二部分为文献综述并介绍研究思路；第三部分说明模型结构与数据信息；第四部分介绍多频谱分析和动态模型估计结果，证明并分析中美长端利差的可能成因；第五部分归纳主要结论并提出政策建议。

二、文献综述与研究思路

（一）文献综述

目前，中美长端利差问题存在多种研究理论，其中基于汇率与利率交互影响的理论假说是国内外较为主流的研究视角。除利率平价理论及蒙代尔弗莱明模型等经典模型及麦金农假说等新兴模型之外，引入非线性的序列实证分析方法推动了对这一问题的研究深化发展。这类研究目前主要形成了两点共识：一是中美间利率与汇率的联动关系主要集中于长周期时域，而在短期内的联动影响程度较低；二是这种联动关系以汇率对利率的影响作用为主导因素。具体来看，Simone 和 Razzak（1999）较早验证发现，各国名义汇率和名义利差之间存在格兰杰因果关系。Macdonald 和 Nagayasu（2000）使用协整关系模型检验 14 个工业国数据，证明实际汇率和实际利差之间普遍存在协整关系。王爱俭和林楠（2007）较早证实人民币名义汇率与利率之间存在交替互动关系。何慧刚（2008）证实中美实际利差与汇率存在长期均衡关系，且中美利差的冲击效应随时间持续增强。郭树华等（2009）使用 ARDL 模型对 2005 至 2008 年间中国利率及汇率样本做检证，发现我国汇率和利率在长期内存在稳定的协整关系。刘威和吴宏（2010）研究发现中美利率冲击具有不对称性，中国利率冲击对汇率和美国利率影响较小，而美国利率冲击影响相对较大。傅强和陈静（2012）基于 2005 至 2011 年数据分析认为，汇率平价理论不能解释中国的利差问题，其通过对中美利率差值（分别以一年期存款利率和一年期联邦基金利率为样本）和汇率的协整关系分析证明，两者仅在长期内存在协整关系；同时，汇率因素的相对影响作用强于利率因素。连飞（2014）基于 Frankel 的实际利率模型，通过两区制门限方法，对中美汇率与利率之间的联动效应做协整检验。其研究证明中美汇率与实际利差之间存在非线性的门限协整关系，且这种长期内稳定的协整关系近年来有显著增强趋势；汇率对协整关系的影响效应更强。胡利琴等（2014）运用带实变系数的 TVP-VAR 模型研究外汇市场压力与货币政策间的非线性动态关系，认为我国宏观经济因素（如经济增黏、内外利差、通胀价格等）是影响外汇压力的主要因素，而货币政策对外汇压力不存在显著影响压力。总结这类研究，其主要存在两点问题。第一，既有文献主要从实证角度证明利率与汇率之存在协整关系，并提出汇率是影响利率的主要因素，但部分研究将汇率作为外生因素、仅从数据相关性角度切入，未能就经济基本面及其指标核心中枢向利率传导的经济逻辑做充分探讨。第二，部分经典汇率决定学说的理论假设不完全满足我国发展现实，其理论解释力仍待商榷。

针对以上问题，近年来部分研究转向基于宏观经济要素的分析视角探索中美利差问题。如吴长风等（2018）基于期限利差的纯预期理论、以十年期国债到期收益率为关键指标，从经济基本面、货币政策等因素对预期的影响角度解释中美利差，其研究进一步发现 2011 年是中美国债收益率相关性出现结构性变化的关键时点、中美长端利率的相关性显著增强。但该研究未能提供更深入的实证论据，理论解释的完备性可进一步提升。李津津（2018）分析了中美贸易战对我国经济的三方面影响，即货物和服务净出口变化影响我国的经济增长状况和市场预期、对扩内需组合政策的影响、市场情绪调整是债市利率走势调整的催化剂，而中美利差变动将影响汇率预期和资本流动方向，带来资本流出压力与人民币汇率贬值压力。公欣（2019）认为，国内经济增长下行预期上升，财政货币政策有利债市，美债市场运行空间相对有限,国内债市收益率或将震荡下行。

(二)研究思路

数据显示,中美长端利差与中美双边的宏观经济因素存在动态相关关系。以近 20 年数据为样本,中美利率息差按变化趋势可大致划分为两个时期。

其中,第一阶段为 1998 至 2008 年。增长方面,我国 1998 年开始大规模实施积极财政政策,十年间宏观经济保持高速增长;同期美国经济增速持续震荡。货币方面,两国政策在金融危机前以稳定物价为重要指向;为支持经济高速发展,我国在本期内维持相对低位的利率环境;美国为应对周期性冲击,货币政策先松后紧。综合来看,这一阶段中美长端利差以上升态势为主线。

第二阶段为 2008 年以来的后危机阶段。总的来看,这一阶段中美利差以向下调整为主要趋势。增长方面,中国经济增长经历持续性的结构调整、增速显著放缓;美国在危机后经历震荡复苏。货币方面,两国均面临政策目标多元化及复杂化的挑战:我国需求乏力、通胀压力较为温和,货币环境虽有反复、但以适度宽松或中性为运行主线,但信用环境从 2016 年起结构性收紧;同期内,美国结束时长 7 年的零利率宽松、转向缩表。2018 年贸易环境的变化作为"灰犀牛"给新时期金融市场带来不确定性,其中对中美利差的短期影响主要体现为:一是短期内社融出现回调,表内表外回落明显,叠加非金融企业贷款大幅回落,居民贷款占比提升,市场悲观情绪有所增强,市场避险情绪升温,风险偏好明显下降,债券市场避险的资金或将阶段性增加,债市收益率或将震荡下行,推动中美利差短期收窄。[1] 二是 2019 年以来,

---

① 如 2018 年 11 月 16 日,中国 1 年期国债收益率一度创下年内低点 2.53%,较美国同期国债收益率 2.68% 低了 15 个基点,创下 2008 年以来的首次利差倒挂。

美国货币政策进一步转向鸽派，美元加息风向的转变为中美利差收窄带来变数，中美利差出现走阔新情况。总体上，国内经济增长下行预期不断强化，人民币面临外源性贬值和资本流出压力，为财政货币政策带来挑战，对中美利差有不确定性和波动性影响。这些因素的影响可直观地体现在图1中：

图1　中美利差走势图

除以上主要因素，基于数据的相关性研究从宏观中枢指标到利率的传导机制，还需解决两个问题：一是应充分考虑宏观指标中枢的复杂性和多元性，即研究架构尽可能多考虑各个维度的经济因素，提高（银子模型的优势），二是较长周期的数据包含趋势成分，其相关性对研究波动传导关系构成严重干扰。因此，本文还考虑引入基于 Mallat 算法的小波处理算法（MODWT）剔除序列长期趋势成分干扰。

本文以经济产出与通胀压力对利率的结构传导关系为基础，为解决线性估计模型的多种弊端，引入带有时间变化参数的结构化自回归模型（TVP-SVAR）和因子回归分析模型（TVP-FAVAR）。这类模型通过动态化时变参数，根据数据特征确定冲击结构，可显著提高模型的解释性能。Nakajima（2011）、刘永余和王博（2015）分别使用这一模型研究日本及我国货币政策的冲击效应，获得更高的估计精度并得到具有更显著时变特征的冲击估计结果。本文基于 Nakajima（2011）提出的模型形式，修正因将所有参数动态化条件而导致参数漂移误差放大问题，以期优化估计精度。

三、研究设计和数据说明

（一）小波分解算法

假定经济变量的时间序列包含周期波动成分和长期趋势部分。对序列做一阶小波分解，可得到固定频谱尺度的周期部分（Crystal），并得到趋势部分（Smooth）。对趋势部分迭代高阶分解运算，可得到更宽频谱尺度的周期成分，从而达到分解周期波动和长期趋势目标。使用 J 阶 MODWT 方法可将序列 $\{x\}$ 按选定频谱尺度分解为波动成分 $\{d_{j,k}\}$ 和趋势成分 $S_{j,k}$（$j = 1,2,3,\cdots, J, k = 1,2,3,\cdots, k$）。其中，给定转换函数 $H_{j,k} = H_{2^{j-1}k \bmod N} \prod\limits_{m=0}^{j-2} G_{2^m k \bmod N}$，可得到 j 阶尺度滤波器（scale filter）$h_{j,l}^o$（$h_{j,l}^o = \dfrac{1}{N}\sum\limits_{k=0}^{N-1} H_{j,k} e^{\frac{i2\pi nk}{N}}$，执行低频滤波功能），则可得到波动成分的计算公式为 $d_j = w_j^T w_j x$，其中 w_j 的定义

$$w_j = \begin{bmatrix} h_{j,0}^o & h_{j,N-1}^o & L & h_{j,2}^o & h_{j,1}^o \\ h_{j,1}^o & h_{j,0}^o & h_{j,N-1}^o & L & h_{j,2}^o \\ \vdots & \vdots & \ddots & \ddots & \vdots \\ & \vdots & \ddots & \ddots & \cdots \\ h_{j,N-1}^o & h_{j,N-2}^o & L & h_{j,1}^o & h_{j,0}^o \end{bmatrix}$$

类似，定义小波滤波器（wavelet filter）$g_{j,l}^o$（$g_{j,l}^o = \dfrac{1}{N}\sum\limits_{k=0}^{N-1} G_{j,k} e^{\frac{i2\pi nk}{N}}$，执行高通滤波功能），可得到趋势成分计算公式为 $s_j = v_j^T v_j x$。基于以上算法，可将

原序列按算法 $x_k = d_{1,k} + d_{2,k} + ...d_{j,k} + ... + d_{J,k} + s_{J,k}$ 分解，频谱分解的层级结构见图 2。此外，阶数 j 与周期成分的频谱宽度存在 2 的幂次数关系，本级尺度上下界限分别为 2^{j-1} 及 2^{j} 个最小时间单位。

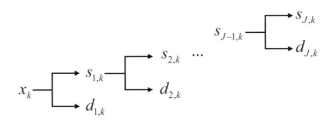

图 2　MODWT 分解算法的层状结构

（二）模型设定

本文研究中美长端利率的息差问题，需首先研究中美长端利率及其决定机制。纯预期理论认为长端利率主要取决于短期利率及期限利差。其一，短期利率主要取决于央行短期货币政策，短期货币政策进一步由同期货币政策目标情况决定，即就业、经济增长和通货膨胀等因素。基于奥肯定律和菲利普斯曲线理论，可以认为经济增长是短期货币政策的目标锚。其二，期限利差主要取决于对未来利率即未来贴现因子的预期，短期利率预期的递延外推将构成长期利率的关键信息。期限利差因素可以从两个方面予以考虑，一是利差中枢（包含通胀预期、经济增速和受其影响的远期利率水平），二是主要由市场条件和交易行为影响的短期波动；其中，关键因素是通胀预期。短期波动主要受贸易环境及其引发的市场情绪波动、当前市场条件和交易行为影响。总结来看，经济增速和通胀预期是决定长端利率的关键因素。

结合现实情况来看，中美长端利差问题还受到实际量与名义量两部分因素（假设长期内货币要素非中性）的共同影响。实际变量方面，景气预期即对未来经济产出增长的预期,发挥主要作用。在长周期内,经济产出受总需求与总供给两部分因素共同影响。从我国现实情况来看,总需求的变动主要受消费、投资、出口及库存因素影响(库存变动主要受中短周期经济景气预期控制);全要素生产率和价格黏性等因素将影响总供给,即中短期内货币政策的影响叠加后的效应,将影响长端总供给。其中,货币政策核心目标包括调控经济产出、价格管理(通胀预期)及稳定就业等多维度政策要素。名义变量方面,通胀预期即对未来价格水平变动的预期,为主要影响因素。此外,内外部利差还和经常项目、资本项目收支平衡存在交互影响关系,并通过国际收支平衡作为货币政策的重要调控目标对国内长端利率产生影响。总结以上分析可以提出两点研究假设:第一,影响中美长端利差的核心要素包括双边经济产出增速及其他短期波动因素向未来传导影响的经济景气预期,以及由价格中枢反映的名义量增速;并由该两项核心要素和其他重要影响变量之间多方向交互影响路径的构成闭合的波动传导机制(逻辑简图参见图3)。第二,远端预期主要受短端指标的变动信息控制。

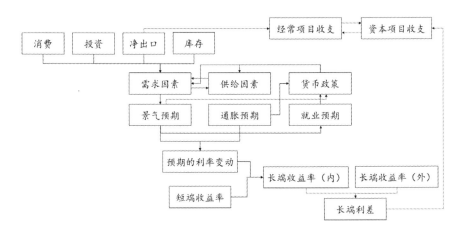

图3 影响中美长端利差的主要因素及传导机制

基于以上分析，根据研究变量的结构关系可以考虑两个研究结构。

首先，以经济产出和价格通胀的变动量和长端利差之间的结构化交互影响关系为主要研究对象，考虑使用带有结构方程的 TVP-SVAR 模型。这一模型将用于描述核心变量间的动态影响效应。基于本文研究假设，先考虑其结构方程：首先，经济产出波动通过产出—需求缺口路径直接影响价格通胀因素；其次，经济产出波动影响行为主体的未来景气预期，进而通过资本回报预期影响长端实际利率。再者，价格通胀因素要求名义利率对实际利率做出价格调整。最后，长端利率和对应的内外利差，将分别通过影响总需求和项目收支平衡对经济产出和价格通胀产生反作用效应，从而构成完整的传导环路（参见图 4）。

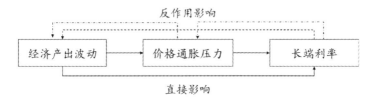

图 4　长端利率的交互影响传导

对以上传导机制做模型描述，将构建包含经济产出 G_t、价格通胀 C_t 及长端利率 R_t（$t=1,2,3,\cdots,t$）的状态变量 $y_t=[G_t,C_t,R_t]^T$。对状态变量的自回归结构给定条件：令滞后阶数为 p；令系数约束矩阵 A，描述变量间结构关系；令扰动项满足条件 $\varepsilon_t \sim N(0,\Sigma\Sigma)$，其中 Σ 满足 $\Sigma=\text{diag}(\sigma_1,\ \sigma_2,\ldots,\sigma_k)$。调整对应滞后系数矩阵 β，并将滞后项 F_t 导入矩阵 $X_t=I_k\otimes(y_{t-1}^T,\ldots,y_{t-p}^T)$，可以将 SVAR 方程标准化。更进一步加入带有时变参数特征的动态系数，将系数约束矩阵和滞后系数局的元素调整为 $a_{i,t+1}=a_{i,t}+u_{a,t}$ 及 $b_{i,t+1}=b_{i,t}+u_{b,t}$，并有 $h_{i,t+1}=h_{i,t}+u_{h,t}$。综上，得到 TVP-SVAR 模型的标准方程如（1）式。

$$A_tY_t = X_t\beta_t + \varepsilon_t, \quad s.t. [\varepsilon_t, u_{a,t}, u_{b,t}, u_{h,t}]^T \sim N[0, \text{diag}(I, \Sigma_a, \Sigma_b, \Sigma_h)] \quad (1)$$

此外，还需施加短期约束条件以识别模型结构。根据前述变量间传导关系，给出三个约束方程：长端利率不影响即期经济产出与价格通胀波动，价格通胀不影响即期经济产出波动，并将矩阵 A 限定为下三角矩阵，其中 $x_t\beta_t(m)$ 表示滞后期矩阵展开的第 m 行（本文中，m=1,2,3）。

$$\begin{cases} G_t = x_t\beta_t(m) + \varepsilon_{G_t} \\ C_t = -a_{1,t}G_t + x_t\beta_t(m) + \varepsilon_{C_t} \\ R_t = -a_{2,t}G_t - a_{3,t}C_tx_t + \beta_t(m) + \varepsilon_{R_t} \end{cases}$$

最后，可借助贝叶斯算法执行基于马尔科夫链的蒙特卡洛模拟（MCMC）过程以求解本模型。其解算逻辑为基于给定的先验值，推算得到信息集及先验密度函数，继而由给出的先验值，再计算后验密度函数，并以此迭代计算。MCMC 过程的计算逻辑如图 5 所示。

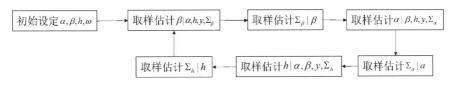

图5　基于贝叶斯算法的 MCMC 求解过程

其次，以包含宏观经济系统高维度变量对长端利差的影响为主要研究对象，考虑使用带有因子分析的 TVP–FAVAR 模型，这一模型将用于分析复杂经济系统对长端的冲击效应。由于结构化的 VAR 模型不易分析高维变量间关系，但系统复杂性要求宏观经济研究应尽可能纳入多维度信息。在此背景下，引入因子分析方法将在信息复杂性和计算效率两方面取得平衡。考虑 M×1 维度的可观测变量 Y_t 和 K×1 维度的不可观测因子 F_t，其可构建形如（2）式的因子回归方程，其中 $\phi(L)$ 是滞后算子，$\varepsilon_t \sim N(0, \Sigma)$ 为扰动向量。

$$[Y_t, \quad F_t]^T = \phi(L)[Y_t, \quad F_t]^T + \varepsilon_t \qquad (2)$$

为引入不可观测因子，需考虑包含大量信息的 N 维经济变量集 X_t，其与不可观测因子及可观测因子维度应满足条件 M + K ≪ N。给定模型假设，不可观测变量可表出剔除冗余后的复杂经济信息，即给定载荷因子 A^f 及 A_y，并采用类似方式引入 TVP 参数可构建（3）式方程。

$$X_t = A_t^f F_t + A_t^y Y_t + \epsilon_t \qquad (3)$$

（三）数据来源与样本选择

本文所用数据来源于多个数据库，其中部分宏观经济数据来源于 *Oxford Economics*，债券收益率主要来源于万德数据库，其他来源包括国家统计局等公开数据。数据指标方面，考虑到月度数据的可得性问题，本文使用工业增加值作为经济产出指标；以 CPI 衡量价格因素，以十年期国债到期收益率作为长端利率指标。本文还引入包括生产价格类、工业生产类、金融市场类、货币政策及量价类、财政政策类等共计 22 个类目的经济指标。本文数据统计时段为 2005 年 1 月至 2018 年 12 月期间完整的 14 个自然年。数据格式做三点调整：一是使用非季调数据，在完整保留数据信息的基础上，使用小波分结算法过滤数据高频部分扰动，从而避免因直接使用线性滤波（如 S33 等）导致的信息损失；二是对数据做平移对数及标准化处理，去除量纲差异影响；三是对各类指标做同比处理，增加数据可比性，进而计算中美指标差值。因本文需对数据做复杂的时间序列分析，所有处理后的数据均满足平稳性要求，以保证模型的稳定性。

（四）其他必要说明

本文另对数据选择和模型设定做若干补充说明。其一，动态参数由随机游走过程生成。从既有研究来看，参数生成过程对时变参数估计结果影响较小, 这一生成过程具有结构简单且易于估计的优点。其二, 假定结构系数矩阵具有对角性质。本文限定 A_t 为下三角矩阵, 并设 Σ_a 为对角阵。同时, 为简化模型、减少待估计参数量, 本文还设定 Σ_h 为对角阵。以上假设不显著估计结果, 但能够极大提高运算效率 (Nakajima, 2011)。其三, MCMC 迭代次数选择为 20000 次。其四, 滞后阶数均采用 4 阶。根据池田信息准则, 参考静态 SVAR 的滞后阶数, 本文确定使用 4 阶滞后模型。其五, 考虑系统变量数量因素, 因子模型结构设定为包含 3 个可观测变量的单因子模型。

四、基于实证结果理解中美利差传导关系

(一)小波分解结果

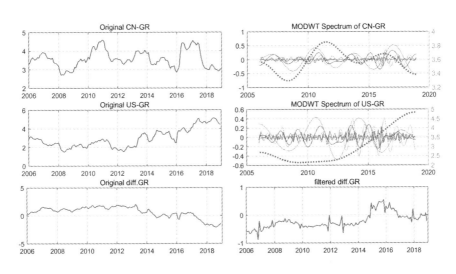

图 6　中美长端利差各指标频谱分解结果

首先对中美各经济指标做 MODWT 频谱分解, 本文选定使用 5 阶分解方案, 因此分解趋势成分的窗口下限为 32 个月。本文以长端利差相关指标

作为频谱分析的重点对象。对长端利率及利差的原始序列做分解，各得到其各频谱成分（中美长端利率原始序列见图6左上，频谱分解结果见图6右上，其中虚线为各自的趋势成分）。从频谱分析结果来看，中美长端利率具有三点特征：第一，波动成分来看，中国长端利率周期波动成分振幅相对较小；美国长端利率的波动振幅随时间尺度拓宽显著上升。第二，从趋势成分来看，中国长端利率的趋势成分方向呈现出较快的变化特征；美国长端利率趋势较为稳定、长期趋势运行周期更长。第三，中美长端利率波动集聚特征存在显著差异，中国长端利率在各尺度范围内，周期性波动较弱，但长期趋势震荡幅度较大；美国长端利率周期性波动较为剧烈，但长期趋势相对稳定。另一方面，为解决上述多频谱成分波动特征的差异性，对利差波动传导机制的影响，本文选定剔除趋势成分干扰。

（二）TVP-SVAR 模型的参数检验与长端利差的当期传导关系

检验结果显示（见表4），模型各个估计参数的 Geweke 值均在5%显著性水平不能拒绝原假设，表明本模型参数收敛于后验分布。[①] 可以认为本文 MCMC 算法对 TVP-SAVR 模型参数的估计结果有效。

表4　TVP-SVAR 模型的参数检验结果

	Sb1	Sb2	Sa1	Sa2	Sh1	Sh2
Geweke	0.000	0.000	0.326	0.618	0.210	0.259

基于即期相关系数，对 TVP 回归的实证结果（见图7）做分析。第一，经济增速方面。从方向上看，该项回归系数为负，说明中美经济增速差对长端利差波动存在即期负向影响，即中国经济相对美国持续加速增长时，长端利差将相对收窄。从变化趋势上看，该系数以2010年为分界点、由持续缩

① Geweke Z 检验的5%显著性水平临界值为1.96，1%显著性水平临界值为2.56。

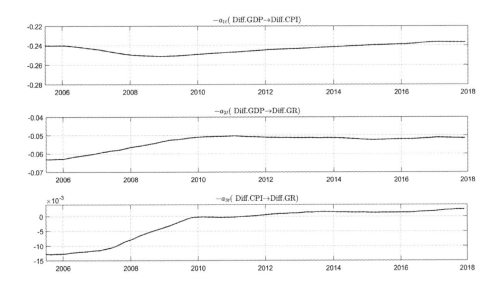

图7　当期影响系数的动态估计结果

小转为稳定在 –0.05 单位水平。第二，通胀预期方面。从方向上看，该项系数由负转向正，即名义量离差对长端利差的即期影响从反向转化为正向，效应的结构拐点出现在 2012 年。从变化趋势上看，该系数以 2010 年为分界点、由较快的变化速率转向降速趋稳。总体来看，经济相对增速与价格通胀预期均是影响长端利差的直接原因。比较而言，经济增速在即期对长端利差变化的影响效应更强。

　　基于脉冲响应函数，对 TVP 回归的实证结果（见图 8）做分析。以冲击发生时点（年份）、响应滞后期（36 个月份）及冲击响应幅度三个维度为基准构建空间脉冲响应函数。响应函数说明两方面问题：首先，经济增速对长端利差有负向冲击影响，冲击效应作用速率较慢，在滞后 8 期后达到影响峰值：每单位相对经济增速将引起长端利差变化约 –0.018 个单位。经济增速的冲击影响还具有两点特征：一是其具有明显的时间变化特征，这种负向的影响峰值出现在 2010 年附近，其后逐渐减弱；二是这种冲击影响的持续期相对较长。其次，通胀预期对长端利差具有正向冲击影响，冲击效应作用速度较快，在滞后 4 期后达到影响峰值：每单位通胀预期导致长端利差走阔 0.02 个单位以上。此外，通胀预期冲击在时间维度上分布较为稳定，有微弱的渐减趋势；冲击影响持续的滞后期相对较短，在 24 个月度内收敛为零。总结可以发现，经济增速对长端利差的冲击将在长周期内产生持续影响，发生后消减周期漫长；价格及通胀预期等名义变量对长端利差的冲击影响主要在中短期内产生作用，长期影响较弱。

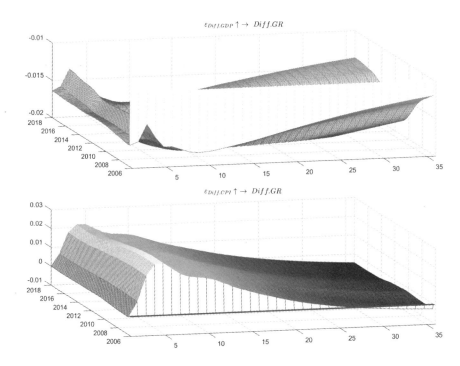

图 8　长端利差对经济增速及通胀预期的脉冲响应

（四）基于动态因子模型的分析结果及短端预测

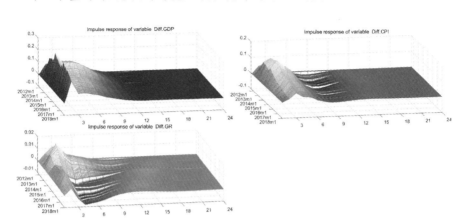

图9 宏观经济因子的动态脉冲

因子模型的脉冲影响分析结果（见图9）说明，宏观经济因子冲击将导致经济增速、通胀预期及长端利率均发生正方向的响应。其中，经济增速对单位脉冲的响应最为迅速，滞后一期后即达到影响峰值、约为0.2个单位，冲击响应持续12个月度后平复。通胀预期对单位脉冲的响应在滞后两期后达到峰值、约为0.1个单位，冲击响应持续期较短，约8个月度后平复。以上两个变量的脉冲响应情况在时间维度基本保持一致。长端利差对单位脉冲的响应反应较为迅速，响应峰值约为0.01个单位，冲击持续期约为12个月度；但长端利差的时间变化趋势较为明显，其脉冲响应波动的震荡特征在2012年以后显著走强。总体来看，三者对宏观经济冲击的响应方向基本一致，即经济环境波动将引起三者同方向变化。这说明实际变量和名义变量的同方向变化和长端利率将保持一致。此外，基于因子模型的12个月度外推结果（见图10），可以认为中美长端利差将在短期内向上波动，并转向持平。外推测算结果说明，长端利差的波动幅度随时间推移有收窄趋势。

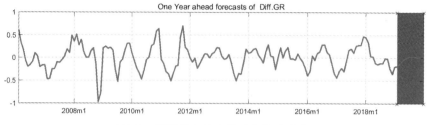

图 10　预算收入冲击的动态脉冲响应

　　总体来看，经济相对增速和通胀预期均对中美长端利差存在较强影响。但两者的作用方向存在差异：长周期内，中国相对美国持续的正向增长将引起中美利差的相对收窄，但收窄的速度逐渐放缓；短周期内，短期波动因素导致中美利差区间出现反复，甚至短期走阔，[①]中国相对美国的价格拉升将导致中国相对美国利差走阔，即名义增速上行将引起长端利差走阔，但这种影响以短期为主、并不能从根本上改变长期收窄的趋势。以此可以判断，在中国经济持续长期增长的条件下，中美长端利差将以螺旋、递减的方式逐步收窄。另一方面，对经济系统的近端预测表明中美长端利差在短期内以走阔为运行主线。这可能是由于本文假设为外生给定的即期短端利率因素所致，即美方加息放缓导致的短端利差停止收窄因素。

五、结论与建议

　　近年来，我国经济增速结构性调整，外部经济环境复杂多变，长端利率

---

　　① 例如，2019 年 5 月份以来，受到贸易环境和消费走弱影响，美股持续下跌，美债收益率下行。一方面出现 10 年期美债收益率与 3 个月美债收益率倒挂的情况。如根据 6 月 19 日美国国债收益率数据，美国 10 年期国债收益率为 2.091%，3 个月国债收益率为 2.191%，彰显市场对美国经济衰退的预期；另一方面，随着美债收益率下行，中美利差走阔，10 年期国债利差短期达到甚至超过在 100bp，突破易纲行长提出的"舒适区间 80~100bp"的上沿，市场预期国内货币政策仍有一定的放松空间。

作为反映市场预期的利率锚，重要性日益突显；我国长端利率的对外利差问题日益成为汇集财政政策、货币政策及产业政策的宏观调控中枢。本文基于期限利差的预期理论，以实际变量和名义变量的结构关系构建结构化分析模型；引入频谱分析思想，采用离散的迭代小波算法对经济序列做频域分解；在祛除长期趋势成分和部分超短期高频干扰成分的前提下，首先引入修正的 TVP-SVAR 模型，探析经济增速和通胀预期对长端利差的传导关系，并利用动态脉冲响应分析其对长端利差分别的冲击效应；而后使用 TVP-FAVAR 模型，模拟测算宏观经济因素波动对长端利差的短期影响。

本文基于 2005 年至 2018 年数据研究发现，中美长端利差受到经济及价格因素的影响。第一，中美经济增速影响长端利差变化，我国经济增长相对将导致中美利差收窄 0.05 个单位。第二，通胀预期离差和长端利差存在周期关系，且在 2010 年以后转变为顺周期关系，即名义量的相对增长将拉动长端利差走阔。第三，经济增速对长端利差的冲击影响具有持久性，通胀预期的影响周期相对较短。总结来看，本国经济的相对增长速度是影响我国长端利率的根本性要素，但短期内中美利差仍受国际经济环境变化等多方面因素的较大影响，这提高了我国制定财政货币政策的复杂性程度。

本文证明经济增速和通胀预期对长端利率的影响性并对其传导路径做描述，本文还通过因子分析模型对长端利差做短期预测。联系实际来看，我国长端利率管理是长周期内宏观经济管理的核心目标之一。为优化政策调控效率，本文提出政策建议：

首先，我国应该保持并强化经济与货币政策的独立性，降低中外经济政策的周期顺同期，充分发挥独立自主的调控政策的稳定作用，但应提升短期政策弹性。一方面，本文研究结果表明，国内经济增速是影响内外长端利率差异的关键因素，结构稳健、速率稳定的国内经济增长态势将成为拱卫内外利率点差的理想屏障。另一方面，按照蒙代尔提出的"不可能三角"理论，因我国坚持资本项目管制，在受到外部冲击过程中，还应审时度势提升货币与汇率政策的弹性，以降低"灰犀牛"事件对本国金融体系的冲击，本文也证明名义量对长端利差的影响效应存在短期性。因此，长期稳健、短期弹性的政策是保证金融市场可持续发展与对外开放的重要保障。

第二，持续提升直接融资市场功能，服务实体经济发展。在我国继续保持新常态阶段一定经济增速的背景下，中美利差将在中长期呈现自然渐进收窄，且收窄的速率与我国经济相对增速正向相关。虽然短期如国际货币政策风向转变等外部冲击因素将可能引起波动，但在我国经济增速相对外部保持正向离差的条件下，中美利差收窄的总体格局将持续推进。练好内功、优化宏观经济政策、促进实体经济发展是开放的基石。在外部贸易摩擦逐渐升级的背景下，应乐观看待我国经济基本面的纵深优势，为此要进一步提升以债券为代表的直接融资体系功能、助力实体经济发展。

第三，强化债券市场收益率作为金融市场基准利率作用，持续优化财政货币政策。首先，当期我国内部经济结构调整及外部环境冲击均具有长期性，因此，应建立服务于长期发展目标的连续调控框架，避免过度依赖短期调控工具，构建基于关键期限国债收益率的中美利差指标分析体系，形成相应的分析与预警机制，为优化财政货币政策提供依据。其次，我国财政货币政策应以服务于国内长期经济发展为政策设计核心目标，可将稳定长端利率作为我国长周期内经济调控的内生问题对待，并协调好内与外、长与短两方面的主次矛盾问题，加强对中短期利差、中美利差等关键指标的跟踪研究，强化金融估值分析在引领市场机构形成理性预期、有效应对外部冲击影响中的作用。

参考文献

［1］傅强，陈静 . 基于 VAR 模型的中美利率与汇率联动关系研究 [J]. 中国市场，2012 (18).

［2］郭树华，王华，王俐娴 . 中美利率与汇率联动关系的实证研究：2005—2008[J]. 国际金融研究，2009 (4).

［3］何慧刚 . 人民币利率——汇率联动协调机制的实证分析和对策研究 [J]. 国际金融研究，2008(8).

［4］胡利琴，彭红枫，李艳丽 . 中国外汇市场压力与货币政策 [J]. 国际金融研究,2014(7).

［5］连飞 . 开放经济条件下中美两国汇率与利率的联动效应 [J]. 经济问题探索,2014(4).

［6］刘威，吴宏 . 中美两国利率与汇率相互影响效应的评估研究——基于抛补利率平价理论的实证检验 [J]. 世界经济研究，2010(2).

［7］王爱俭，林楠 . 人民币名义汇率和利率的互动关系研究 [J]. 经济研究，2007(10).

［8］吴长凤，鲍思晨，郭孟旸，李帆 . 金融危机前后中美长期利差分析及展望 [J]. 债券，2018(8).

［9］颜伟，罗杨依子 . 利率平价的实证分析：基于中美两国数据 [J]. 统计与决策,2010(15).

［10］Francisco d Nadal De Simone, Weshah Razzak. Nominal Exchange Rates and Nominal Interest Rate Differentials. IMF Working Papers 99/141, 1999.

［11］Nakajima, J., Time-Varying Parameter VAR Model with Stochastic Volatility: An Overview of Methodology and Empirical Applications,Institute for Monetary and Economic Studies. Bank of Japan. vol. 29, November 2011, pp.107-142.

［12］Ronald MacDonald & Jun Nagayasu, The Long-Run Relationship Between Real Exchange Rates and Real Interest Rate Differentials: A Panel Study. IMF Staff Papers. Palgrave Macmillan. Vol. 47(1), 2000, pp.1-5.

短期跨境资本流动、
汇率变动对国内债券市场价格的影响

施文　马隽卿

摘　要: 近年来,人民币国际化取得了一定程度的进展,而人民币国际化的推进不可避免会带来境内外资本流动和汇率波动。随着我国债券市场对外开放程度的不断提升,跨境资本流动和汇率变动对国内债券市场的影响是不容忽视的。本文使用 Nelson-Siegel 模型将债券收益率曲线分解成代表短期、中期、长期的收益率因子 Short、Curvature 和 Level,并利用 VAR 模型、格兰杰因果检验、脉冲响应分析研究了短期国际资本流动、汇率变动以及债券收益率之间的因果关系以及时变关系,从而为人民币国际化的进一步推动提供理论支持。

关键词: 国际资本流动　汇率　债券收益率

一、研究背景

中国债券市场的对外开放则是推动人民币国际化的重要一环,通过人民币债券发行实现"走出去"和"引进来",中国银行间债券市场不断对外开放拓展了人民币的使用渠道,推进了人民币国际化的进程。但同时,人民币国际化也在考验中国债券市场面对外来冲击的承受能力。人民币国际化推进不可避免会提升境内外的资本流动以及汇率的波动性,使得人民币在国际上拥有更强的吸引力。但资本流动与汇率波动也会给债券市场带来冲击,对于中国债券市场的承接力提出了更高的要求。所以,研究国际资本流动、汇率变动与国内债券市场价格之间的相互影响机制就显得尤为重要。通过研究这三者之间的动态关系,可以了解到债券市场的情况对于汇率以及资本流动的影响,以及资本流动和汇率对于债券市场情况的影响。并借此研究债券市场的发展对于人民币国际化的推动作用。

二、文献综述

过往相关文献的研究主要集中在国际资本流动、汇率变动与境内资产价格之间的关系,但其中境内资产价格主要涉及的方面是股票价格、房地产价格等,较少有研究涉及债券市场价格和国际资本流动、汇率变动之间的关系。

国外的研究方面,不少作者都研究了不同国家资本流动与汇率、汇率与资产价格、资产价格与资本流动之间以及三者之间相互作用的关系。Oreiro[①](2005)使用理论模型,论证了在九种资产、马修勒纳以及资本受限条件下,外生的对于实际汇率的升值冲击会导致短期资本流动以及资产价格的泡沫。

① Oreiro J. L. Capital Mobility, Real Exchange Rate Appreciation, and Asset Price Bubbles in Emerging Economies: A Post Keynesian Macroeconomic Model for a Small Open Economy. Journal of Post Keynesian Economics, Vol.28, No.2, 2005.

Hau & Rey[1]（2006）使用理论模型与实证研究，通过研究美国的全球共同基金的情况，得出三个结论，资产价格的超额收益与汇率呈现反向相关关系；汇率升值与资本流入呈现正向相关关系；资产投资的流动性低下能解释汇率的高波动性。Gyntelberg et al.[2]（2012）使用实证研究，得出结论：外国投资者在本地股票市场的投资会对汇率产生显著并永久的影响，而对于政府债券市场的投资则不会产生显著并永久的影响。

国内的研究方面，也有不少作者研究了资产价格与汇率、资本流动与汇率与资产价格之间的关系。杜敏杰、刘霞辉[3]（2007）使用理论模型，论证了房地产价格变动与汇率变动之间的数量关系，并得出结论，汇率的小幅变动可以通过久期杠杆使房地产价格大幅变化，同时根据无套利原则，房价上涨必须由地租上涨来支撑，如若不能，则会导致房地产泡沫。陈浪南、陈云[4]（2009）使用了基于1999年到2008年的数据，运用长期协整模型和短期误差修正模型，使用非贸易及FDI的资本流动衡量短期国际资本流动，研究了人民币汇率、资产价格对于短期国际资本流动的影响并得出结论。刘林、倪玉娟[5]（2010）使用了基于汇率改革以来即2005年开始至2009年的数据，运用VAR模型，使用非贸易及FDI的资本流动衡量短期国际资本流动，研究了短期国际资本流动、汇率与资产价格之间的相互关系并得出结论。朱孟

① Hau H., Rey H. Exchange Rates, Equity Prices, and Capital Flows. Review of Financial Studies, Vol.19, No.1, 2006.

② Gyntelberg J., Loretan M., Tientip S. Private Information, Capital Flows, and Exchange Rates. Imf Working Papers, 2012.

③ 杜敏杰、刘霞辉：《人民币升值预期与房地产价格变动》，《世界经济》，2007（1）。

④ 陈浪南、陈云：《人民币汇率、资产价格与短期国际资本流动》，《经济管理》，2009（1）。

⑤ 刘林、倪玉娟：《短期国际资本流动、汇率与资产价格——基于汇改后数据的实证研究》，《财贸经济》，2010（5）。

楠、刘林、倪玉娟[①]（2011）使用基于汇率改革以来即2005年开始至2010年的数据，运用基于Markov区值转换VAR模型，研究了汇率对于房地产价格之间的非线性动态关系并得出结论。赵进文、张静思[②]（2013）使用了2005年至2011年的数据，运用VAR模型，使用外汇占款增加额 - 贸易顺差额 - 外商直接投资作为短期国际资本流动额的衡量，研究了人民币汇率、短期国际资本流动、货币供给剪刀差和股票价格之间的动态关系并得出结论。吴丽华、傅广敏[③]（2014）使用了2002年至2014年的数据，运用TVP-SV-VAR模型，使用张明（2011）的计算方法衡量短期资本流动，研究了人民币汇率、短期资本与股价互动三者动态关系的时变特征并得出结论。

综上所述，前人已经从理论分析、实证研究等各个方面对于国际资本流动、汇率变动与境内资产价格之间的动态时变关系进行较为深入的研究。但是在资产价格方面，虽然较多地关注了国内短期利率的影响（例如SHIBOR、CHIBOR），但是缺乏对于债券市场，包括债券市场短期收益率、中期收益率、长期收益率与资本流动和汇率之间的动态关系。本文将基于VAR模型研究，基于2005年至2017年的数据，通过N-S模型分解债券短中长收益率、国际资本流动与短期国际资本流动、人民币对美元汇率，来深入研究国际资本流动、汇率变动与国内债券市场价格之间的动态时变关系。并希望能够通过这一研究，为人民币国际化进行一定程度上的指导。

---

① 朱孟楠、刘林、倪玉娟：《人民币汇率与我国房地产价格——基于Markov区制转换VAR模型的实证研究》，《金融研究》，2011（5）。

② 赵进文、张敬思：《人民币汇率、短期国际资本流动与股票价格——基于汇改后数据的再检验》，《金融研究》，2013（1）。

③ 吴丽华、傅广敏：《人民币汇率、短期资本与股价互动》，《经济研究》，2014(11)。

三、理论模型

本文使用由 Nelson–Siegel 模型将较为复杂、拥有多个期限点的中债收益率曲线中的中债国债收益率曲线、中债国开债收益率曲线、中债 AAA 级企业债券收益率曲线分解成代表短期 Short、中期 Curvature、长期 Level 的三个收益率因子。

Nelson–Siegel 可以表示为如下：

$$f(t,x) = \beta_0 + \beta_1 e^{-t/\tau} + \beta_2 (t/\tau) e^{-t/\tau}$$

中 $f(t,x)$ 为瞬时远期利率函数，指的是距现在时间间隔为 t 的远期利率；$x = (\beta_0, \beta_1, \beta_2)$ 是参数向量，τ 是一个时间常数，代表了衰减参数，曲率参数最大时候的峰值地位受衰减参数的影响，本文将根据 R 方拟合的程度选择衰减因子。

到期收益率是远期瞬时利率的平均值，即：

$$R(t,x) = \frac{\int_0^t f(t,x)ds}{t} = \beta_0 + \beta_1 \left[\frac{1 - e^{-t/\tau}}{t/\tau}\right] + \beta_2 \left[\frac{1 - e^{-t/\tau}}{t/\tau} - e^{-t/\tau}\right]$$

观察 N–S 模型，可以发现一些特殊的性质：

当 $t \to \infty$ 时，有 $R(t,x) \to \beta_0$。故 β_0 为水平因子 Level，代表了长期收益率的水平。

当 $t \to 0$ 时，有 $R(t,x) \to \beta_0 + \beta_1$。故 $\beta_1 = R(t) - \beta_0$ 为斜率因子 Slope，代表了短期收益率水平与长期收益率水平之间的溢价，此溢价应当为负数，绝对值越大也意味着短期利率越低。同时，短期收益率因子 Short 即为 $\beta_0 + \beta_1$ = Slope + Level。

β_2只有在$t \in (0, \infty)$才能取值, 这意味着β_2为曲率因子 Curvature, 代表了中期收益率的水平。

本文将利用 N–S 模型对于收益率曲线进行回归, 得出β_0、β_1和β_2的参数估计, 从而得出对于债券收益率曲线的参数拟合, 将拥有较多数据的债券收益率曲线简化为分别代表长期、短期和中期的β_0、β_1和β_2(即 Short、Curvature、Level)拥有较高经济意义三个数据并借此进行进一步的研究。

四、数据来源

本文使用 2005 年 7 月 21 日人民币汇率改革以后, 至 2017 年 12 月 21 日的数据。其中, 除 NDF 即离岸人民币兑美元无本金交割的数据来源于 Bloomberg 以外, 其他数据来源为 WIND 万德数据库, 另外, 债券收益率曲线数据来源于中债数据。

本文使用两种方法对于中国所面对的短期国际资本流动进行衡量: 一是通过直接法, 即短期国际资本流动 = 误差与遗漏项 + 私人非银行部门的短期流动(债券 + 股票流入); 二是通过间接法, 即短期国际资本流动 = 外汇储备增量 – 贸易顺差 –FDI– 外债增加额。

本文使用实际 / 名义人民币有效汇率指数作为此次研究中的汇率指标。人民币有效汇率指数是本币对于一揽子货币汇率的加权平均的结果, 反映了人民币币值总体升值贬值情况。同时实际人民币有效汇率指数更是进一步剔除了通货膨胀对于人民币币值的影响。另外, 由于本文使用的其他变量包括债券收益率与国际资本流动情况都是流量数据, 而汇率指数是存量数据, 故本文在之后的模型中使用有效汇率指数的变化率作为汇率指标衡量。

本文使用国债、国开债、AAA级企业债券的债券收益率曲线作为本次研究所选择的收益率曲线。国债、国开债因为其较大的发行规模、较高的流动性，成为利率债的代表性品种。AAA级企业债则描述了中国债券市场上最主要的信用利差，具有较好的代表性。所以，本文研究将以国债收益率曲线为主，其他债券收益率曲线作为稳健性研究进行补充。

五、描述性统计

（一）中国国际资本流动情况

本文分别使用直接法与间接法对于中国短期国际资本流动进行衡量。其中直接法计算的短期国际资本流动＝误差与遗漏项＋私人非银行部门的短期流动。间接法计算的短期国际资本流动＝外汇储备增量－贸易顺差－FDI（－外债增加额），简化版本的间接法在估计中不考虑外债增加额，复杂版本的间接法在估计中考虑外债增加额。

由于数据可得性，直接法只能计算季度数据，而间接法则可以计算月度数据，以下图表仅列示由间接法计算的月度数据。

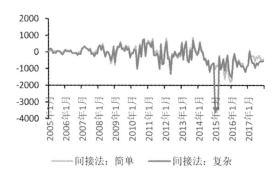

图1　国际资本流动数据（月）

数据来源：Wind 资讯

可以看到，从 2008 年金融危机之后，中国的短期国际资本一直处于外流趋势，说明短期资本流动基本上处于向外流动的冲击状态。另外，通过对于月度数据的观察，可以发现短期国际资本流动数据具有较为明显的季度特征，所以本文将利用 X-12 季度调整方法对于短期国际资本流动数据进行季度调整。

（二）中国汇率变动情况

下图分别列示了自 2005 年开始美元兑人民币平均即期汇率、美元兑人民币 1 年期 NDF 远期汇率与人民币有效／名义汇率指数。

可以看到，就美元兑人民币而言，美元兑人民币从 2005 年以来一直处于人民币升值通道中，但从 2015 年 7 月以来，人民币已经从升值通道中突破，开始上下波动。截至 2017 年底，美元兑人民币汇率维持在 6.75 左右。同时，根据 1 年期 NDF 远期汇率，可以发现，离岸市场 2014 年初开始就预期人民币将一直处于贬值通道内，这一情况也维持到了 2017 年年底。人民币有效／

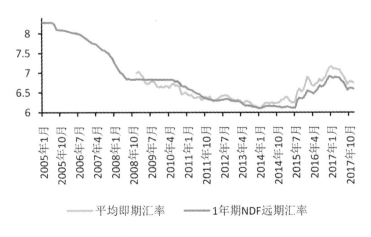

图 2　美元兑人民币汇率数据（月）

数据来源：Bloomberg 数据库、Wind 资讯名义汇率指数也与美元兑人民币相对于人民币兑一揽子货币，呈现相类似的走势，人民币从 2015 年 7 月以来开始脱离原本长期维持的升值趋势，开始上下波动。

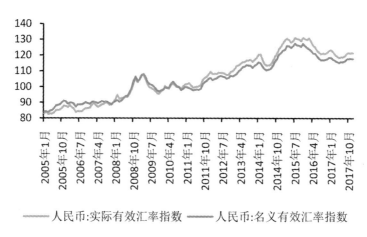

人民币:实际有效汇率指数　　　人民币:名义有效汇率指数

图 3　人民币有效 / 名义汇率指数（月）

数据来源：Wind 资讯

（三）中国债券市场情况

本文利用 Nelson-Siegel 模型将中债收益率曲线分解成代表短期 Slope、中期 Curvature、长期 Level 的三个收益率因子。从分解出的三个因子看可以发现：作为短期和长期收益率指标的 Short 和 Level 因子变动较小，而 Curvature 近年来变动尤为剧烈。从券种角度看，可以发现：相较于国债，国开债与 AAA 级企业债的收益率波动更大，其原因可能是由于国债交易较为清淡，波动率不够；同时国债券市场、政策性金融债券市场、企业债券市场的三个因子的对应因子走势非常相似，充分体现出了不同债券市场间的联动性，以及对于宏观经济波动的相似反应。

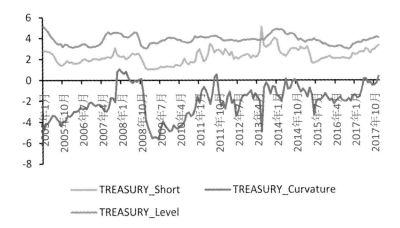

图 4　经 N–S 模型分解的中债国债收益率曲线（月）

数据来源：中央结算公司

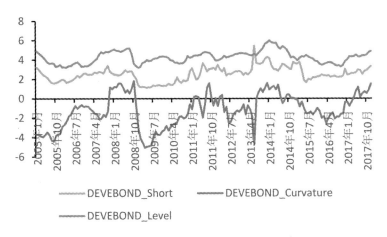

图 5　经 N–S 模型分解的中债国开债收益率曲线（月）

数据来源：中央结算公司

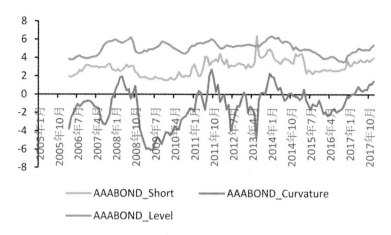

图6　经 N-S 模型分解的中债 AAA 企业债收益率曲线（月）

数据来源：中央结算公司

（四）综合描述性统计

本文使用的变量的有关均值、方差、最大值、最小值、数据数量的描述性分析如下所示。通过描述性统计可以发现，国际短期资本流动的变化较大，总体而言从 2005 年开始一直处于流出状态，对中国的外汇管理能力提出了考验。在汇率的变动率方面则在汇改之后实现了有序双向波动。对于债券收益率而言，呈现出 AAA 级企业债收益率大于国开债收益率大于国债收益率的情况，波动率方面也呈现相类似的特征。

表1　描述性统计

Name	Mean	SD	Max	Min	N
Capital	−258.900	635.600	767.600	−3600.000	156
Currency	0.257	1.348	4.334	−3.214	155
Treasury_Short	2.267	0.663	5.095	1.023	156

续表

Name	Mean	SD	Max	Min	N
Treasury_Curvature	−2.056	1.562	1.054	−5.662	156
Treasury_Level	3.843	0.465	5.123	2.971	156
Devebond_Short	2.513	0.727	5.430	1.142	156
Devebond_Curvature	−1.221	1.706	1.807	−5.060	156
Devebond_Level	4.246	0.620	5.979	3.188	156
Aaabond_Short	2.979	0.840	6.355	1.520	142
Aaabond_Curvature	−1.216	1.938	2.714	−6.076	142
Aaabond_Level	5.017	0.688	6.364	3.529	142

六、计量分析

（一）VAR 模型的构建

本次计量使用最为基础模型的 VAR 模型，VAR 模型结构如下所示：

$$M_t = \gamma_0 + \gamma_1 M_{t-1} + \gamma_2 M_{t-2} + \gamma_3 M_{t-3} + \cdots \gamma_p M_{t-p} + \varepsilon_t, \varepsilon_t \sim N(0, \sigma)$$

中

$$M_t = \begin{pmatrix} Capital_t \\ Currency_t \\ Bond_t \end{pmatrix} Bond_t = \begin{pmatrix} Short_t \\ Curvature_t \\ Level_t \end{pmatrix}$$

其中 $Bond_t$ 即为通过 N-S 模型分解出债券短、中、长期收益率，其中 $Short_t$ 代表分解出的短期收益率，$Curvature_t$ 代表分解出的中期收益率，$Level_t$ 代表分解出的长期收益率，在模型中，本文使用 N-S 模型以及各种类债券各期限月度平均收益率计算出的各个因子的月度数据；$Capital_t$ 代表国际资本流动，在基本模型中使用简化版的间接法计算出的月度国际资本流动数据，并对其进行季度调整；$Currency_t$ 即指人民币有效实际汇率指数的变化率，也是通过月度数据经计算得出。

接下来本文围绕国债 Treasury 收益率，利用 Stata 进行 VAR 模型的构建。

首先，利用 ADF 检验检验变量平稳性。经检验，本次模型使用的变量均为平稳序列，不存在单位根，即为零阶单整。具体结果如下所示。

表2　平稳性检验结果

Name	Test Statistic	P Value	1% Critical Value	5% Critical Value	10% Critical Value
Capital	−5.746	0.0000	−3.492	−2.886	−2.576
Currency	−8.766	0.0000	−3.492	−2.886	−2.576
Treasury_Short	−3.421	0.0103	−3.492	−2.886	−2.576
Treasury_Curvature	−3.182	0.0210	−3.492	−2.886	−2.576
Treasury_Level	−3.051	0.0304	−3.492	−2.886	−2.576

其次，通过 AIC、BIC 等信息量确定 VAR 模型阶数为二阶并进行拟合。完成模型拟合后检验 VAR 模型平稳性以及残差正态性、相关性检验，并得出结论，本文构建的 VAR 模型是平稳的，可以进一步进行格兰杰因果检验和脉冲响应分析。另外，虽然该 VAR 模型残差正态性的联合检验没有通过，但是由于此次研究不进行对于未来数据的预测，故残差正态性不影响本文进行进一步的格兰杰因果检验和脉冲响应分析。

（二）格兰杰因果检验的结果与分析

本文利用 Stata 进行 VAR 模型的回归，并通过格兰杰因果检验对于变量之间的因果关系进行检验。格兰杰因果检验的结果如下所示。

表 3　格兰杰因果检验

Equation	Excluded	Chi2	df	Prob>Chi2
Capital	Currency	3.263	2	0.196
	Treasury_Short	1.080	2	0.583
	Treasury_Curvature	1.111	2	0.574
	Treasury_Level	3.027	2	0.220
	All	9.151	8	0.330
Currency	Capital	3.894	2	0.143
	Treasury_Short	0.015	2	0.993
	Treasury_Curvature	2.494	2	0.287
	Treasury_Level	2.133	2	0.344
	All	13.280	8	0.103
Treasury_Short	Capital	5.314*	2	0.070
	Currency	1.280	2	0.527
	Treasury_Curvature	18.754***	2	0.000
	Treasury_Level	2.143	2	0.342
	All	32.215***	8	0.000
Treasury_Curvature	Capital	0.351	2	0.839
	Currency	7.818**	2	0.020
	Treasury_Short	51.373	2	0.000
	Treasury_Level	1.865	2	0.394
	All	81.194***	8	0.000
Treasury_Level	Capital	2.658	2	0.265
	Currency	3.829	2	0.147
	Treasury_Short	3.553	2	0.169
	Treasury_Curvature	0.154	2	0.926
	All	10.316	8	0.244

根据格兰杰因果检验的结果，可知债券的中期收益率是债券短期收益率的格兰杰原因，债券的短期收益率是债券中期收益率的格兰杰原因；短期国际资本流动是债券的短期收益率的格兰杰原因；汇率变化是债券的中期收益率的格兰杰原因。这表明债券收益率在短期和中期有着较好的传导性，但是与长期收益率之间的传导仍面临困难。另外，短期国际资本流动对于债券短期收益率有所影响，表现了目前我国债券市场已经有所开放，资本管制已有所放开。

（三）脉冲响应结果与分析

本文利用 Stata 进行 VAR 模型的回归，并通过脉冲响应分析研究本文研究对象三者在面临外生冲击时的随时间变化的相互作用关系。脉冲响应结果如下所示。

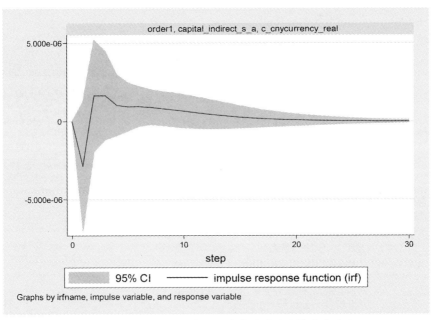

图 7　汇率变动对于短期国际资本流动冲击的脉冲响应

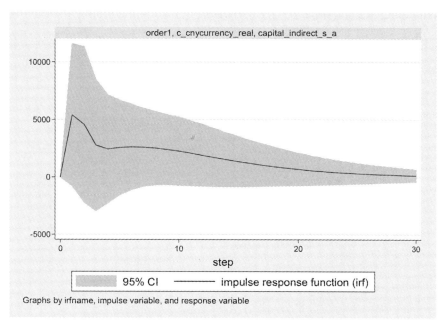

图8 短期国际资本流动对于汇率变动冲击的脉冲响应

上图表现了短期国际资本流动与汇率变动之间的脉冲响应的结果。图7为汇率变动对于短期国际资本流动冲击的脉冲响应,图8为短期国际资本流动对于汇率变动冲击的脉冲响应。

根据图7,即汇率变动对于短期国际资本流动冲击的脉冲响应,可以看出,在短期国际资本进行一个正向冲击时(即资本流入),汇率的变化率先遭受一个负向冲击(即货币升值),但在随后几期逐步修复,回到正向冲击(即货币贬值),最终回到均衡汇率。这意味着短期国际资本流入的冲击会在短期内增加对于货币的需求,导致短期内汇率升值,但是在长期,汇率依旧会逐步回到均衡水平,呈现先升值、后贬值的态势。

根据图8,即短期国际资本流动对于汇率变动冲击的脉冲响应,可以看出,在汇率的变化率进行一个正向冲击时(即货币贬值),短期国际资本遭受正向冲击（即资本流入），在第一期达到峰值，随后几期逐步回落归零但依旧为正。这意味着货币贬值的冲击会导致预期未来汇率升值并回到均衡水平，短期国际资本流入，寻找投机机会。

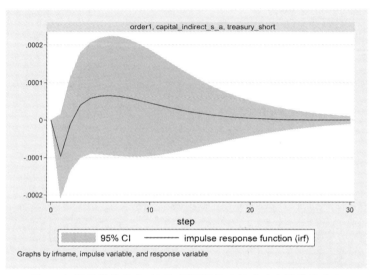

图 9　短期债券收益率对于短期国际资本流动冲击的脉冲响应

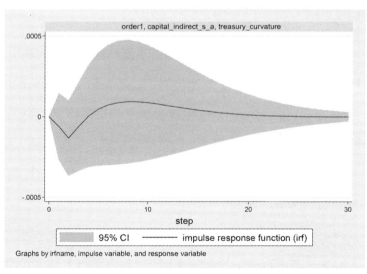

图 10　中期债券收益率对于短期国际资本流动冲击的脉冲响应

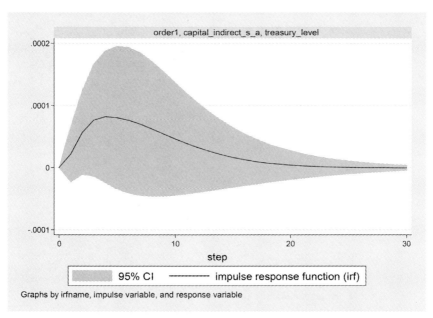

图 11 长期债券收益率对于短期国际资本流动冲击的脉冲响应

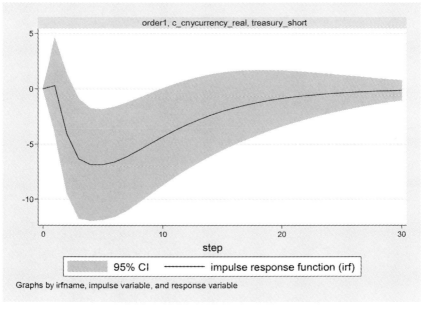

图 12 短期债券收益率对于汇率变动冲击的脉冲响应

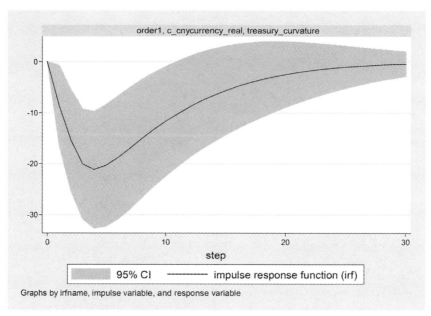

图 13 中期债券收益率对于汇率变动冲击的脉冲响应

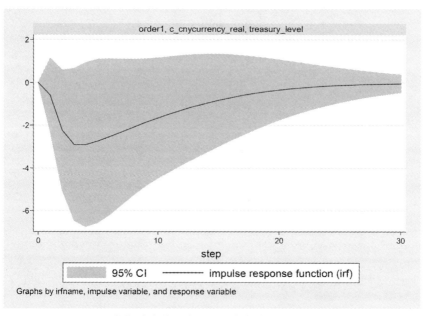

图 14 长期债券收益率对于汇率变动冲击的脉冲响应

上图表现了短中长期债券收益率冲击之间对于汇率变动和短期国际资本流动的脉冲响应的结果。图9、10、11中左侧图为短中长期债券收益率对于短期国际资本流动冲击的脉冲响应，图12、13、14为短中长期债券收益率对于汇率变动冲击的脉冲响应。

根据图9、10、11，即短中长期债券收益率对于短期国际资本流动冲击的脉冲响应，可以看出：

对于短期债券收益率而言，在短期国际资本进行一个正向冲击时（即资本流入），短期债券收益率率先遭受一个负向冲击（即收益率下降），但在随后几期逐步修复，回到正向冲击（即收益率上升），最终整体而言，短期国际资本的流入导致了短期债券收益率的上升。其原因是在短期，短期国际资本的流入增加了对于短期债券资产的需求，导致短期债券价格上升，债券短期收益率下跌，随后在长期，一方面慢慢回到均衡状态，国际资本流出，短期债券收益率也上升回到均衡状态，另一方面短期资本的流入也逐步反映在对于中国经济的信心上，导致收益率均衡水平有所提高。

对于长期债券收益率而言，在短期国际资本进行一个正向冲击时（即资本流入），长期债券收益率遭受持续的正向冲击（即收益率上升），这一效应在四期达到最大，之后逐步回归至零。其原因是，短期国际资本的流入代表了国际上对于中国经济的信心，长期国债收益率又是中国经济状态的晴雨表，越高的长期收益率代表着越好的经济，所以短期国际资本的流入在长期往往会带来长期收益率的增加。

对于中期债券收益率而言，其变化则介于短期债券收益率与长期债券收益率之间，承担了收益率由短端传导到长端的任务。

根据图12、13、14，即短中长期债券收益率对于汇率变动冲击的脉冲响应，可以看出，在汇率的变化率进行一个正向冲击时（即货币贬值），无论是短期、中期，还是长期债券收益率，都会面临向下的冲击，即收益率下降，其原因是货币贬值会导致资本流入，对于债券资产的需求增加，债券价格上涨，导致收益率下跌。这与利率平价理论也相符合，远期汇率和即期汇率之差等于两国利率之差，由于中美远期汇率高于即期汇率，在远期汇率不变的情况下即期汇率变大意味着远期汇率和即期汇率之差缩小，中美利差缩小，由于国内利率高于美国，故利差缩小意味着国内利率变小，收益率下降。另外，这一冲击在第四期达到最大，随后逐渐回落至零，说明汇率对于利率的影响需要一定时间进行传导。

（四）稳健性检验

在上述 VAR 模型的构建以及格兰杰因果检验、脉冲响应分析中，本文仅使用了国债收益率作为债券收益率的衡量。为了保障研究结果的稳健性，本文使用国开债收益率以及 AAA 级企业债收益率作为债券收益率的指标，对本次研究进行稳健性检验。同样的，本文使用 VAR 模型对于短、中、长期国开债与 AAA 级企业债收益率、国际资本流动、汇率三者之间的时变相关关系。同样的，我们从 VAR 模型的阶数确定开始，完成了构建 VAR 模型、平稳性检验、残差正态性检验、格兰杰因果检验、脉冲响应分析等一系列模型的建立和使用。下图分别列示了国际资本流动对于汇率以及国开债、AAA 级企业债收益率的冲击、汇率对于国际资本流动以及国开债、AAA 级企业债收益率的冲击。

总体而言，我们可以发现，无论是国开债，还是 AAA 级企业债、VAR 模型以及最后的脉冲响应分析的结果得出的结论都表明，不管是使用国债收益率，还是使用国开债收益率、AAA 级企业债券收益率，我们在短、中、长债券收益率、国际资本流动、汇率三者之间的关系方面都能得出相类似的结果。

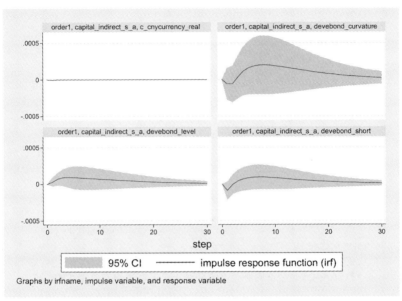

图 15　国开债国际资本流动对于汇率以及债券收益率的冲击

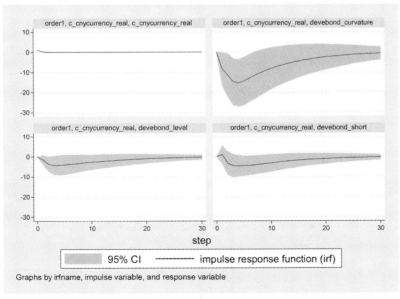

图 16　国开债汇率对于国际资本流动以及债券收益率的冲击

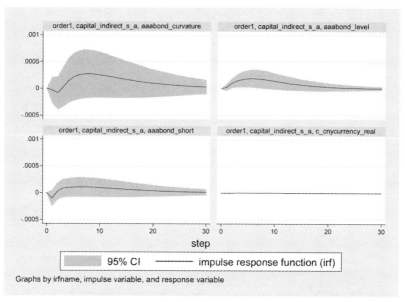

图17 AAA级企业债国际资本流动对于汇率以及债券收益率的冲击

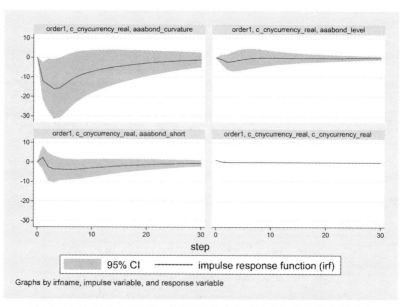

图18 AAA级企业债汇率对于国际资本流动以及债券收益率的冲击

我们可以观察到，国开债与 AAA 级企业债方面，短期国际资本流动与汇率变动之间的脉冲响应的结果与我们之前做出的国债的结果非常类似。在短期国际资本进行一个正向冲击时（即资本流入），汇率的变化率先遭受一个负向冲击（即货币升值），但在随后几期逐步修复，回到正向冲击（即货币贬值），最终回到均衡汇率。在汇率的变化率进行一个正向冲击时（即货币贬值），短期国际资本遭受正向冲击（即资本流入），在第一期达到峰值，随后几期逐步回落归零但依旧为正。

另外，我们还可以观察到，国开债与 AAA 级企业债方面，国际资本流动和汇率对于债券收益率的冲击与我们之前做出的国债的结果非常类似，短、中、长期收益率的变化模式也是相类似的。在汇率的变化率进行一个正向冲击时（即货币贬值），无论是短期、中期，还是长期债券收益率，都会面临向下的冲击，即收益率下降。在短期国际资本进行一个正向冲击时（即资本流入），短期债券收益率率先遭受一个负向冲击（即收益率下降），但在随后几期逐步修复，回到正向冲击（即收益率上升），但整体而言，短期国际资本的流入导致了短期债券收益率的上升；在短期国际资本进行一个正向冲击时（即资本流入），长期债券收益率遭受持续的正向冲击（即收益率上升），随后逐步回归至零；中期债券收益率的变化则介于短期债券收益率与长期债券收益率之间，承担了由收益率由短端传导到长端的任务。

通过上述的模型结论，我们通过变换债券收益率的债券品种选择，证明了我们 VAR 模型以及脉冲响应模型的计量结果是稳健的，中央结算公司编制的中债国债收益率曲线可以有效地反映在岸人民币债券市场各期限结构的到期收益率，可以有效地作为本次研究中债券收益率的代表收益率，并通过中债国债收益率研究债券收益率、国际资本流动、汇率三者之间的时变相关关系。

七、总结

本次研究，我们利用了 2005 年至 2017 年的数据，利用 Nelson-Siegel 模型将债券收益率分解为代表短中长期债券收益率的三个因子，利用 VAR 模型、格兰杰因果检验、脉冲响应分析研究了短期国际资本流动、汇率变动以及债券收益率之间的因果关系以及时变关系。通过模型结果可以发现，国际资本的流入基本上会带来债券短期、中期、长期收益率的上升，尤其是对短端收益率的影响较为明显；汇率贬值会导致债券短中长期收益率的下降，尤其是对中期收益率的影响较为明显。另外，我国债券市场短端与中端收益率的传导较好，但对长端收益率的传导依旧有一定困难。同时不同品种的债券呈现相类似的模式，说明我国债券市场中不同品种之间的交流性较好，或者是基本以类似债券作为基准波动。

在人民币国际化与债券市场开放的大背景下，我们上述的研究证明了短期国际资本流动目前已经能够对于债券的短端收益率进行一定的影响，并且通过短端收益率逐渐传导到中端乃至长端收益率。但是，值得注意的是，在中国资本项目严格管控的情况下，目前短期国际资本对于债券市场的冲击影响依旧较少，随着人民币国际化程度进一步提高，资本项目进一步开放，短期国际资本流动对于我国债券市场的冲击将会越来越明显。所以，在人民币国际化的进程中，在资本项目逐渐开放的过程中，我们必须逐步建立起一个有深度的、稳定的债券市场来承接人民币国际化带来的风险与挑战。

参考文献

［1］Oreiro J. L. Capital Mobility, Real Exchange Rate Appreciation, and Asset Price Bubbles in Emerging Economies: A Post Keynesian Macroeconomic Model for a Small Open Economy. Journal of Post Keynesian Economics, Vol.28, No.2, 2005.

［2］Hau H., Rey H. Exchange Rates, Equity Prices, and Capital Flows. Review of Financial Studies, Vol.19, No.1, 2006.

［3］Gyntelberg J., Loretan M., Tientip S. Private Information, Capital Flows, and Exchange Rates. Imf Working Papers, 2012.

［4］杜敏杰，刘霞辉.人民币升值预期与房地产价格变动 [J].世界经济，2007(1).

［5］陈浪南，陈云.人民币汇率、资产价格与短期国际资本流动 [J].经济管理，2009(1).

［6］刘林，倪玉娟.短期国际资本流动、汇率与资产价格——基于汇改后数据的实证研究 [J].财贸经济，2010(5).

［7］朱孟楠，刘林，倪玉娟.人民币汇率与我国房地产价格——基于 Markov 区制转换 VAR 模型的实证研究 [J].金融研究，2011(5).

［8］赵进文，张敬思.人民币汇率、短期国际资本流动与股票价格——基于汇改后数据的再检验 [J].金融研究，2013(1).

［9］吴丽华，傅广敏.人民币汇率、短期资本与股价互动 [J].经济研究，2014(11).

流动性危机：回顾、总结与展望

尹昱乔　王瑞

摘　要：对于金融机构来说，流动性风险是信用风险、市场风险和操作风险的最终体现，因此，有必要对流动性风险进行系统性的深入研究。本文较详细地回顾了 2008 年美国次贷危机、2015 年 A 股股灾和 2013 年银行间债券市场"钱荒"三次典型的流动性危机，在此基础上对流动性危机的典型特征和背后机理进行了总结梳理，并对未来一段时间我国流动性风险状况进行了展望。本文认为，通过加杠杆导致的资产价格暴涨暴跌、融资市场流动性枯竭、投资者遭受严重损失、需要政府提供流动性救助是流动性危机的四大特征，流动性螺旋、资金融出方融出意愿下降、金融机构挤兑和网络效应、私人部门的流动性保障无效分别是这四大特征的背后机理。展望我国未来流动性风险状况，本文认为我国监管部门不断健全货币政策和宏观审慎政策双支柱的调控框架，在防范化解流动性风险方面已经取得较大进展，有能力应对可能发生的流动性冲击。最后，本文提出涵盖多个有效指标的流动性风险预测、监测框架，供公司、监管部门参考。

关键词：流动性风险　金融危机股灾钱荒　监测指标　流动性错配指数

一、引言

金融中的流动性泛指获得资金的难易程度，可分为"市场流动性"和"融资流动性"。英文的流动性为"liquidity"，其动词"liquidate"的主要含义为"将某物转化为现金"。因此，"liquidity"狭义表示的是将某物转化为现金的难易程度。在转化为现金的过程中，"某物"的所有权可以发生实质性转移（卖出），也可以不发生实质性转移（抵押或回购），前者即为"市场流动性"，后者为"融资流动性"[①]。在信用融资中（例如银行信贷、信用债券发行、无担保同业拆借等），虽然不存在具体的被"转化的某物"，但由于信用融资是现代经济体系中重要的融资手段，广义的"融资流动性"必然也包含信用融资的难易程度。简单概括而言，"市场流动性"对应物品（例如股票、债券、房屋等）在二级市场的变现难易程度，"融资流动性"对应各种融资市场的资金获得难易程度。

金融机构天然面临流动性风险。金融机构的负债结构中，3个月以内到期的短期负债占比一般在50%以上。以银行为例，短期负债中，除了客户存款之外，同业及其他金融机构存放款项及拆入资金占主要份额，这说明银行严重依赖债券回购、同业拆借等金融机构同业间的短期资金融入。国际货币基金组织（2017）指出，我国的金融机构高度依赖批发性融资。当这些短期融资出现问题的时候，机构就面临着流动性风险。这里所说的流动性风险实际上是指融资流动性的风险，它是指无法及时获得充足资金或无法以合理成本及时获得充足资金以应对支付需要的风险，包括但不限于：

---

① Brunnermeier 和 Pedersen（2009）。

1.保证金率／折扣率风险。融资通常需要担保品做抵押，融入金额和担保品价值之间的差额被称为保证金率（margin）或者折扣率（haircut）。在担保品市场价值下跌时，保证金率或者折扣率增大，融资人的融资能力下降。

2.利率风险。利率是资金的价格，在资金紧张时，利率会上升，导致融资成本的增加。

3.挤兑或赎回风险。银行的存款人或者基金的持有者认为自己的资金在安全性出现问题或很可能受到损失的情况下，集体性要求收回资金的风险。

这三种形式的融资流动性风险是否会带来损害，取决于金融机构持有资产的市场流动性如何。如果持有资产的市场流动性很差，那么融资流动性风险就会带来巨大的危害。市场流动性和融资流动性将产生相互作用，在这种作用下，资产价格微小的下跌就可以引起融资流动性的突然枯竭，并且将冲击放大，导致资产价格大幅下跌，单个投资者遭受损失，同时也会通过网络效应将损失传染给其他金融机构，如果不及时给予流动性救助以阻断风险扩散，就有可能摧毁整个金融体系，并对实体经济产生严重损害，这就是流动性危机。

2008年美国次贷危机是典型的流动性危机，其影响程度和范围都比较大，本文将对其进行比较详细的回顾。需要指出的是，如此严重的流动性危机在历史上出现的次数也是有限的。出于研究的目的，本文也对2015年A股股灾和2013年银行间债券市场"钱荒"这两次影响程度和影响范围相对较小的流动性冲击进行回顾，以便总结流动性危机的共同特征和发展机理。最后，本文从监管角度展望我国未来流动性风险状况，并提出涵盖多个有效指标的流动性风险预测、监测框架，供公司、监管部门参考。

二、流动性危机回顾

（一）金融机构的全面危机：2008 年美国次贷危机

1. 国际资本涌入美国，美国房价开始上升

20 世纪 90 年代，亚洲多国以及阿根廷、巴西、土耳其等新兴市场国家纷纷爆发了金融危机，这使得这些国家对于从国外融资变得非常谨慎，并且纷纷削减投资和消费。逐渐地，很多新兴市场国家从国际资本的占用者变成了资本的输出者。以美国为首的发达国家自然成为这些外来资本的吸收者。起初，发达国家的公司大多把吸收进来的资金用于扩张投资，特别是 IT 技术产业方面，但是这些投资随着 2000 年美国 IT 股票泡沫破裂而急剧减少。为了避免衰退，在美联储的带领下，各国央行均大幅降低本国利率。低利率环境下，住房需求被点燃，房价和房地产投资开始上升。

2. 以资产证券化为中心的影子银行推动美国房价一路走高

在美国房价走高的同时，英国、爱尔兰、西班牙、荷兰、新西兰等很多发达国家也都经历了房价的大幅上涨，从房价房租比或者房价收入比的角度来看，美国绝不是房价最高的国家，但为什么危机偏偏爆发在美国？主要的原因之一就是美国银行机构的经营模式由传统的"发放—持有"转变为"发放—分销"。前者中，银行在发放贷款之后，持有贷款的债权直至收回贷款；而后者中，银行在发放贷款之后，通过资产证券化手段将贷款出售，从而从自身资产负债表中移除。资产证券化以及由此产生影子银行体系（Shadow Banking System）使得信用创造像洪水般泛滥，推动美国房价从 2000 至 2006 年暴涨近 130%。

图1 联邦基金利率和房价走势图

专栏：美国影子银行体系运行模式

美国的影子银行体系[1]是以资产证券化和批发融资为基础的信用中介过程，它将传统商业银行的信用创造切分成若干个步骤，借助多个独立或者非独立的金融机构来完成[2]。典型的影子银行体系一般包括贷款发放、贷款仓储、ABS 发行、ABS 仓储、ABS CDO 发行、ABS 中介和批发融资 7 个步骤，所有步骤都按照严格的顺序进行，并由专门的金融机构通过专门的融资手段完成（Pozsar 等，2010）。大型的银行控股公司（Bank Holding Company，以下简称"BHC"）在这一过程中扮演核心角色。

---

① 影子银行这一概念最初由美国太平洋投资管理公司执行董事 Paul McCulley 于 2007 年美联储年度会议上提出，意指游离于监管体系之外，与传统的接受中央银行监管的商业银行系统相对应的金融机构。影子银行在美国与中国的具体内容有所不同，在美国主要体现为以资产证券化为手段的信用创造过程，而在中国则主要体现为商业银行通过各种通道（非银金融机构）规避严格的银行业监管的金融业务（李文喆，2019）。

② 关于美国影子银行的详细介绍见 Pozsar 等（2013）。

典型的影子银行业务涉及大量表外业务，并且由 BHC 的各种子公司完成：（1）由 BHC 下属的银行或者财务公司发放贷款；（2）发放的贷款被卖给 BHC 下属的证券公司控制的通道公司（Conduits），这些通道公司的经营活动不体现在 BHC 的资产负债表上，专门负责仓储已发放的贷款资产，通过发行资产支持商业票据（Asset Back Commercial Paper，以下简称"ABCP"）融资，并通过贷款发放银行提供流动性增信；（3）将贷款进行资产证券化，即通道公司将买来的贷款卖给由 BHC 下属的证券公司设立的破产隔离的特殊目的机构（Special Purpose Vehicle，以下简称"SPV"），SPV 通过回购融资购买贷款，并将贷款汇集成贷款池、进行结构化处理，然后发行资产支持证券（ABS）；（4）BHC 下属的资产管理公司设立的结构化投资工具（Structured Investment Vehicle，以下简称"SIV"）通过回购和 ABCP 融资，认购 SPV 发行的 ABS；（5）将 ABS 进行资产证券化，即重复的资产证券化操作，SPV 通过商业票据和回购融资，购买 ABS 并汇集成池，结构化处理之后发行以 ABS 作为标的的担保债务凭证（Collateralized Debt Obligation，以下简称"CDO"）；（6）SIV、特殊目的财务公司、信用对冲基金等机构通过回购、ABCP 或者中期票据等方式融资，认购 SPV 发行的 ABSCDO；（7）除了第一步贷款发放以外，以上影子银行体系的每一步都需要依靠批发融资市场融资，资金的提供者包括货币市场基金、银行、证券公司、保险公司、固定收益基金、养老基金等机构。

相对于传统的"发放—持有"模式，"发放—分销"模式具有许多明显的优势，这使得影子银行的规模迅速发展扩大。

一是影子银行可以更好地分散风险，可以将信用风险转移到更能承受它的投资者，也可以实现信用风险从贷款发放银行到整个证券市场的转移。

通过资产证券化将风险资产打包、拆分成为不同信用风险等级的证券，可以满足不同风险偏好的投资者的需求。另外，商业银行将贷款卖给通道公司，信用风险即被移出其资产负债表，随着影子银行链条的延伸，信用风险又以ABS、CDO等多种产品形式一环一环转移，最后分布在货币基金、证券基金、投资银行、保险公司等各种买方机构的持仓中，信用风险实现在整个金融市场的分散。

二是影子银行的"发放—分销"模式能够帮助商业银行进行资产负债管理，提高资本充足率。将缺乏流动性的贷款等债权资产从资产负债表转移出去，并将金融资产快速转化为现金收回，而不是停留在中介机构的资产负债表上，从而改善资产负债结构。因此，"发放—分销"模式也是发放机构进行信用风险和流动性风险管理的一种手段，次贷危机爆发之前在美国及英国金融机构的风险管理中得到了广泛应用。

三是资本充足率的提高及不断进行"发放和销售"，加快了发放机构的资金周转，增强了中介机构的放贷能力，加之发放贷款又可以从中获取发放费，从而起到增加盈利的作用，并且一定程度上改变了发放机构的盈利模式。

3.影子银行的迅速发展为危机埋下了祸根

事后看来，影子银行的大规模发展或许是美国次贷危机爆发的最主要原因。

第一，金融机构大量发放次级贷款，并通过影子银行转移信用风险。美国联储从2000年开始大幅降息，同时房价逐渐走高，这两点有利因素使得金融机构的资产市值不断增加。由于金融机构需要通过主动调整资产负债表的结构来管理其在险价值（Value at Risk），在权益不断上升的同时也需要增加负债，因此，整体的资产规模在不断扩大。对于银行来说，资产规模的扩大意味着必须找到新的借款人把资金借出。这就出现了一个严重的问题，当所有偿还能力好的借款人都已经有房贷之后，银行只能降低房贷发放标准，把钱贷给那些还款能力较差的人。这样一来，大量信用不佳、还款能力差、以前根本无法从银行得到贷款的人，一下子都可以获得银行的按揭贷款去购买房屋了，这种贷款被称为次级按揭贷款（简称"次贷"①）。这些次级贷款的信用风险较大，因为贷款的还款利率在前两年一般是一个较低的优惠利率，而在优惠期过去之后转变为按照市场利率变化的浮动利率。如果美联储加息到某一程度，这些次级贷款的违约率将会大幅上升。商业银行知晓这一点，便利用影子银行将信用风险分散、转移至整个证券市场。

第二，影子银行体系存在严重的流动性风险。影子银行的信用创造过程中，每一步都依赖资产支持商业票据、商业票据或者债券回购等方式来融资，这些融资方式的期限通常不超过 1 年。整体看来，影子银行就是在用短期资金为住房贷款这样的长期资产融资，存在严重的期限错配。如果一旦短期融资出现问题，将导致流动性不足，很容易诱发挤兑。此外，为保证通道公司和 SIV 可以顺利获得批发融资，它们的发起银行（同一个 BHC 的下属银行）一般会为其提供所谓的"流动性担保"（Liquidity Backstop），即由发起银行给予这些机构一定的授信额度，以确保其具有足够的融资流动性。因此，即使这些业务没有体现在发起银行的资产负债表上，整个 BHC 仍然承受着使用短期负债为长期资产融资而带来的流动性风险。

---

① 次级按揭贷款（Subprime Mortgage Loan, 即"次级抵押贷款"）。美国抵押贷款市场的"次级"（Subprime）及"优惠级"（Prime）是以借款人的信用条件作为划分界限的。根据信用的高低，放贷机构对借款人区别对待，从而形成了两个层次的市场。信用低的人申请不到优惠贷款，只能在次级市场寻求贷款。两个层次的市场服务对象均为贷款购房者，但次级市场的贷款利率通常比优惠级抵押贷款高2% ～ 3%。

第三,影子银行的表外业务显著增大实际杠杆率。一方面,通过"发行—分销"模式和资产证券化,银行借出资金所占用的资本金比传统的"发行—持有"模式降低了许多,可以实现更多资金的借出而只占用很少的资本。另一方面,影子银行链条的每一步都是主要以短期的债权性质的融资来完成的,不同的 BHC 之间互相买入对方发行的资产证券化产品,交易盘根错节,这意味着不仅单个金融机构的杠杆率很高,而且影子银行整体的杠杆率也非常高,超高的实际杠杆率使得 BHC 承受相当大的信用风险和流动性风险,成为一个重要的系统性风险来源。

4.金融机构大量持有次贷资产,购买 CDS 对冲信用风险

截至 2008 年初,次贷和次贷支持证券存量大约为 1.1 万亿美元,其中 66% 左右被投资银行、商业银行、两房、对冲基金等高杠杆机构持有,其余部分被保险公司、财务公司、共同基金及养老基金等低杠杆机构持有[①]。

作为次贷的发放机构,商业银行在知晓底层的按揭贷款质量不高的前提下,仍然惊人地持有次贷相关资产总量的 31% 左右,其中不仅有为了显示对底层资产抱有信心的劣后级,也包括高评级的优先级部分。这表明银行管理层们认为,尽管存在较大的信用风险,但这些次贷相关资产确实是具有投资价值的。Ragan(2005)指出,大量投资次贷相关资产是美国银行业激进的风险偏好文化的体现。一方面,银行的管理层在业绩压力下希望通过承受更高的风险来获得更好的收益;另一方面,由于次贷相关资产的违约率在危机爆发之前一直较低,而且违约是发生概率较小的"尾部风险",并且银行的风控部门在这种风险爆发之前无法量化它的危害力,于是在短期业绩考核的驱动下,银行的交易员们纷纷买入次贷相关资产。

---

① Greenlaw 等(2008)。

此外，大量保险公司为次贷资产提供信用违约互换（CDS）。2007 年，CDS 的余额在 45 万亿至 62 万亿之间。通过 CDS 的增信，次贷资产的投资者们有理由相信这些证券确实是低风险的。

5. 美联储持续加息触发危机，房价和次贷资产价格开始下跌

2000 年之后的美国房价大幅上涨导致房价出现泡沫，美联储为了平抑房价自 2004 年起开始加息，3 年时间里共加息 17 次，联邦基金目标利率从 1.00% 提升到 5.25%，最后一次加息发生在 2006 年 6 月。这次加息动作终结了美国房价连续 10 多年的上涨，2006 年 7 月，美国 10 个大中城市的标普 /Case-Shiller 房价指数迎来拐点。从此，美国房价一路下跌，直到 2012 年 3 月才达到新的最低点（见图 1）。2007 年 7 月，美国住宅建筑商协会（National Association of Home Builders）报告称新房销售同比下降 6.6%，并且全美最大的住宅开发商 2007 年第二季度实现亏损。随着房价的持续下跌，房地产企业陆续出现亏损。

次贷方面，借款人们在 2006 年 6 月的加息动作之后，也终于无法继续承担越来越高的利息。2007 年 2 月，次贷的违约率首次出现了上升，次贷证券价格指数（ABX Indices）开始下跌（见图 2）。2007 年 5 月，UBS 的内部对冲基金 Dillon Read 在遭受了 1.25 亿美元次贷资产损失之后被迫关闭。在接下来的几个月里，穆迪、标普和惠誉相继下调次贷资产的评级，市场开始对次贷资产的信用状况产生焦虑。7 月，贝尔斯登为了维护其声誉，向旗下的两只由于次贷资产亏损而导致保证金不足的对冲基金注资 32 亿美元；专门从事住房贷款业务的全国金融公司（Countrywide Financial Corp.）[1] 公告称营业收入下降。至此，次贷资产价格下降对于金融机构的负面影响开始显现。

---

[1] 美国一家大型住房贷款公司，2008 年被美洲银行（Bank of America）收购。

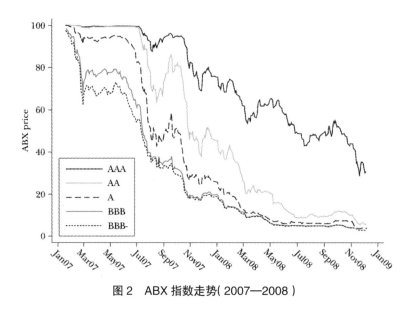

图 2　ABX 指数走势（2007—2008）

来源：Brunnermeier（2009）

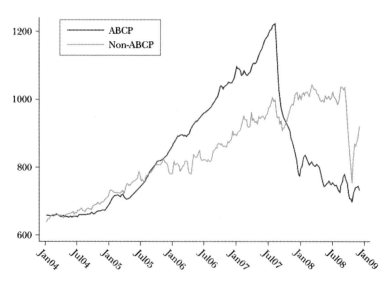

图 3　商业票据市场融资余额变化情况（单位：十亿美元）

来源：美联储

注：ABCP 为资产支持商业票据，Non-ABCP 为无担保的商业票据。

6. 资产支持商业票据市场融资流动性枯竭，危机爆发

2007年7月，在次贷资产损失越来越大、信用评级陆续下调的背景下，市场对次贷资产信心恶化，资产支持商业票据（ABCP）市场开始无法获得融资。ABCP市场余额在2007年下半年萎缩了35%左右，ABCP发行几乎停止。作为对比，同一时期的非资产支持商业票据（Non-ABCP）市场受影响幅度则非常有限（见图3）。

ABCP市场的融资枯竭使得危机进一步发展。2007年7月，德国工业银行（IKB）旗下的管道公司发行的ABCP无法续做，IKB又无法兑现给予其的授信额度贷款，IKB成为第一个遭受流动性危机的欧洲银行。之后，德国复兴信贷银行连同另外几家德国银行成立了一个35亿欧元的营救基金，帮助IKB恢复流动性，避免其破产在德国造成的更大影响。7月末，美国房屋抵押投资公司（American Home Mortgage Investment Corp.）因为融资问题无法兑付到期债务而宣布破产。同时，评级机构继续不断下调管道公司和结构化投资工具的评级，多种信号显示货币市场融资难度加大。

7. 流动性冲击传染至货币市场，危机全面爆发

ABCP市场的流动性冲击很快传染到联邦基金市场、伦敦银行间拆借市场等主要货币市场。2007年8月开始，TED利差（即LIBOR和美国国债收益率之差）大幅攀升（见图4），同时伦敦银行间拆借市场交易量明显下降，流动性危机全面爆发。

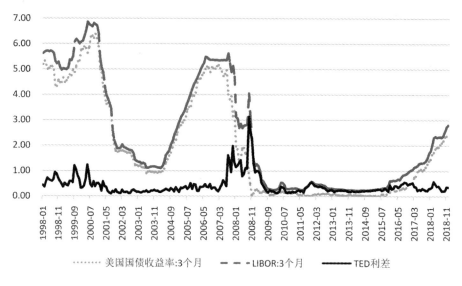

图4　货币市场利率走势（单位：%）

数据来源：Wind

8.金融机构损失惨重，中央银行开始救市

2007年8月开始，大批量化对冲基金遭受严重损失，纷纷追加保证金并开始低价出售资产。随着LIBOR的大幅走高，监管部门觉察到了流动性的急剧恶化，欧洲中央银行向伦敦银行间市场注入隔夜资金950亿欧元，美联储随之注资240亿美元，并下调贴现率0.5个百分点，同时拓宽担保品范围。然而，可以通过贴现窗口融资的7000家银行出现历史上最不情愿从美联储借钱的局面，因为它们担心从贴现窗口借钱会成为在银行间市场信誉度不足的一个信号。9月，英国北岩银行由于无法在银行间市场融资而向英格兰银行申请临时流动性支持，该消息随即被BBC曝光。紧接着第二天，北岩银行宣布预计2007年税前利润将比预期低20%，民众的恐慌情绪被引爆，导致北岩银行发生了挤兑。10月，北岩银行宣告倒闭。

9. 金融机构接连破产，金融海啸席卷全球

进入 2008 年之后，随着次贷资产的损失仍然在不断加大，一些为次贷资产设立信用保险的保险公司陷入被评级公司调降评级的不利处境，这将导致面值约为 2.4 万亿美元的债券失去 AAA 评级保险，继而引发这些债券的甩卖。2008 年 1 月 19 日，美国保险公司 Ambac 被惠誉降级，这一事件使得全球股市发生恐慌，新兴市场和亚洲、日本和欧洲、道琼斯和纳斯达克跌幅均在 5% 以上。全球股市恐慌使得美联储决定下调联邦基金利率 0.75 个百分点，这是 1982 年以来美联储的第一个"紧急降息"。随后，又在 1 月 30 日的美联储议息会议上进一步将联邦基金利率再降低 0.5 个百分点。

2008 年 3 月之后，美国多家大型金融机构先后出现流动性不足而被收购或被政府接管。由于受到政府支持机构债券（由房地美和房利美发行的债券）带来的惨重损失，以及市场上的一些谣传，对冲基金客户产生恐慌情绪，美国第五大投资银行贝尔斯登发生了挤兑，其流动性骤然恶化，无法在回购市场上进行担保融资。由于贝尔斯登业务牵扯太多机构而不能被允许突然破产，被摩根大通以 2.36 亿美元收购。随后，房利美和房地美被政府接管、雷曼兄弟破产，美林被美洲银行收购，美国最大保险集团美国国际集团（AIG）由于 CDS 业务连续三个季度出现净亏损，最后也被美国政府接管。

次贷危机爆发之后，美国股票市场主要指数相较 2007 年高点均下跌 50% 以上，金融板块跌幅达 60% 以上，美国主要大型金融机构股价跌幅均达到 80% 以上。欧洲、亚洲国家股市也都受到十分严重的影响。

（二）股市流动性危机：2015 年 A 股股灾

股票价格在短时间内大幅下跌从而造成巨额市值蒸发的过程称作股灾。历史上，股灾每隔一段时间就会爆发一次。我国 A 股市场于 2015 年发生的

股灾具有明显的流动性危机特征，本文接下来简要回顾 2015 年 A 股股灾的主要过程。

1. 上证指数在 12 个月内暴涨 154%

2007—2008 年股灾之后，A 股持续调整 7 年左右，进入 2014 年上半年，上证指数稳定在 2000 点左右。2014 年 7 月开始，大盘开始启动。进入 11 月，在银行、券商等权重股的带领下，A 股进入主升浪阶段。随后，中小盘股票跟随上涨。上证指数在 2015 年 6 月 12 日周五达到牛市最高点 5178.19 点。

2. 股市暴涨源于加杠杆

本轮牛市与之前牛市最大的区别之一就是加杠杆，通过加杠杆，大量资金涌入股市使得股市上涨过快，催生了价格泡沫。融资的方式主要包括交易所开展的融资融券业务，以及各种形式的场外配资，特别是以利用 HOMS（恒生订单管理系统）等对伞形信托的子伞进行再分仓形式进入股市的类伞形信托方式。大量地下钱庄、民间借贷和 P2P 纷纷成立配资公司，为股民提供几倍于其本金的资金进行股票投资。美林美银数据显示，股灾前期通过各种渠道进入 A 股的资金超过 3.7 万亿元。其中，融资融券业务的杠杆率为 1∶1，伞形信托杠杆率一般为 1∶3，在使用 HOMS 系统的场外配资中，杠杆率达到惊人的 1∶5 至 1∶9。即便只按 1 倍杠杆率进行保守估算，杠杆资金存量也至少在 7.5 万亿元，超过 A 股市值的 10%，流通市值的 30%。杠杆资金不能忍受剧烈波动，大比例的杠杆资金使得 A 股市场非常脆弱，一旦杠杆资金出现流动性问题，将引发股价崩塌。

3. 清查场外配资触发市场拐点

在 2015 年初，场外配资就受到监管层重视，但市场却未给予足够关注。2 月初，证监会下发文件，禁止证券公司通过代销伞形信托、P2P 平台、自主开发相关融资服务系统等形式，为客户与他人、客户与客户之间的融资融券活动提供任何便利和服务。该文件还披露了2014年第四季度两融检查的细节，其中明确提及部分券商存在为他人向客户或者客户之间融资买卖股票提供便利的操作。一是通过代销伞形信托等结构化金融产品为客户融资提供便利，二是通过P2P平台等机构为客户融资提供便利。3月中旬，证券业协会下发修订后的《证券公司网上证券信息系统技术指引》，并明确指出，证券公司不得向第三方运营的客户端提供网上证券服务端与证券交易相关的接口。证券交易指令必须在证券公司自主控制的系统内全程处理。面对监管层的轮番警示，市场仍选择性"屏蔽"了这一警告。4月3日，屡禁不止的"场外杠杆"惹怒了监管层。不久后，证监会第二次处罚券商两融违规。4月16日，证监会原主席助理张育军重申，证券公司不得以任何形式参与场外股票配资、伞形信托等活动，不得为场外股票配资、伞形信托提供数据端口等服务或便利。由此，监管层对于场外配资的态度已经发生逆转。

2015年6月12日，证监会发布《关于加强证券公司信息系统外部接入管理的通知》，明令禁止证券公司为场外配子提供证券交易接口的行为，直接带动6月15日周一配资客户的大幅抛盘。由此形成了股市拐点，并造成了恶性循环：股价下跌，融配资客户的证券资产触及警戒线或强制平仓线，配资公司为保全自己的资金，电脑程序会将客户持仓股票强制卖出变现，而强制平仓则导致股价进一步下跌。配资盘的强烈抛售使得很多股票触及伞形信托的平仓线，伞形信托又加入了平仓大军，伞形信托还没平仓完，股票价格又触发了融资融券的平仓线，于是形成了雪崩效应。一时间整个股市都所有的机构和散户都在拼命抛售，经常一开盘就跌停板，于是更加没人敢去接盘，机构抛不掉现货，只能通过股指期货对冲风险，股指期货又连累现货下跌，进入恶性循环。6月15日之后，A股出现数次千股跌停的局面，上证指数在一个半月之内从5178.19点跌至最低2638.30点，跌幅高达51%。

4.融资流动性和市场流动性同时剧烈恶化

6月15日之后，场外配资被一刀切，A股市场暴涨的重要资金来源枯竭。随着场外配资渠道的萎缩，场内融资也变得紧张，场内融资规模不断减少（如图5所示）。

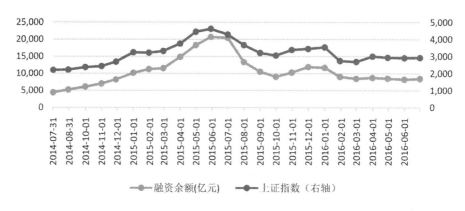

图5　场内融资规模变化（2014.07—2016.06）

融资流动性恶化的同时，市场流动性也出现显著的下降。我们用AMIHUD流动性指标来反映A股市场流动性。AMIHUD流动性指标也被称为非流动性指标"ILLIQ"，利用成交量和涨跌幅的比值反映流动性的水平，计算式如下，

$$ILLIQ = \frac{|当日涨跌幅|}{当日成交量}$$

上式分子表示价格的波动幅度，分母为对应的成交量。ILLIQ的含义就是在单位成交量下，股价的波动幅度。ILLIQ越小，表示单位成交量所引起的股价变化程度越低，说明资产的市场流动性越好；反之，ILLIQ越大，意味

着单位成交量所引起的股价变化程度越大, 说明资产的市场流动性越差。需要注意的是, ILLIQ 指标源于没有涨跌停板限制的美国, 在 A 股市场涨停的股票成交量较小是因为没有人卖出, 但并不代表该只股票的流动性不好。因此, 我们在计算 ILLIQ 指标的时候, 只考虑当天下跌的情况 [①]。

图 6 展示了股灾前后上证指数和创业板的市场流动性变化情况。

整体看, 代表上证指数 ILLIQ 指标的蓝色实线普遍地比代表创业板指 ILLIQ 指标的红色虚线矮很多, 上证指数非流动性最高达到 1 左右 (2016 年 1 月 7 日), 而创业板指非流动性最高达到 8 左右 (也同样在 2016 年 1 月 7 日), 这表明上证指数的市场流动性普遍比创业板好很多。这是很自然的, 因为创业板股票市值通常比较小, 而上证指数成分股以蓝筹大盘股为主, 两个市场的市场流动性存在一定的天然差别。

分时间来看, 在 6 月 15 日之前, 两个市场也各自出现了几个交易日的

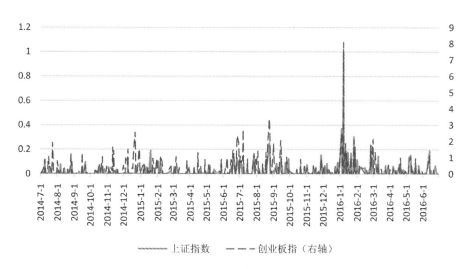

图 6　A 股市场的非流动性指标变化 (2014.07—2016.06)

数据来源: Wind

———————————

① 实际上, 如果考虑当天涨幅为正所计算出来的 ILLIQ 指标, 也能得出相同的结论。

ILLIQ 指标较高，但没有重合，说明这些只是两个指数各自在上升过程中回调时所发生的。然而在 6 月 15 日之后，两市在几个相同的时间窗口内，ILLIQ 指标都出现比较高的数值，包括 6 月 16 日至 7 月 8 日、8 月 18 日至 9 月 15 日以及 2016 年 1 月初。这就是由于清查场外配资而发生的踩踏式下跌，单位成交量所引起股价下跌的幅度很大，杠杆投资者为了平掉仓位不得不以跌停价卖出。

5. 监管救市

2015 年 6 月 15 日之后的两周之内，上证指数下跌了 20%。为了稳定市场，防止金融危机发生，监管部门开始实施一系列救市措施：

一是改善融资流动性。6 月 27 日，人民银行宣布降息 0.25 个百分点并定向降准。7 月 1 日，证监会宣布放松对融资融券的限制，可由券商自行决定折算率及平仓线等。

二是降低交易费用。沪深交易所宣布下调三成交易费用。

三是引导预期。证监会、基金业协会等部门陆续发文稳定市场情绪、私募大佬集体唱多。7 月 8 日，新闻联播播报证监会、财政部、国资委要求上市公司 6 个月内不得减持，并鼓励增持、回购、员工持股。

四是暂停新股发行。7 月 4 日，原计划在沪深两大交易所上市的 28 家企业被暂停 IPO，申购资金退还投资者。

五是证金公司等机构入市托底。7 月 3 日，中央汇金公司投入资金救市。7 月 4 日，21 家大型券商宣布共同出资，在二级市场上购买不少于 1200 亿元的蓝筹股。7 月 5 日，人民银行宣布给予证金公司 2000 亿元流动性支撑，用于大量购入偏股型基金。

六是对特定交易行为进行限制和查处。7 月 2 日，证监会宣布对涉嫌市场操纵行为进行专项核查。7月5日，中金所强行限制期货市场空仓开仓，对于裸空进行处罚，并大幅提高股指期货交易保证金。7月9日，公安部与证监会联合查处恶意做空。

（三）债市流动性冲击：2013年"钱荒"

由于我国债券市场投资者以银行为主，可以直接获得央行流动性支持，债市流动性不足出现之后可以通过央行增加资金供给而较快平息。因此，我国债市历史上没有发生过类似美国次贷危机和2015年股灾的流动性"危机"，而只是遭遇过四次流动性"冲击"，分别是2013年"钱荒"、2014年中登事件、2016年"萝卜章"事件和2019年的包商事件。其中，2013年"钱荒"的影响时间跨度最长、规模最大，开启了其后惨烈的债券熊市。与以往不同的地方在于，债市第一次在货币政策的驱动下，脱离基本面走出了不一样的行情，同时也代表了货币政策和债券市场投资逻辑出现了深刻变化，金融稳定本身成为影响货币政策和债市的核心要素之一。我们主要回顾这一流动性冲击事件的发展过程。

1.事件背景：严监管和去杠杆

2013年同业创新之殇为债市流动性冲击埋下伏笔。2013年宏观经济最大的特征是"金融热、实体冷"，一方面以票据、信托受益权等为代表的同业创新业务和影子银行业务蓬勃发展，理财规模快速膨胀；另一方面城投、房地产等部门受益于影子银行业务的快速膨胀，在抬高实体融资成本的同时恶化经济结构。而外部来看，美联储退出QE的声音不断发酵。

在此背景下，2013年3月银监会出台《关于规范商业银行理财业务投资运作有关问题的通知》（8号文），限制了非标资产在理财资金中35%的上限比例，开启了对非标的监管。但此举不但没有控制住非标，反而起到了为非标正名的作用，刺激了金融机构扩大规模稀释非标占比的举动，理财规模扩张对债市一度甚至带来利好。当年4月债市打黑，对利用开放式回购等手段输送公司利益的"丙类账户"进行违规查处，虽然针对的是违规产品，但毕竟带来机构规模的收缩，导致利率出现小幅上行。

虽然两次监管针对的是不同的领域，但是监管层为金融市场传递的信号是明确的，那就是严监管和去杠杆的开始。银行同业创新绕开了信贷投向、规模等宏观调控措施，推升了M2，扭曲了经济结构，拉长了资金链条，都引发了货币政策部门的警惕，这为之后的"钱荒"埋下伏笔。

2. 导火索：季节性因素、同业资金链条过长

2013年5月中旬开始，投资者还沉浸在经济不好、货币政策不敢收紧的气氛当中，对资金面出现的季节性收紧不以为然。6月20日，在资金面异常紧张的情况下人民银行依然坚持发行了20亿央票回笼货币，6月20日当天，7天回购利率一度超过了30%，金融债利率倒挂，10年国债当日上行幅度达15BP。资金面为何出现如此大的波动？其中一个最核心的问题就在于通过同业创新，资金链条过长，只要有一个环节出现问题（当时是两家银行出现资金续接问题），就会引发所有在途资金链断裂，进而导致市场整体钱荒的出现。

"钱荒"事件引发了社会各界的广泛关注，股市也因此出现下跌。6月24日，央行公开承诺保护市场流动性，并停止发行央票，自此R007开始回落。

3. "债熊"开启：资金面再度紧张、基本面超预期改善

2013年7月初，在资金面短暂改善之后，经济基本面却又出现超预期的改善，货币政策基调已经发生根本变化，资金面再度紧张。此后，一级与

二级市场开始出现负反馈,二级市场悲观情况与一级招标利率互相渲染,部分投资者被迫止损加剧了债券市场的波动。此后资金面持续紧张,虽然影响远没有 6 月份严重,但也引起了一定的恐慌情绪,利率进一步上行,最终导致了 2013 年的债市上演惨烈的"债熊"。

从以往的经验来看,货币政策的松紧都是随宏观经济走势而动的,为什么 2013 年 6 月在基本面没有过热的情况下,央行选择了紧货币?最重要的原因就是当时银行同业创新如火如荼,这些所谓的创新本质上绕开了信贷规模等监管,非标大幅膨胀,导致 M2 等超标带来金融安全隐患。其后货币政策偏紧倒逼同业去杠杆,但非标具有收益率高、估值难度大、刚性兑付等多重优势,加上存款流向同业创新行导致大行配债力量弱化,资金面持续紧张最终重创的反而是债市。尤其是总量层面流动性的紧张导致债市整体收益率大幅飙升,国开行等"好孩子"在那一轮流动紧张中最受伤。资管机构痛苦程度反而有限,毕竟收益率水平足够高,并不需要高杠杆赚钱。

4. 冲击缓解:利率上行负面影响显现,货币政策转向

2014 年年初,宏观经济下行压力显现,央行货币政策转向,债市流动性冲击得以平息。2013 年"钱荒"造成的债市流动性冲击直到 2014 年初才逐渐缓解,2013 年年底 10 年期国债、国开债利率分别达到 4.5% 和 6% 的历史较高水平,利率上行对宏观经济的负面影响在 2014 年年初终于显现。2013 年四季度房地产销量断崖式下行,2014 年一季度制造业 PMI、工业增加值、固定资产投资等经济指标快速下滑,显示宏观经济下行压力加大。2014 年 1 月央行增加"三农"贷款投放、调整再贷款分类标准,标志着货币政策开始转向,随后 4 月央行定向降准,货币政策正式进入宽松周期,2013 年"钱荒"导致的债市流动性冲击才得以平息,长端利率进入下行通道。

三、流动性危机的特征和机理

从流动性危机的发展过程来看，本文认为投资者的杠杆融资结构是危机发生的必要因素。同时，它一般表现出四个重要特征：第一点，流动性危机中必然出现资产价格的剧烈下跌，且这种下跌是由于投资者的杠杆融资结构造成的。第二点，流动性危机中必然出现融资市场的流动性紧张甚至枯竭。第三点，投资者受到严重的损失。第四点，需要政府注入流动性救市才能平息。我们依次总结这些特征，并讨论它们背后的机理。

（一）特征1：杠杆率不断上升和资产价格大幅下跌

流动性危机之所以值得关注，是因为它会造成资产价格的大幅下跌，导致投资者遭受严重损失，对社会经济产生严重的负面影响。理论上，资产价格取决于基本面情况，但实际中的资产价格往往受到投资者情绪或者非理性预期的影响而偏离基本面。如果偏离基本面过多，就产生了泡沫，而泡沫是不能永远持续下去的，泡沫破裂就会引发资产价格暴跌。流动性危机中，暴跌之前往往有暴涨，而投资者杠杆率不断升高则是暴涨的主要原因。

1. 危机爆发之前杠杆率不断上升

美国次贷危机之前，银行的杠杆率大幅上升。Adrian 和 Shin（2010）指出，银行（包括投资银行）的加杠杆行为具有明显的顺周期性。2000 年之后，美联储货币政策不断宽松，美国银行业在巨额利益的驱动下，大力发展影子银行体系。由于影子银行体系的每一个链条都依赖杠杆融资，特别是短期杠杆融资，使得整个金融体系的杠杆率在危机之前大幅上升（如图 7 所示）。此外，从图 7 可以看出，过去 30 多年发生的金融危机中（1987 年美股大崩盘、1998 年亚洲金融危机、2008 年次贷危机），每一次危机爆发之前都有杠杆率的大幅上涨出现，每一次危机爆发之后都有杠杆率的大幅下降发生。可见，金融危机与加杠杆行为是离不开的，危机爆发之后也是惨烈的去杠杆过程。

图 7　美国银行业杠杆率变化

同样的情况也发生在我国 2015 年 A 股股灾之前，上证指数 1 年里暴涨 154%，主力推手就是杠杆资金，包括场内的融资（见图 8）以及场外的配资。

在相对稳定的债券市场当中，2013 年"钱荒"前后也有明显的杠杆率变化出现。2013 年初，在我国十年期国债收益率经历了三个月的横盘震荡、缺少突破方向的情况下，银行间债券市场杠杆率开始上升，带来的买盘使得收益率在 3 月份开始下行，二季度债市走出一波小行情。进入 6 月份之后，"钱荒"暴发，资金利率上行引发债券收益率上行，债券投资者遭受损失，杠杆率随之下降。

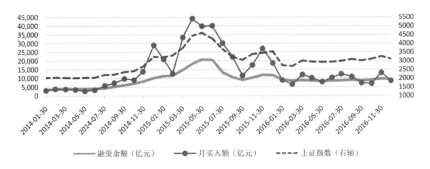

图 8　券商融资业务余额与上证指数的关系

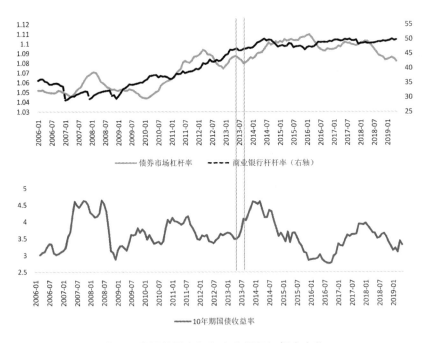

图 9　我国债券市场和商业银行杠杆率变化

注：1. 债券市场杠杆率＝银行间债券市场托管量 /(银行间债券市场托管量 – 质押式回购余额)，该公式计算出的杠杆率波动较大，为了清楚地显示趋势，表中数值取前 6 个月的移动平均值。

2. 商业银行杠杆率＝总资产 / 权益，商业银行作为我国债券市场最大的投资者，其杠杆率变化和债市整体杠杆率变化非常接近。

3. 图中两条直线之间为 "钱荒" 暴发的第一阶段 (2013 年 6 月至 9 月)

2.资产价格大幅下跌

加杠杆催生的价格泡沫难以持续，一旦相关条件发生改变，泡沫就会发生破裂，资产价格随之崩塌。

2008年美国次贷危机之前，房地产价格连续上涨10年左右，从2000至2006年房价暴涨近130%。而正是房价出现拐点之后才触发了大危机的发生，美国房价从2006年7月一直下跌到2009年5月，房价比2006年的高点下跌了约33%。房价的下跌，直接导致了次贷资产价格的下跌，而由于金融机构大量持有次贷资产，金融机构因此遭受严重损失，进而使得股市也遭受巨大打击。危机期间，标普500、道琼斯工业平均指数、纳斯达克综合指数平均下跌50%，金融板块平均下跌60%，美国主要银行下跌幅度甚至可以用惊人来形容：花旗集团下跌98%、摩根大通下跌70%、美国银行下跌95%、富国银行下跌78%、美联银行下跌65%后被富国银行收购，而贝尔斯登、雷曼兄弟则直接被收购或者宣布破产。

2015年A股股灾也经历了资产价格先疯涨、再暴跌的过程。上证指数在股灾之前的12个月内疯涨154%，在6月中旬出现拐点，在接下来的半年时间里，下跌了51%左右。

2013年银行间债券市场发生的"钱荒"，从6月19日至11月12日（收益率最高点日），10年期国债收益率从3.5516上升至4.7222，相当于一只10年期1000万面值的国债，价格下跌约9%。由于债券的固定收益特性，债灾损失远远小于股市或房市，且我国债券市场投资者以机构投资者为主，影响范围也相对有限。

（二）机理1：流动性螺旋

资产价格泡沫不可持续，但出现拐点也并不意味着大幅下跌必然发生。

那为何最初微小幅度的价格下跌会演变成为影响深远的金融危机呢？我们从单个投资者角度，揭示流动性危机中最重要的放大机理：流动性螺旋。

在投资者资产负债表中，负债方代表资金来源，资产方代表持有的投资组合。第一种情况，假设一个投资者的资金来源全部为自有资金，没有任何债务融资，则对于他来说不存在任何融资流动性风险，因为他没有任何还款压力。他仅在持有流动性较低的资产的情况下才会面临一些市场流动性风险，但由于他没有还款压力，不急于将所持资产变现，所以他可以耐心等待有合适的交易对手出现，市场流动性风险几乎可以忽略不计。就算他最终的成交价格有一些偏离基本面，那损失也不会太大，不会出现次贷危机中美国股票指数跌幅超过 50% 的极端情况。

第二种情况，该投资者有债务融资，即他是一个杠杆投资者。在杠杆融资结构下，存在一种可以将微小的价格波动放大多倍造成巨大损失的机理，即"流动性螺旋"[1]。流动性螺旋包括亏损螺旋和保证金螺旋两种作用（如图 10 所示）。

1. 亏损螺旋

杠杆投资者对资产价格波动的容忍程度是很低的。资产价格的微小下跌就可以导致其投资组合遭到巨大损失，这主要是由于"亏损螺旋"原理的存在（见图 10 外圈）。例如，某只股票 A 现价为 100 元，一个投资者以 10 倍杠杆买入 100 万元股票 A，即自有资金 10 万元（一般以保证金的形式，比如股指期货），同时借入 90 万元。假设目前出现一个初始亏损，比如股票 A 的市场价格暂时下跌至 95 元，则投资者的投资组合市值减少至 95 万元。由于借入的 90 万元仍然还是要还 90 万元的，那么投资组合减少的 5 万元就

---

[1] 关于流动性螺旋机理的严格推导见 Brunnermeier 和 Pedersen（2008）。

是投资者自有资金的损失，即投资者的自有资金只剩下 5 万元。假设该投资者此时依然可以保持 10 倍的杠杆，那么这时他需要追缴 5 万元的保证金，以保持整个投资组合维持 100 万元的市值。我们假设该投资者全部的初始自有资金为 10 万元，因此，无法追缴这 5 万元的保证金，则此时原先融资的 90 万元不能够维持（图 10 中的"融资出现问题"）。如果保持 10 倍的杠杆率不变，这个投资者这时只能融资 45 万元，整个投资组合的市值等于 50 万元。这就意味着他需要将原来 95 万元市值的股票 A 组合减至 50 万元，即在股票价格下跌 5 元时，因为融资出现问题就卖掉 45 万元市值仓位（图 10 中的"仓位被迫减小"）。这笔 45 万元的卖出将继续打压股票 A 的市场价格（图 10 中的"价格偏离基本面"）。股票 A 价格进一步下跌（从 95 元继续下跌），意味着该投资者 50 万元股票 A 的市值将进一步减小（图 10 中的"剩余仓位继续亏损"），而导致该投资者的本金进一步亏损，即剩余的 5 万本金继续亏损，再次触发"融资出现问题"，并开启新一轮亏损螺旋。

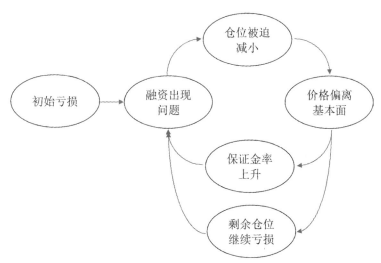

图 10　两种流动性螺旋：亏损螺旋和保证金螺旋

注：右侧的螺旋中，外圈为"亏损螺旋"，内圈为"保证金螺旋"。

Brunnermeier 和 Pedersen（2008）证明，在亏损螺旋中，资产的价格将出现一个不连续的价格跌落，最终在非常低的水平达到均衡状态，即不再继续下跌。亏损螺旋解释了为什么流动性危机会导致资产价格发生大幅下跌。

2. 保证金螺旋

在图 10 中，当价格下跌偏离基本面时，除了引发"亏损螺旋"，还会产生"保证金螺旋"，为投资者带来更大的损失（图 10 右侧部分的内圈）。

首先，资产价格下跌偏离基本面之后，除了导致剩余仓位继续亏损，还会引起保证金率（也被称为保证金标准）的上升。以股票市场为例，图 11 展示了我国股指期货的保证金标准的历史变化。在 2015 年 7 月之前，股指期货的保证金标准是相对稳定的，而且在提高股指期货市场流动性的考虑下，

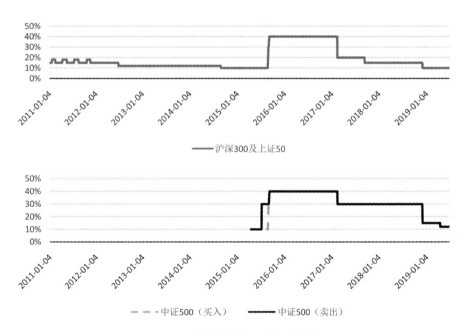

图 11　股指期货保证金标准变化

注：上证 50 股指期货于 2015 年 4 月 16 日上市，其保证金水平的变化与沪深 300 期货是一致的。

是逐渐降低的。但在 2015 年 A 股股灾暴发之后，保证金标准大幅度提高。从 2015 年 7 月 6 日开始，中证 500 股指期货的卖出开仓的保证金标准率先被调升，从 10% 升到 30%；8 月末，沪深 300、上证 50 和中证 500 买入开仓的保证金标准也都从 10% 调升至 30%，并在 9 月初全部继续调升至 40%，并一直持续到 2017 年 2 月 16 日才有所降低。

对于资产价格偏离基本面下降时保证金率被上调至少有三种解释。首先，预料之外的价格冲击一般被认为是未来高波动的预兆。当市场波动增加时，保证金率或折扣率就会增加，正如图 11 所示。其次，资金融出方会对收到的担保品的价值产生担心，因而提高保证金率或折扣率。因为在市场受到冲击时，杠杆投资者往往会首先卖出流动性好的资产，而留下流动性不好的资产用作融资的担保品。第三点，市场成员一般使用历史数据来预测未来波动，因此，价格的大幅下跌将会导致较高的波动性预期。即便价格下跌也可能意味着更好的买入机会，但资金融出方往往会要求提升保证金率或折扣率来让自己处于更加安全的境况。

回到保证金螺旋之中，价格偏离基本面将导致保证金率提高，继而导致融资条件进一步恶化，之前例子中的投资者被迫去杠杆，他不再能够维持 10 倍的杠杆率，而只能达到低一些的杠杆率水平，比如 6 倍，这将迫使他的仓位被动减小、导致更多的卖出，并给价格造成更大的下跌压力，这就是图 8 右侧部分的内圈，被称为保证金螺旋。保证金螺旋一旦被触发将一直循环下去，直到资产价格最终大幅下跌达到一个均衡状态，此时真正的买入时机才到来。

因此，杠杆融资结构是流动性危机发生的最主要条件，在杠杆融资存在的情况下，通过流动性螺旋的作用，一个微小的价格负面冲击将有可能导致巨大的价格下跌。

（三）特征 2：融资流动性紧张

流动性螺旋让杠杆投资者持有的资产价格大幅下跌，而融资流动性紧张将风险放大，这也是"流动性危机"一词产生的原因。

2008 年美国次贷危机中，ABCP 市场融资流动性枯竭，随后伦敦银行间资金市场融资流动性紧张，LIBOR 利率大幅攀升。2015 年 A 股股灾中，场外配资渠道被行政终止，场外融资流动性枯竭，引发流动性螺旋。2013 年银行间市场"钱荒"中，季节性因素引发银行间市场资金面紧张叠加货币政策紧缩，资金利率大幅走高。

融资流动性紧张是流动性危机的重要特征，现代金融机构严重依赖同业融资，资金市场融资流动性不足直接把个体风险扩大至全市场，资产端没有受到损失的金融机构也开始面临着流动性风险。此外，融资流动性不足还会引发资产的市场流动性不足，进一步打压资产价格。

（四）机理 2：资金融出方融出意愿下降

在流动性螺旋部分的分析中，我们聚焦于杠杆投资者的资产负债表，并且没有对资金融出方的可融出资金量做任何限制。然而实际当中，融出方的资金也是有限的，而且随着他们自身的财务状况的恶化，其融出资金的意愿也在下降。

在市场波动加大、风险因素增多的情况下，资金融出方对于对手方信用风险的担忧加大，并且出现"预防性囤积"（Precautionary Hoarding），即将资金更多地留在手中，以应对紧张局面下自身可能面对的交易机会或者流动性冲击。在次贷危机中，伦敦银行间市场所出现的流动性紧张就是典型的预防性囤积案例，导致 TED 利差大幅走扩。2019 年第二季度我国发生的由包商银行被接管而引发的非银金融机构流动性紧张，就是因为这些机构的信用风险上升，导致其回购交易的担保品要求和回购利率大幅上升。

（五）特征3：投资者损失严重

三次流动性危机均造成巨大损失，但损失的程度和范围存在差别。

次贷危机影响最为深远，不仅对美国的金融业和实体经济影响巨大，并且波及全球。金融业在次贷危机中受损首当其冲。美国三大股市指数平均下跌50%，金融板块平均下跌60%以上，主要大型金融机构跌幅达70%以上。一些金融机构发生挤兑，贝尔斯登、AIG和雷曼兄弟等投行被收购或者宣布破产。其他国家金融机构亦受到较大影响，英国北岩银行发生挤兑导致破产、德国工业银行（IKB）流动性不足被救助。我国银行业金融机构净利润增速受次贷危机影响明显下滑，危机之前的增速稳定在30%以上，而2009年下降至不足15%，但在2010年重新回到30%以上（见图12）。

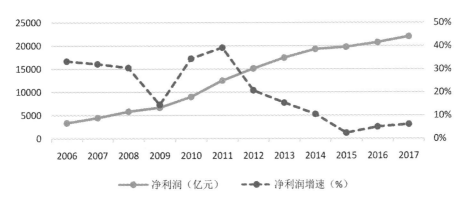

图12 银行业金融机构净利润变化情况

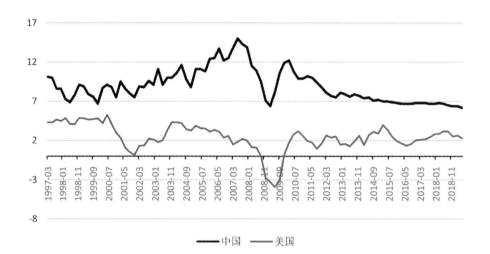

图 13　中国、美国实际 GDP 增速变化（单位：%）

另外，次贷危机的影响从金融业本身扩散至整个实体经济。如图 13 所示，美国经济在经历了前三季度的回升之后，于 2007 年四季度开始显现次贷危机的影响，季度 GDP 增速开始回落，于 2008 年第三季度降至 0%，并在此后的四个季度中 GDP 增速变为负值，于在 2009 年四季度才又恢复正值。次贷危机对于美国经济的影响程度超过历史上任何一次金融危机。次贷危机不仅使美国经济进入衰退，也使我国经济增长受到严重影响。我国 GDP 增速大幅下降，从 2007 年第二季度的 15% 跌至 2009 年第一季度的 6.4%，随后在政策刺激下开始回升。

相比之下，2015 年 A 股股灾的破坏程度和范围相对有限。2015 年我国 GDP 增速保持平稳，股灾对实体经济的影响较小，影响范围仅限于 A 股市场投资者。对于金融机构来说，只有股票型公募基金有轻微的挤兑发生，基金份额有明显的减少（见图 14），而混合型和债券型基金的份额都在 2015 年稳定增长。

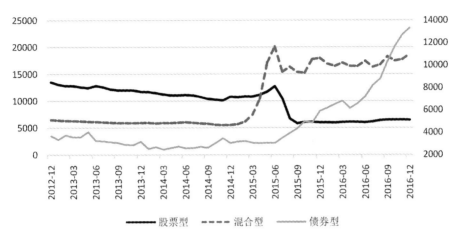

图14　公募基金（开放式）份额变化情况

2013年银行间市场的"钱荒"影响更加有限。2013年我国GDP增速在合理区间保证稳定，银行业金融机构作为债券市场主要投资者，净利润增速没有出现大幅度的降低，净利润绝对值稳步增长（见图13）。只有债券型的公募基金份额有所降低，但从趋势上看处于正常范围之内，没有发生类似挤兑的大规模赎回（见图14）。

（六）机理3：金融机构挤兑、网络效应和对实体经济的影响

1. 金融机构挤兑

一旦金融机构发生挤兑就意味着流动性危机进展到比较严重的程度了。挤兑是导致银行破产的最主要原因之一，若不及时得到流动性救助，面临挤兑的银行几乎只有一个结果——破产。

在存款保险制度存在之前，一旦一家银行被认为有可能陷入困境，储户便会争抢着先去银行取出自己的存款，因为早取的人可以全部取出而晚取的人有可能不能全部取出。这种抢先者的优势会触发一个动态的先发制人

125

的动机，但是会造成社会福利的不经济[①]。

在存款保险制度问世之后，商业银行被挤兑的可能性大大降低，但非银机构依然面临着挤兑的可能性。在美国次贷危机期间，ABCP无法续借实际上就是对ABCP发行人的挤兑。投资银行贝尔斯登的破产，实际上也是遭到了挤兑。它的账户里存放着大量属于其经纪业务客户的流动资金，在紧张阶段，一些对冲基金客户同时抽回存放在贝尔斯登的资金，使贝尔斯登陷入流动性危机，最终被摩根大通收购。美国国际集团（AIG）遭遇了"保证金挤兑"。随着次贷资产价格的不断下跌，CDS的保险成本越来越高，AIG的一些CDS买家要求其追加CDS履约的保证金，这使得AIG立即陷入流动性危机，因其"大而不能倒"的原因由美联储注资接管。此外，共同基金或者公募基金也在行情剧烈波动时面临着挤兑风险，因为与储户一样，基金持有者赎回时也存在抢先者能够赎回全部净值而落后者可能只能拿回一部分净值的可能性。

2. 网络效应

现代金融市场中存在的网络效应将加重流动性紧张并产生潜在的系统性危机。到目前为止，我们的分析都建立在资金融出方和融入方是单向关系的基础上。但实际中，绝大多数金融机构既是融出方也同时为融入方。现代金融市场是一张资金往来关系复杂交错的庞大网络。在这种复杂的债务关系下，对手方信用风险的上升将导致流动性加剧紧张和潜在的系统性风险。

我们通过2008年美国投资银行贝尔斯登的危机来分析网络风险。当时，一家对冲基金和高盛签署了一份利率互换协议，但这家对冲基金又与贝尔

---

① 见Diamond和Dybvig（1983）、Freixas和Rochet（1997）、Allen和Gale（2007）等。

斯登签署了一份利率互换协议来抵消它对于高盛的支付义务（见图 15 的右边部分）。这样一来，它其实可以从这组交易关系中退出，如果高盛同意与贝尔斯登重新签订利率互换协议。假如高盛对贝尔斯登的履约能力很有信心，它会愿意和贝尔斯登重新签订协议；但在当时的流动性紧张情况下，高盛的相关负责人没有及时答复贝尔斯登，而是在第二个工作日才给出了肯定的答复。这一天时间的延迟被这家对冲基金误认为是一个"拒绝"的信号，高盛对贝尔斯登的履约能力产生了担忧，随即连同其他对冲基金客户要求取回存放在贝尔斯登的资金，造成了贝尔斯登的挤兑。

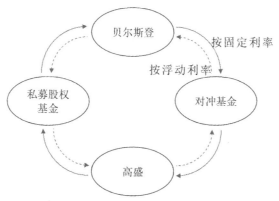

图 15　网络效应：流动性风险加剧和引发系统性风险

将以上例子拓展一下，假设贝尔斯登也与一家私募股权基金签订利率互换协议来抵消与对冲基金的互换，而这家私募股权基金也与高盛进行利率互换来抵消贝尔斯登的互换，那么此时市场中的四家机构的利率支付义务是全面对冲的。理论上，这四家机构可以通过一个多边净额结算协议（multilateral netting agreement）一起退出整个互换关系。但是由于是在场外市场中，这四家机构都只知道自己的对冲情况，对于其他几家机构也已完全对冲这件事并不知悉。如果高盛因为担心贝尔斯登的履约能力而不同意与之重新签订互换协议的话，那么所有机构需要按照利率互换协议在支付日进行 8 笔支付，这在融资流动性本来已经紧张的局面下会导致流动性更加紧张。此外，机构还会购买 CDS 来对冲交易对手的信用风险。雷曼兄弟破产后的那周就是如此，所有的主要投资银行都担心自己的交易对手违约，所以他们全都购买 CDS 来防止对方违约。主要投资银行的 CDS 价格本来已经很高了，但在这一周全部都翻倍。AIG 自己的 CDS 价格涨幅最高，因为其是这些投行 CDS 的卖家。

3. 对实体经济的影响

金融机构出现危机会影响社会融资规模，进而对实体经济产生巨大负面影响。金融机构对于经济运行最核心的功能在于提供实体经济发展所需要的资金，发挥金融中介的信用创造职能。Bernanke（1983）和 Ashcraft（2005）等指出，当金融机构本身出现流动性不足时，其为实体经济提供资金的能力将受到影响，如果金融机构发生破产，则信用创造能力中断，并且客户资金也将面临损失[①]。例如，在信贷资金不足的情况下，企业将无法获得资金用于生产经营或者投资，储户也不得不将其资金用于次优的用途，资本市场风险分散机制的效力也会减弱，所有这些都会限制经济的增长。

美国次贷危机中，传统的商业银行由于有中央银行直接的流动性补给渠道，危机程度相对较小，但投资银行、保险公司等非银行金融机构不具备央行流动性补给渠道，受损非常严重，甚至出现倒闭。作为美国影子银行体系的重要组成部分，非银金融机构的倒闭意味着美国影子银行体系的信用创造功能的瓦解，这对依赖影子银行多年的美国经济来说，可谓致命的打击。

---

① 在存款保险制度下，储户存款可以获得部分赔偿。

（七）特征 4：政府提供流动性救助

流动性危机发生的直接原因是融资流动性的短缺。流动性危机发生之后，最根本也是最有效的解决方案就是政府提供流动性救助。从之前的回顾部分可以看到，三次流动性危机发生之后，都有政府（央行或者财政部）向资金市场或者金融机构注入流动性，以便缓解流动性短缺引起的资产价格下跌。美国次贷危机发生之后，美联储实施了一系列的救助措施，其资产负债表从 2007 年 11 月的 1.2 万亿美元增长到 2008 年 12 月的 2.3 万亿美元，几乎扩大了 1 倍。2015 年 A 股股灾时，央行资产负债表中的对其他金融性公司债权增加了 2000 亿，这部分资金注入证金公司，用于大量购买偏股型基金救市（见图 16）。2013 年债市"钱荒"中，资金利率和国债收益率一度大幅攀升，直到人民银行公开承诺保护市场流动性，并停止发行央票，资金利率和国债收益率才开始回落。

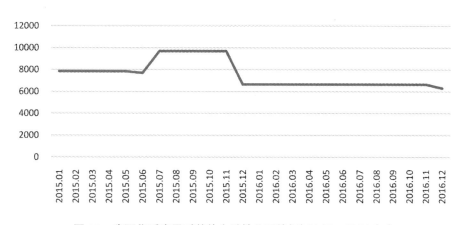

图 16　我国货币当局对其他金融性公司债权（2015—2016 年）

政府对于市场机构的流动性救助的时间是否及时、救助金额是否足够解决流动性短缺，直接影响流动性危机的影响程度。次贷危机的影响之所以巨大，就是因为由于次贷资产的结构化特性阻碍了人们正确估算可能产生的全部损失，使得美联储第一阶段的流动性救助没能足够有效，潜在损失的提高使得市场情绪进一步恶化，最终导致贝尔斯登、雷曼兄弟被挤兑。相比之下，2015 年 A 股股灾和 2013 年债市"钱荒"时，我国政府救市行动比较及时，规模也比较充足，一定程度上控制住了危机的影响。

（八）机理 4：流动性保障——流动性危机的解药

1.公共部门与私人部门的流动性保障

传统上一般认为，存款类金融机构的破产对于实体经济会造成巨大的负面影响，所以一国央行行使最后贷款人职责，对于商业银行提供一种或多种流动性保障（liquidity backstop）渠道，例如美联储的贴现窗口、我国人民银行的再贷款、常备借贷便利等，商业银行可以在流动性需求不足时主动向央行申请流动性支援；对于商业银行的储户，存款保险也起到流动性保障的作用。由于这些流动性保障的提供者是政府，资金来源于财政收入，所以是公共部门提供的流动性保障。得益于流动性保障，存款类金融机构被认为是安全的。

相较于存款类金融机构，美国的非银行金融机构在次贷危机爆发之前是没有公共部门提供的流动性保障的，但是非银机构组成的影子银行系统也同样被认为是安全的，原因就在于非银机构得到了私人部门提供的流动性保障，比如主要商业银行和保险公司提供的 CDS，类似一个保险的作用。凭借这种民间的增信措施，影子银行得以发行高评级、流动性好的短期债务而迅速发展。但另一方面，这些 CDS 也成为危机中，影子银行将系统性风险传染给主要商业银行和保险公司的通道。

随着次贷资产价格的下跌、流动性紧张和违约率不断上升，CDS 卖方的损失越来越大，因为他们的资产根本不够承担这些保险赔付金额。当这些商业银行和保险公司自身的支付能力逐渐出现问题的时候，这些保险对于影子银行的增信也逐渐失效，影子银行体系开始崩塌、非银机构开始被挤兑，并在2008年9月雷曼兄弟破产之后达到了顶峰。但这一切都在美联储实施了针对非银机构的一系列流动性救助措施之后得到了控制，即私人部门的流动性保障被换成了公共部门，问题就得到了解决。例如，商业票据融资便利（CPFF）可为商业票据发行人提供流动性保障，主要交易商信用便利（PDCF）为回购融资者提供资金支持，长期资产支持证券贷款便利（TALF）以正常市场行情下的折扣率（Haircut）向投资人提供资产支持证券。这三种便利都是美联储直接向非银金融机构提供的流动性支持。

2. 私人部门流动性保障失败的原因

一方面，私人部门提供的流动性保障存在缺陷。Pozsar等（2013）指出，次贷危机期间，CDS的卖方机构过低地估计了资产价格的相关性而没有留存充足的资本以应对可能发生的赔付金额，并在盈利目标的驱使下卖出了过多的CDS。首先，由于对次贷结构化产品在极端环境下和其他资产价格相关性没有历史经验，定价过程中对于这种相关性估计过低。在系统性风险发生时，多种大类资产的价格行为是高度相关的，因为在流动性螺旋的作用下，不管持有的是什么资产，投资者都会被迫卖出以换取流动性。其次，对于价格相关性的过低估计还让人高估了影子银行的稳定性，并据此将CDS的价格定得过低，而导致过多的CDS被卖出，这反过来又增加了CDS卖出机构的潜在赔付金额。因此，美国在次贷危机期间卖出了过多的CDS，但是留存的赔偿备付金又并不充足，造成私人部门流动性保障的失败。

另一方面，私人部门的流动性是有限的。周小川（2012）指出，在损失严重的情况下，私人部门很可能无法提供足够的流动性保障，而最终还是需要政府介入、需要动用公共资金，才能提供足够多的流动性。

四、流动性风险展望

次贷危机之后，各国政府意识到监管不足是流动性危机爆发的主要原因之一，旨在维护金融稳定、防范系统性金融风险的宏观审慎政策框架成为各国央行重要的研究和讨论议题。党的十九大报告提出"健全货币政策和宏观审慎政策的双支柱调控框架"。货币政策与宏观审慎政策都可以进行逆周期调节，都具有宏观管理的属性。货币政策主要针对整体经济和总量问题，侧重于物价水平的稳定，以及经济和就业增长；而宏观审慎政策则直接和集中作用于金融体系本身，能够"对症下药"，侧重于维护金融稳定和防范系统性金融风险，两者恰好可以相互补充和强化。本文将从宏观审慎政策和货币政策"双支柱"的角度展望我国防范流动性风险的监管趋势，然后提出用于监测流动性风险的市场指标。

（一）强化宏观审慎管理，守住不发生系统性风险的底线

传统央行政策框架以货币政策为核心，主要目标就是通过逆周期调节来平抑经济周期波动，维护物价稳定。但以 CPI 为锚的货币政策框架存在缺陷，美国次贷危机之前，全球 CPI 涨幅基本稳定，但同期初级商品价格和 MSCI 全球股指上涨超过 90%，美国大中城市房价上涨超过 50%，累积了巨大的风险。各国央行认识到只关注以物价稳定等为表征的经济周期来实施宏观调控显然已经不够，传统的单一调控框架难以有效应对包括流动性风险在内的系统性金融风险，在一定程度上还可能纵容资产泡沫，积聚金融风

险。针对日益重要的金融周期问题，需要引入宏观审慎政策加以应对，弥补原有调控框架存在的弱点和不足，加强系统性金融风险防范。健全宏观审慎政策框架并与货币政策相互配合，能够更好地将币值稳定和金融稳定结合起来。

宏观审慎政策框架是一个动态发展的框架，其主要目标是维护金融稳定、防范系统性金融风险，其主要特征是建立更强的、增加逆周期性的政策体系，其内容包括：对银行的资本要求、流动性要求、杠杆率要求、拨备规则、对系统重要性机构的特别要求、对评级机构的要求、对银行业务模式的要求、对影子银行的监管、会计标准、衍生品交易的集中清算，等等。

党的十七届五中全会明确提出"构建逆周期的金融宏观审慎管理制度框架"以来，我国进行了货币政策与宏观审慎政策相结合的探索和实践，取得了丰富成效。当前和今后一个时期我国金融领域尚处在风险易发高发期，在国内外多重因素压力下，长期积累的风险隐患有所暴露，凸显了建立健全适应现代金融市场发展的金融监管框架、强化宏观审慎政策的必要性。为此，我国需要不断完善宏观审慎政策框架，稳步推进金融监管体制改革，不断健全风险监测识别框架，积极采取多项宏观审慎政策措施，牢牢守住不发生系统性风险的底线。

针对流动性风险的防范化解，我国宏观审慎管理在商业银行的资本要求、流动性要求、影子银行监管、房地产调控等方面取得了突出进展，并需要不断完善。

1. 强化商业银行资本管理，扩大资本补充渠道

我国监管部门在深刻总结国际金融危机教训的基础上，结合银行业实际情况，及时引进、采纳《巴塞尔协议》的有关要求，把资本充足率监管作

为防范系统性金融风险的重要手段。主要的监管政策有，人民银行的宏观审慎评估体系（MPA）和银保监会对商业银行的资本充足率监管考核。

MPA 对资本的考核遵循这一原则：规模增长过快的商业银行要有足够的资本作保障，防止行业过快增长引发系统性金融风险。MPA 考核将广义信贷增速纳入宏观审慎资本充足率（C*）的计算之中，并将商业银行资本充足率与 C* 进行比较。宏观审慎资本充足率考核具有一票否决制，如果这项考核不达标，则银行的考核结果将直接落入 C 档。由此可见资本充足率考核的重要程度。

银保监会对商业银行的资本充足率监管考核方面，根据 2012 年发布的《商业银行资本管理办法（试行）》（中国银监会令 2012 年第 1 号）规定，商业银行资本充足率的监管要求包括五个层级：最低资本要求、储备资本要求、逆周期资本要求、系统重要性银行附加资本要求及第二支柱资本要求。各级资本充足率的最低资本要求为：核心一级资本充足率不得低于 5%，一级资本充足率不得低于 6%，资本充足率不得低于 8%。在此基础上，银行需计提储备资本，要求为风险加权资产的 2.5%。在特定条件下，商业银行需计提逆周期资本，为风险加权资产的 0 ~ 2.5%。如果商业银行是系统重要性银行，还应计提附加资本。国内系统重要性银行的附加资本要求为风险加权资产的 1%，全球系统重要性银行的附加资本要求不得低于巴塞尔银行监管委员会的统一规定。此外，银保监会有权提出更审慎的资本要求。在当前监管框架下，全球系统重要性银行的核心一级资本充足率、一级资本充足率和资本充足率的监管要求分别为 8.5%、9.5% 和 11.5%，其他银行的这三项指标可分别在此基础上低 1 个百分点。2018 年 11 月，《关于完善系统重要性金融机构监管的指导意见》（银发〔2018〕301 号）发布，国内系统重要性银行的评估和识别工作开始提速，执行附加资本要求的时间渐行渐近。

目前，我国银行业资本充足率具有明显的"中间小两边大"的结构性特征。一方面，从资本构成层级的角度看，位于中间层的一级资本充足率厚实程度最低。截至 2018 年末，商业银行核心一级资本充足率、一级资本充足率和资本充足率分别为 11.03%、11.58% 和 14.2%。以系统重要性银行的考核标准为参照，这三个指标的底线距离 2 分别为 2.53 个、2.08 个和 2.70 个百分点，其他一级资本最为缺乏，这主要是由资本补充工具失衡所致，其他一级资本补充工具仅有优先股，且发行条件较为严格，监管部门审批较为谨慎。另一方面，从商业银行资产规模的角度看，不同类型商业银行的资本充足率也呈现"中间小两边大"的特征。大型商业银行和农村商业银行的资本充足率较高，股份制商业银行和城市商业银行的资本补充压力较大。股份制商业银行资本充足压力较大，主要是由于风险加权资产增速过快，以及优先股等资本补充工具发行进度缓慢。城市商业银行的资本充足压力较大，主要是由于资本补充工具使用有限。大型商业银行资本充足压力较小，主要是由于风险加权资产增速较慢，而且资本补充相对得力。

综上所述，为更好地服务实体经济发展，商业银行需保持适度的资本充足率，这需要商业银行和监管部门等多方共同努力。笔者建议，一方面，商业银行要强化资本管理，培育资本节约理念，合理高效地运用资本；另一方面，监管部门之间需要加强协调和配合，疏通现有资本补充渠道，促进资本补充工具创新，强化政策激励与引导。具体来说，包括以下几方面：

一是强化资本管理。商业银行应树立资本约束理念，摆脱对资本补充的过度依赖。建议商业银行制订完善的长期资本管理规划，提升资本运用效率，推动"轻型化"转型。综合运用风险调整后资本收益率（RAROC）和经济附加值（EVA）等工具，提升资本收益率，实现收益增速大于资产增速、资产增速大于风险加权资产增速的良性循环。

二是疏通现有资本补充渠道。建议监管部门加强协调与配合，提升现有资本补充工具的审批效率，缩短审批时间。增加永续债发行主体和规模，推动更多资本补充工具发行；充分考虑商业银行在服务实体经济中的特殊作用，针对其出台有别于一般工商企业的定向增发、资本补充工具发行方面的管理规定，尤其是降低中小商业银行的发行难度。

三是创新资本补充工具。国际经验表明，自2008年全球金融危机以来，各国商业银行的资本补充工具创新逐渐增多，为商业银行资本补充创造了有利条件。目前，我国商业银行资本补充工具创新方式已推出永续债，下一步可以探索更加灵活多样的资本补充工具，如转股型一级资本债券、转股型二级资本债券等，使各类商业银行可以根据自身情况，来综合选择合适的资本补充方式。

2. 流动性新规落地，大幅增加高流动性资产比例

出于吸取次贷危机中融资流动性枯竭的教训，国际社会开始重视流动性风险的管理与监督，并于2013年公布《第三版巴塞尔协议：流动性覆盖率和流动性风险监测标准》，基于以上协议中规定的流动性标准及监管制度，银监会于2014年出台《商业银行流动性风险管理办法（试行）》，之后经过修改完善，最终于2018年以银保监会3号令予以发布，并于当年7月开始实施。

《商业银行流动性风险管理办法》（以下简称为《办法》）对商业银行的流动性风险界定为：商业银行无法以合理成本及时获得充足资金，用于偿付到期债务、履行其他支付义务和满足正常业务开展的其他资金的风险。

《办法》中的监管指标主要包括流动性比率、流动性覆盖率、净稳定资金比例、优质流动性资产充足率和流动性匹配率，具体内容如表1所示。尽管这五大监管指标计算方式各异，但共同点都在于引导银行持有流动性较高的优质资产、多配置长期稳定负债、减少期限错配，从而提高商业银行应对短期流动性风险的能力。

表1 《商业银行流动性风险管理办法》监管指标

指标名称	适用范围	计算方法	最低监管标准
流动性比例	全部商业银行	流动性资产／流动性负债	25%
流动性覆盖率	资产规模2000亿元及以上银行	优质流动性资产／未来30天现金净流出	2018年末100%
净稳定资金比例	资产规模2000亿元及以上银行	稳定融资的可提供金额／稳定融资的要求金额	100%
流动性匹配率	全部商业银行	加权资金来源／加权资金运用	100%，2020年前暂为监测指标
优质流动性资产充足率	资产规模2000亿元及以下银行	优质流动性资产／短期现金净流出	2018年末80%，2019年6月末100%

《办法》实施以来，商业银行主要流动性监管指标已经达到要求，流动性风险管理水平显著改善，流动性风险显著降低，主要表现在以下几方面。

一是上市银行流动性比例不仅显著高于25%的监管要求，而且多数银行都保持升势。

二是上市股份制银行流动性覆盖率大幅提升，均已达到监管指标的要求。上市股份制银行当中，2016年仅招商银行流动性覆盖率高于100%的监管要求，到2018年所有上市股份制银行流动性覆盖率均达到监管要求，均值为126%，较2016年提高35个百分点。

三是受流动性覆盖率指标引导作用，上市股份制银行同业存款规模大幅下降。由于流动性度盖率＝合格优质流动性资产／未来30天现金净流出量，而在计算未来 30 天现金净流出量时，在负债规模一定时，负债折算系数越低，公式的分母会越小，而折算系数越高，公式的分母会越大，当分子不变时，后者会导致流动性覆盖率下降，因而折算系数越高的负债越不受银行欢迎，银行会主动减少此类负债的规模，而同业存款具有最高的折算系数 100%，于是银行出于符合监管要求的需要，逐步压缩此类负债。8 家股份制上市银行同业存款规模从 2016 年的 7.36 万亿元降至 2018 年的 5.76 万亿元，降幅高达 22%。

四是由于流动性匹配率引导银行将资金投向折算率更低的贷款，因而股份制银行贷款占生息资产比例上升显著，银行资金运用中同业资产投资占比已大幅下降。由于流动性匹配率 = 加权资金来源 / 加权资金运用，在加权资金运用计算时，各项贷款的折算率比同期限的存放同业及投资同业存单低 10%~20%，比同期限的存放同业及买入返售低 20%，比其他投资低 20%~70%，即监管当局通过给予各项贷款比其他资产更低的折算率，引导银行将资金投向实体经济，抑制"以钱炒钱"的资金空转。2016 年以来，银行贷款占生息资产比例已经大幅提高，整体比例从 59% 上升至 73%，两年间提高 14 个百分点。

展望未来，《办法》的实施将继续推动金融去杠杆并有效防控影子银行发展，持续改善商业银行的流动性状况，坚守防范系统性金融风险的底线。由于流动性风险是银行信用风险、市场风险和操作风险的最终表现，加强流动性风险也有助于其他风险的防范，《办法》的实施将对中国银行也产生深远的影响。

3. 资管新规补齐监管短板，规范影子银行发展

与欧美以证券化为核心的影子银行体系不同，中国的影子银行较少地

借助金融衍生工具，主要是围绕商业银行业务衍生而来。国内的影子银行可以分为两大类，一类是金融机构的业务，其中包括银行借助非银金融机构等作为通道投放信用，达到规避商业银行监管的目的，以及非银金融机构自身作为中介发挥融资和放贷的作用；另一类则是P2P、小额贷款公司、典当行等非金融机构开展的民间融资活动。

作为我国影子银行的重要组成部分，非银金融机构近几年快速扩张，资产管理规模超过60万亿元。但是这里面还存在大量资管产品之间的嵌套，有很大一部分是重复计算的，进行相应剔除后，截至2017年末实际通过非银金融机构投向实体的资金规模接近30万亿。除了非银机构的通道业务以外，股权质押融资、P2P、小额贷款公司、供应链金融、消费贷、互联网金融平台民间机构的借贷业务也属于影子银行的范畴，其中P2P、股权质押融资和小额贷款公司规模较大，而P2P规模相比2014年末增长了近12倍。除了非银机构和民间借贷以外，实际上还有部分银行的表外业务也属于影子银行，主要包括委托贷款和未贴现银行承兑汇票。

根据海通证券测算，截至2017年末我国通过影子银行体系流入实体的资金规模达到47万亿元，其中非银金融机构、民间借贷和其他银行表外的影子银行形式流入实体的资金规模分别在29万亿、5万亿和13万亿。可以说，非银金融机构是影子银行资金流入实体经济的主要通道，而银行的表外业务规模也不小。

2018年以来，监管部门相继出台了资管新规、理财新规、理财子公司管理办法、证监会配套细则、银保监会信托补充通知等金融监管政策，有效规范了影子银行发展，我国影子银行资产规模在2010年以来首次出现下降。由于非银金融机构、民间借贷和银行表外业务估算误差较大，我们仅从公开可得的社会融资规模中的核心影子银行规模部分就可以看出这一趋势（见图 17）。从 2017 年至 2019 年 5 月，我国社会融资规模存量平稳增加，从 164.83 万亿元上升至 211.06 万亿，增加了 46.23 万亿。社融规模的增加主要由银行表内信贷的增加贡献，表内信贷由 107.50 万亿元增长到 143.04 万亿元，增加 35.54 万亿，占总增量的 77%。直接融资增加 9.09 万亿元，占 26%。由委托贷款、信托贷款、未贴现银行承兑汇票和存款类金融机构资产支持证券组成的核心影子银行规模由 25.09 万亿元下降至 23.75 万亿元，下降 1.34 万亿，降幅为 5.35%。我国影子银行风险得到一定控制。

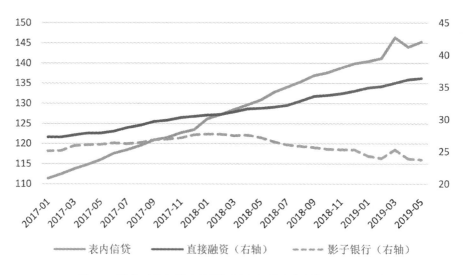

图 17　社会融资规模中的影子银行规模变化（单位：万亿元）

影子银行规模下降对于主要依靠非标融资的地产、融资平台和小型民营企业影响较大。随着融资渠道的恶化，这些企业面临再融资风险，导致违约率上升。而信用风险的不断发酵将导致货币创造放缓，在央行维持货币边际宽松的情况下，实体经济获得的流动性仍会收紧，最终将导致经济增长承压。因此，建议监管部门合理控制金融去杠杆的节奏，在防范化解金融风险的同时也要保持社会融资合理增长，保持实体经济平稳增长。

4. 坚持"房住不炒"定位，房价上涨得到有效控制

宏观审慎政策的目标在于对金融周期进行逆周期调节，而评判金融周期，最核心的两个指标是广义信贷和房地产价格，前者代表融资条件，后者反映投资者对风险的认知和态度。由于房地产是信贷的重要抵押品，因此两者之间会相互放大，从而导致自我强化的顺周期波动。房价暴涨是美国次贷危机爆发的重要条件之一，在充分认识美国次贷危机的经验教训，同时切实感受到高房价对经济发展、居民生活的巨大压力之下，我国于 2017 年展开密集的房地产调控，年内全国房地产调控政策发布接近 110 个城市与部门（县级以上），发布的调控政策次数多达 250 次以上。其中包括北京、上海、广州、深圳、杭州、成都等城市多次发布政策，仅北京一个城市发布的各类型房地产调控政策就超过 30 次。

2017 年以来，房地产政策持续落实"房住不炒"定位，通过手术刀式的精准调控，针对市场变化调整调控内容与加码力度，政策范围不仅覆盖一、二线城市，更多三、四线甚至热点城市周边的区县也加入进来；内容从限购、提高房贷利率到限价、限售等。各地依据实际情况进行"打补丁"，全方位封堵任何炒房的可能性，从而遏制房价过快上涨。这种限售明显打击了投机和投资需求，使得房地产的投资属性降低，大幅降低短期获利的可能性。

2017 年以来，全国房价整体得到有效控制。从房价的绝对水平上看，截至 2019 年 5 月份，一线城市平均房价仅上涨 1.86%，二线和三线城市分别上涨 16% 和 24%（见图 18）。从房价收入比来看，一线城市房价收入比从 2016 年的 24.17 下降到 23.72，二线城市从 9.46 上升到 10.37，三线城市从 8.19

上升到9.23。一线城市家庭凭借家庭年收入达到可以购买一套房子的时间缩短了半年左右（见图19）。房价涨幅虽然得到了控制，但绝对水平仍然很

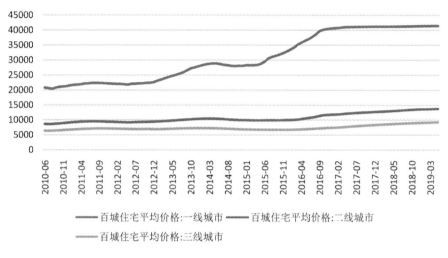

图18 我国住宅平均价格变化趋势（单位：元）

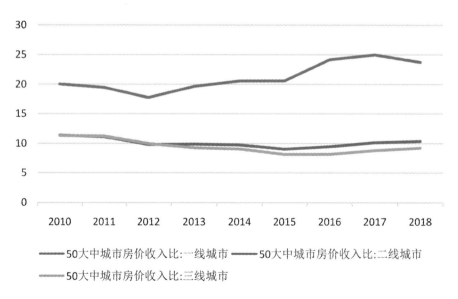

图19 我国房价收入比变化趋势（单位：年）

高，房价收入比也仍严重偏离 3 至 6 之间的国际水平。

2018 年第一季度政治局会议再次强调"坚持房子是用来住的、不是用来炒的"定位及"落实好一城一策、因城施策、城市政府主体责任的长效调控机制"，表明中央对 2018 年年初一些城市出现的房价上涨苗头有所警惕，并明确引导市场建立合理预期，不要指望出现大水漫灌的地产泡沫。因城施策和城市政府主体责任的原则意味着不会有一刀切的调控，政策更强调的是各地根据现实情况稳定当地住房市场，确保房地产市场平稳健康发展。

（二）稳健的货币政策保持松紧适度，适时适度逆周期调节

货币政策调节广义流动性，是防控流动性风险的最主要因素。回顾三次流动性危机得出的经验告诉我们：其他条件不变的情况下，货币政策太紧，可能触发流动性危机；流动性危机发生之后，必须依赖央行提供流动性救助才能平息危机。

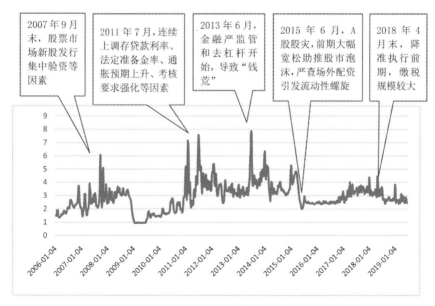

图 20　R007 历史变化情况（单位：％）

注：R007 日度数据波动较大，为了平滑曲线，图中曲线为前 10 日的移动平均值。

图 20 展示了我国银行间债券市场 7 天质押式回购利率（"R007"）的历史变化情况。R007 一般会在年初至春节前后资金需求较大时出现上升形态。此外，当市场资金供需出现不平衡时也会出现蹿升，例如图中标注的我国历史上几次资金面比较紧张的阶段。2015 年下半年之后，随着外汇占款减少有形成流动性缺口的可能，央行通过公开市场操作、MLF、准备金率等货币政策工具对资金市场进行精细化调控力度加大，R007 波动明显减小。

5 月 24 日，银保监会宣布接管包商银行之后，资金市场出现了对中小银行和非银机构信用风险的担忧，R007 频频出现 10% 以上的成交利率，中小银行和非银机构面临巨大的流动性风险。在此情况下，监管部门及时采取多种方式应对，包括加大逆回购和 MLF 的投放、增加再贷款和 SLF 额度，鼓励大型银行向大型券商提供融资，支持大型券商扩大向中小非银机构融资，批准头部券商发行金融债，让其取代部分中小银行，成为打通流动性从银行到非银机构的桥梁等。R007 在 5 月末短期上升之后就进入下行趋势，并一直保持低位，月度均值甚至低于 4 月水平（见图 21）。目前看来，对于此次包商银行事件的应对比较成功，监管政策协调配合、效果逐步显现，流动性的紧张局面得到快速缓解，没有引发系统性风险。

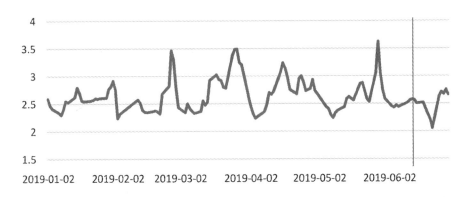

图 21　"包商银行事件"前后的 R007 水平（单位：%）

总体看，近年来我国稳健的货币政策取得了较好效果，保持了流动性合理充裕。根据 2019 年第一季度货币政策执行报告，未来我国稳健的货币政策仍将保持松紧适度，继续保持流动性合理充裕和市场利率水平合理稳定。同时，健全货币政策和宏观审慎政策双支柱调控框架，增强调控前瞻性、针对性和有效性，精准把握好调控的度，加强预期引导，稳定市场预期，继续灵活运用多种货币政策工具组合，强化政策协调，适时预调微调，注重保持货币信贷合理增长、优化信贷结构和防范金融风险之间的平衡。在人民银行明确的、具有连续性的政策表态之下，相信我国可以更加从容地应对一切可能发生的流动性风险。

（三）完善风险识别框架，加强流动性风险监测

最后，从市场监测的角度，本文针对融资流动性风险提供几个有效的预测和监测指标，以便判断流动性风险的发展趋势。此外，由于银行业一旦出现流动性风险，将可能造成最为严重的后果，本文借鉴美国前沿研究成果，对我国银行业流动性风险指标建设进行了有益探索。

1.融资流动性风险监测指标

目前，资金利率通常被作为衡量资金市场流动性水平的指标，例如质押式回购利率（R001、R007 等），或者在交易机构类型和回购质押物类型方面加以区分形成的利率，比如 DR 系列利率（存款类机构以利率债为质押物的回购利率）和中债基准回购利率 BR 系列（交易机构类型为存款类机构，但质押物类型不作区分）。这些利率指标可以衡量资金市场的流动性水平，即资金是充裕还是紧张，但与流动性"风险"相关的信息含量比较有限。因此，本文从引发流动性风险的原因方面触发，给出总量风险和信用风险引发的流动性风险两方面的监测指标。

（1）对其他存款性公司债权

通过货币当局资产负债表中的"对其他存款性公司债权"这一指标可以观察央行货币政策取向，从而预判由于总量紧缩而引发的流动性风险。该指标代表着央行通过逆回购、MLF 等货币政策工具向商业银行提供的流动性支持。如图 22 所示，该指标的环比会在一月或二月有一次跳升，这是由央行每年春节前主动投放货币以应对市场对流动性的大幅需求所致。从 2015 年开始，该指标开始高速增长，原因是公开市场操作逐渐成为央行调节货币政策的主要工具。其原因主要还是外汇占款对流动性的支持力度逐步减弱，央行在这一阶段采取了不降低存准率而加大公开市场操作投放的方式进行流动性投放操作。该指标的变化趋势和央行每月通过公开市场操作累计投放的净额是一致的。

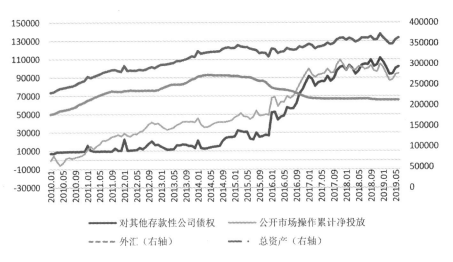

图 22　央行资产负债表中"对其他存款性公司债权"（单位：亿元）

该指标除了每年年初会有回落之外，一般不会出现连续的减少，因为这代表着央行有意缩紧资金面。2010 年以来，这种持续的紧缩只出现了一次，就是 2013 年银行间债券市场发生"钱荒"之前。2012 年 10 月份，央行开始打压同业链条、金融去杠杆，导致该指标连续 5 个月缩小，到 2013 年 4 月和 5 月有小幅回升，但幅度非常小。2012 年 10 月至 2013 年 5 月末"钱荒"发生之前，该指标减小了 42%，央行金融去杠杆的态度可谓十分坚决。实际上，央行缩紧资金面的态度在 2013 年 2 月份应该就能够看出，因为 2 月份该指标已经从 2012 年 10 月的高点下降了 36%。然而，到了 2013 年 5 月时，投资者对央行缩紧流动性的态度依旧没有察觉，还沉浸在经济不好、货币政策不敢收紧的气氛当中，对资金面出现的季节性收紧不以为然。在货币市场利率日益高涨的情况下，央行坚持发行了 20 亿央票回笼货币。6 月 20 日，R007 一度超过了 30%，"钱荒"爆发。

（2）中国版 TED 利差——回购利率和国债收益率之差

在欧美资金市场，通常使用 TED 利差衡量由于信用风险而导致的流动性风险大小。TED 利差等于 3 个月 LIBOR 与 3 个月美国国债收益率之差，背后的逻辑是当债券市场出现信用风险时，含有信用风险的利率指标 LIBOR 就会上升。同时，信用风险导致出现"flight to quality"现象，即市场成员的风险偏好降低，作为无风险资产的美国国债的需求就会上升，进而导致国债收益率下行。合力作用下，TED 利差上升。美国次贷危机时，TED 利差从 0.2% 左右飙升至 3% 以上。

由于我国 SHIBOR 反映资金面的能力有限，我们建议选取"3 个月质押式回购利率与 3 个月国债收益率之差"作为衡量由信用风险而导致的流动性风险大小。该指标与其他利率指标类似，都在年初有季节性的上升。除了常规性的上升之外，从 2011 年以来该指标一共有 4 次比较明显的上升（见图 23）。前两次发生的时点均与 R007 上升时点重合，表明在总量流动性紧张的情况下，包含信用风险的利差也会扩大。第 3 次为 2016 年 11 月，此次利差上升是多重因素叠加共振导致，主要包括美国债券市场利率持续上行、国内黑色系大宗商品价格高涨、银行赎回基金产品导致基金公司被动抛售债券以筹措流动性以及"国海证券萝卜章事件"等，导致资金利率大幅上升，并开启了 2017 年惨烈的债券熊市。

值得关注的是，该指标第 4 次上升时，正是包商银行被接管之后，中小银行和非银机构的信用风险加大而引发的局部性流动性紧张，这段时间在监管部门的积极应对之下，R007 在 5 月末即开始下行并在 6 月全月保持低位。相反，3 个月回购利率与国债收益率之差从 6 月 5 日的 74 个 BP 上升到6 月 28 日的 224 个 BP[①]，证明了信用风险的确引发了流动性风险，且程度

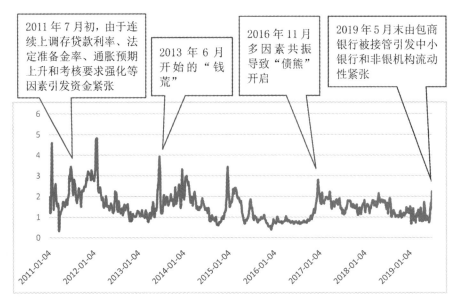

图 23　3 个月质押式回购利率与 3 个月国债收益率之差（单位：%）
注：为了平滑曲线，图中数值为前 5 天的移动平均值。

[①] 由于数值取的是 5 日移动平均值，真实值的最大值将更大，最小值将更小。

比较严重。但进入 7 月份之后，该利差逐渐回落，表明监管部门的应对措施逐渐生效，中小银行和非银机构流动性紧张逐渐缓解。

可见，3 个月质押式回购利率与 3 个月国债收益率之差可以较好地衡量由信用风险而引发的流动性风险。不足之处在于，我国 3 个月国债存量和交易量相对较小，由该指标衡量的流动性风险大小可能受到影响。鉴于 3 个月国债收益率是短期无风险利率的代表，建议适度增加短期限国债的发行，增强债券市场资产定价的能力。

（3）担保品折扣率 / 保证金率

随着融资市场流动性状况的变化，回购的担保品的折扣率或者保证金也反映流动性风险的变化。折扣率或者保证金在数量上都反映了为了完成一笔融资所需要的自有资金的数量。我们在分析流动性螺旋机理时讨论过股指期货保证金标准的变化（见图 11），在流动性危机期间，保证金水平会大幅上升，以反映融资流动性的紧张。

与保证金一样，回购交易的担保品的折扣率也随着市场融资流动性的变化而变化。折扣率通过以下公式计算得出：

折扣率 = 回购资金额 / 担保品的市值或面额

折扣率表示的是通过一单位的担保品可以融得多少单位的资金，在流动性充裕时，折扣率低，单位担保品可以融得较多资金，而流动性紧张时，折扣率会上升，这时一单位担保品可以融得的资金变少。银行间市场各债券类型作为质押式回购的担保品的折扣率如图 24 所示[1]。时间序列上看，从 2011 年开始，折扣率有三次较大的上升变化，分别对应着 2011 年 7 月的收益率上行、2013 年的"钱荒"和 2016 年末开始的债券熊市。包商银行被

---

[1] 图中数值使用回购面额计算仓。

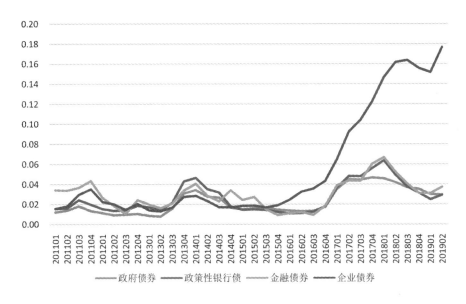

图 24　银行间市场质押式回购担保品折扣率的季度变化

接管引发的中小银行和非银机构流动性紧张也可以在图 24 中看到，原本在 2018 年的债券牛市中已经下降的企业债券的折扣率从 2019 年第二季度再次大幅上调，反映出市场对信用债风险的担忧。但是政府债券的折扣率几乎没有变化，这也说明折扣率跟回购利率和国债收益率之差一样，可以反映由信用风险而引发的流动性风险中出现的"flight to quality"现象。

2. 银行业流动性风险监测指标探索

鉴于美国次贷危机的影响程度和范围远超过美国历史上的其他金融危机，有必要对银行业流动性风险进行专题研究。Brunnermeier 等（2012）基于压力测试的思路，提出了一个衡量银行业流动性风险程度的指标，"流动性错配指数"（Liquidity Mismatch Index），旨在提示银行业系统性风险程度的大小。该指标假设一旦发生流动性风险，就会出现最差的情况，即发生银行挤兑，在所有债权人（储户、经纪业务客户、债券持有人等）都要求取回所有资金的情况下，单个银行或者整个银行体系总共需要多少流动性救助才能兑现所有的债务。

流动性错配指数可以表达为下式：

$$LMI_t^i = \sum_k \lambda_{t,a_k} a_{t,k}^i + \sum_{k'} \lambda_{t,l_{k'}} l_{t,k'}^i,$$

其中，i 表示第 i 个银行，t 表示时间，一般以季度为单位，LMI 表示流动性错配指数，$a_{t,k}^i$ 表示银行持有的第 k 种资产，λ_{t,a_k} 表示第 k 种资产的流动性权重，$l_{t,k}^i$ 表示银行的第 k 种负债，λ_{t,l_k} 表示第 k 种负债的流动性权重。资产的流动性权重可以用担保品折扣率或保证金率来衡量，负债的流动性权重可以用 TED 利差结合负债的期限结构来衡量，这两种权重都随市场流动性状况的变化而变化，用它们乘以相对应的资产或者负债的规模，就得到了上式等号右边的两项，分别代表该银行在发生挤兑时，变现或者把所有资产抵押出去而能够筹集的资金额，以及需要支付给所有债权人的全部金额。如果 LMI 为负，则表示该银行最大能够筹集的资金也不够支付所有债务，则需要中央银行的流动性救助。把所有银行的 LMI 相加，即得到一国的银行体系如果遭遇挤兑时需要中央银行多少流动性救助。

Bai 等（2018）计算了 2008 年美国次贷危机时，美国所有银行控股公司（BHC）流动性错配指数最低为负的 6 万亿美元（见图 25），该最低值出现在 2017 年四季度末。但对于监管层更有意义的是，在 2017 年第一季度末该指标就已经偏离原先的平稳趋势而大幅下跌，在第二季度末时已经变成负数，如果监管层在此时就出手相救，及时控制风险的扩散，那么次贷危机可能就不会演变为一场国际金融危机。当然，美联储在救助之前也因为要不要救助的问题犹豫而耽误了时间，但及时了解整个金融体系的流动性错配情况会对及时采取正确的应对措施起到积极作用。

151

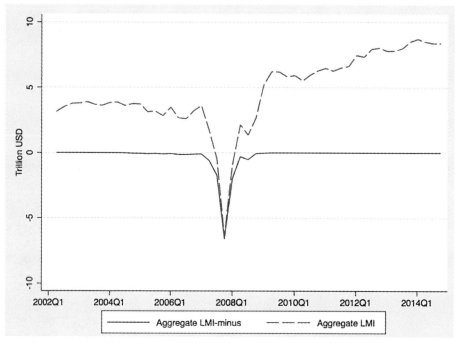

图 25　美国次贷危机期间流动性错配指数

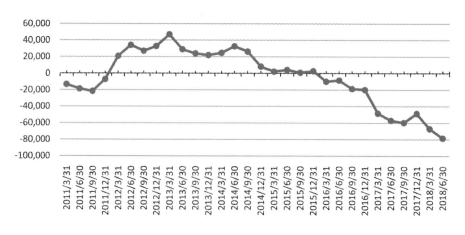

图 26　我国上市银行流动性错配指数（单位：亿元）

本文按照 Bai 等（2018）的方法计算了我国银行业流动性错配指数（见图 26）。样本为我国最早上市的 16 家上市银行，计算所需数据来自其季报、半年报和年报。根据计算所得的流动性错配指数来看，该指标目前尚不适合我国，主要原因在于我国目前的存量贷款尚没有流动性好的二级市场。贷款占商业银行资产的 50% 以上，其余为债券、黄金、理财产品、现金等资产。目前除了债券以外，非现金资产的贷款和理财产品等非标资产均没有流动性好的二级市场，银行无法全部规模卖出或者以抵押融资的方式将这些资产变现。官方途径的信贷资产流转市场交易规模太小，无法满足银行贷款大规模流转的需求。信贷资产支持证券的发行时间过长，且市场规模相对不足，也无法承担起商业银行大规模盘活存量信贷资产的角色。另一方面，在我国贷款利率没有完全市场化的情况下，商业银行目前也没有足够的驱动力进行贷款的流转交易。因此，贷款资产不能变现导致银行资产端变现金额太小，我们计算出的流动性错配指数是严重偏低的，无法满足挤兑情况下所有债务的支付。

基于流动性错配指数的探索，我们建议大力发展信贷资产流转市场，盘活存量信贷资产，促进商业银行在利率市场化进程中的盈利模式转型。在相关条件成熟之后，流动性错配指数可以成为银行监管、风险监测的有益补充。

参考文献

[1] Adrian, Tobias, and Hyun Song Shin. 2009. Money, Liquidity, and Monetary Policy. American Economic Review: Papers&Proceedings, 99:2.

[2] Adrian, Tobias, and Hyun Song Shin. 2010. Liquidity and Leverage. Journal of Financial Inter-mediation.

［3］Ashcraft, Adam B.,2005. Are Banks Really Special? New Evidence from the FDIC-Induced Failure of Healthy Banks, American Economic Review, Vol. 95, No. 5 (Dec., 2005), pp. 1712-1730.

［4］Bernanke, Ben,1983. Nonmonetary Effects of the Financial Crisis in the Propagation of the Great Depression, American Economic Review, Vol. 73, No. 3 (Jun., 1983), pp. 257-276.

［5］Bernanke, Ben, Mark Gertler, and Simon Gilchrist. 1996. The Financial Accelerator and the Flight to Quality. Review of Economics and Statistics, 78(1): 1 - 15.

［6］Brunnermeier, Markus K. 2008. Deciphering the 2007 - 08 Liquidity and Credit Crunch. Working Paper Version. http://www.princeton.edu/?markus/research/papers/liquidity_credit_crunch_WP.

［7］Brunnermeier, Markus K., and Lasse Heje Pedersen. 2009. Market Liquidity and Funding Liquidity. Review of Financial Studies.

［8］Brunnermeier, MarkusK.,GaryGorton,andArvindKrishnamurthy,2012. Risk Topography, University of Chicago Press.

［9］Bai,Jennie, Arvind Krishnamurthy, and Charles-Henri Weymuller. 2018. Measuring Liquidity Mismatch in the Banking Sector. Journal of Finance, Vol.LXXIII,No.1.

［10］Diamond, Douglas W., Rajan,Raghuram G. The Credit Crisis: Conjectures about Causes and Remedies, American Economic Review: Papers & Proceedings 2009, 99:2, 606 - 610.

［11］Pozsar,Zoltan, Tobias Adrian, Adam Ashcraft, and Hayley Boesky. 2013. Shadow Banking, FRBNY Economic Policy Review.

［12］国际货币基金组织. 金融稳定报告, 2017.

［13］周小川. 金融政策对金融危机的影响——宏观审慎政策框架的形成背景、内在逻辑和主要内容 [J]. 金融研究, 2011(1).

［14］周小川. 金融危机中关于救助问题的争论 [J]. 金融研究, 2012(9).

英国脱欧对欧洲金融基础设施的影响

张东　李怡达　樊悦　冯远星　王安怡

摘　要：2016 年 6 月 23 日英国脱欧公投结果出人意料，英国公众选择脱离欧盟，随后英国启动脱欧程序。英国脱欧之路异常坎坷，因为英国与欧洲大陆国家有千丝万缕的关系，特别是在衍生品市场方面。伦敦是欧盟衍生品市场结算中心，一旦英国脱欧，根据欧盟衍生品市场监管法案，英国结算中心的地位将受到严重影响，随之欧洲这一世界第一大衍生品市场也会受到严重冲击。本文从英国脱欧入手，在分析欧盟衍生品市场运行的基础上，研究采取不同的脱欧方式对欧洲衍生品清算体系产生的影响。

关键词：英国脱欧　金融基础设施　跨境结算

一、背景

（一）英国脱欧背景分析

2016 年 6 月 23 日，英国就"是否脱欧"进行了全民公投，民众以 51.9% 对 48.1% 的投票结果选择脱离欧盟。消息一出，全球舆论哗然，金融市场随即动荡。一直以来，英国因其历史和社会因素，采取对欧洲大陆保持距离以维持力量的均衡政策，这一思维惯性在欧盟的框架下仍暗流涌动，脱欧的声音从未停止。英国"脱欧"不仅是民意反弹的产物，经济、政治和社会的根本差异使得英国始终与欧盟离心离德。

由于地理因素，英国与欧洲大陆长期处于政治、经济、社会相互分离的状态。1973年，基于英国和欧洲共同体（欧盟前身）相互利益的需要，英国加入欧共体，但仍旧排斥欧洲一体化进程，保留英镑作为独立货币，拒绝加入欧元区，拥有自主的财政政策，这就使得英国很难真正地融入欧盟。随着欧债危机的爆发，相互之间利益分歧更加明显。欧盟成员国之间人员自由流动导致移民情况常有发生，英国作为传统发达国家，是移民的主要目的地，英国对移民一向抱有抵触情绪，再加上近期中东难民涌入，英国和欧洲大陆的矛盾更加尖锐。移民难题、高昂会费以及法律、经济等领域的掣肘让英国最终走向"脱欧"，这并非偶然，而是具有复杂而深刻的历史背景和必然性。目前英国与欧盟正在就脱欧进行谈判，计划将于2019年3月拿出脱欧协议。

（二）英国脱欧对欧盟经济金融方面的影响概况

目前，英国经济实力排在全球第六位，经济贸易来往最密切的就是欧盟。脱欧后，英国和欧盟将重建贸易壁垒（英国脱欧严重损害了欧盟一体化进程，欧盟有理由摆出相应姿态），签订新的双边贸易协议，英国将无法享受欧盟作为单一市场带来的好处，摩擦和经济不确定性将大大增加。据英格兰银行分析，若脱欧时没有达成相关协议，且无过渡期的情况下，英国经济将下降7%到10%[1]。与此对应，欧盟经济也会出现增长乏力。

---

[1] 详见 "EU withdrawal scenarios and moneytary and financial stability: A response to the House of Ommons Treasury Committee"。

英国作为全球第二大金融中心，一直以来承担着欧洲金融市场大部分资金的交易和清算职能。根据国际清算银行（BIS）每三年一次的调查报告显示，伦敦多年来一直是全球较大的外汇市场交易中心和场外金融衍生品交易市场，是全球重要的离岸金融中心，仅伦敦清算交易所（LCH）的OTC金融衍生品交易量就占欧盟成员国总和的74%。在伦敦清算的欧元计价金融产品主要包括利率衍生品、信用违约掉期产品、外汇产品和债券，这得益于英国加入欧盟后获得进入欧盟单一市场的"金融通行证"，再加上英国拥有伦敦清算所、洲际交易所、欧洲清算公司等多家重要金额市场基础设施，国际大型银行可以基于金融工具市场指令（MiFID II）框架，在英国开展金融衍生品交易和债券定价服务。

欧洲市场和金融基础设施监管为了提高场外衍生品市场的透明度、降低信用风险和运营风险，于2012年发布了《欧洲市场基础设施规例》（简称EMIR）。在EMIR"等效监管"框架下，衍生品合约清算的中央对手方（CCPs）和交易存管方（TRs）都必须被欧盟授权或认证，非欧盟的CCPs或TRs必须在取得欧盟委员会对其法律和监管制度的认证后，才能在欧盟提供服务。脱离欧盟的英国极有可能失去享有跨境进入他国交易平台、清算结算系统的优势，欧洲的金融衍生品清算业务可能要从英国撤回到欧元区。由此，英国的金融中心地位会受到影响，欧洲大陆的金融城市将会受益，但是欧洲大陆很难在短时间内复制伦敦提供的服务。

如果采用"无协议"的方式脱欧，欧洲的金融市场将会引发巨大的震动，整个欧洲的银行、资管公司和保险公司将陷入混乱。短时间内，欧盟的数十亿欧元将面临无法清结算的窘境，对英国和欧盟都无益处。因此，双方大概率会开展金融服务方面的谈判，达成缓冲协议，为转移合约预留更多时间的同时，提高欧洲大陆机构的清算能力。实际上欧盟委员会已经决定，将在英国脱欧后给予其暂时的对等地位[①]，英国央行和欧洲证券和市场管理局（ESMA）达成脱欧后衍生品清算协议，2020年底之前伦敦清算所将在脱欧后继续为会员提供清算服务。这些均属于权衡利弊的应急措施，欧洲央行最终还是希望将主要的欧元清算业务转移至欧洲大陆。

二、欧盟衍生品市场的运行和变革

（一）欧盟衍生品市场的运行的现状

欧洲是全球衍生品市场的主要交易地区，金融衍生品交易规模近占全球的一半，交易品种也很齐全，还是全球多家主要衍生品交易所和OTC交易商的所在地。

欧盟衍生品市场分为交易所市场（ETD）和场外市场（OTC），场外市场占绝对主导地位。根据ESMA发布的最新数据，截至2017年底，全年共有7400万笔衍生品交易，交易总额为660万亿欧元，整个市场规模有所扩大。

从市场结构来看，场外衍生品市场仍然是主导，但份额有所下降，从2016年的87%下降到2017年的83%；相应地，交易所交易衍生品（ETD）的份额从13%上升到17%。货币和信贷衍生品主要是场外交易，约占总交易量的97%，其次是利率衍生品（92%）。对于大宗商品和股票衍生品，场外交易的比例相对较低，但也分别占到了65%和53%。

---

① 详见伦敦清算集团（LCH Group）官网。

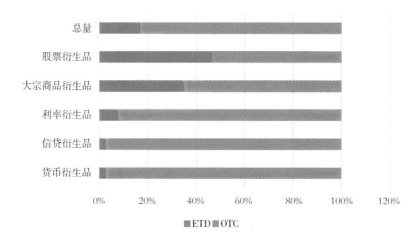

图1 2017年欧洲衍生品市场内和场外交易对比

数据来源：ESMA

产品结构方面，利率衍生品继续占比最大，约占总量的69%；其次是货币衍生品，占总量的12%，而其他资产类别，即股票、信贷和大宗商品衍生品占总额不到5%的份额（如图2）。欧洲的衍生品市场以投资公司和信贷

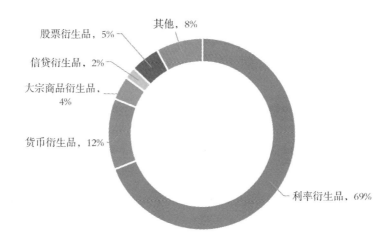

图2 欧洲衍生品市场产品结构

数据来源：ESMA

机构为主要参与者,交易活动占到95%以上。从时间维度来看,以短期期限为主,61%的衍生品剩余期限不足一年。

欧洲衍生品合约主要有五种:远期合约、期货合约、期权合约、掉期合约和价差合约。单就衍生品合约数量来看,最常见的合约类型的价差合约、期货和掉期合约,分别占总数的57%、14%和12%。

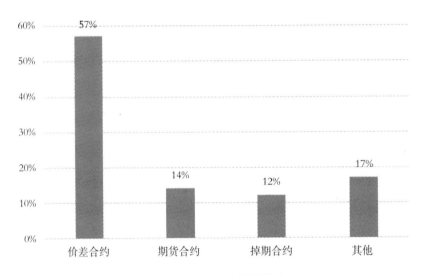

图3 欧洲衍生品合约数量分布

数据来源：ESMA

注:其他合约有远期合约和期权合约

分产品来看,掉期合约是利率衍生品中最常见的合约类型,约占未偿合约总额的50%;信贷衍生品额度高度集中于掉期合约,基本占到总额的91%,同样大宗商品衍生品也以掉期合约为主,但是只占41%;货币衍生品中,远期合约是最常用的合约类型,占到总额的60%,紧随其后的是价差合约和期权,分别占未偿合约总额的19%和14%;股票衍生品来说,期权是最常用的合约类型,按名义价值计算占未偿付总额的58%。

表 1　欧洲不同类型衍生品最主要的合约类型及占比

衍生品类型	主要合约类型	主要合约类型占比
利率衍生品	掉期合约	50%
信贷衍生品	掉期合约	91%
大宗商品衍生品	掉期合约	41%
货币衍生品	远期合约	60%
股票衍生品	期权	58%

数据来源：ESMA

不同衍生品之间的期限存在差异。大宗商品和货币衍生品的到期日最短，89% 和 91% 的合约到期日不足一年。而对于股票衍生品和利率衍生品来说，62% 和 46% 的合约期限在 1 年以下；对于信贷衍生品，60% 的名义金额合约的期限在 1 年至 5 年之间。期限超过五年的债券并不常见，约占名义总额的 7%。

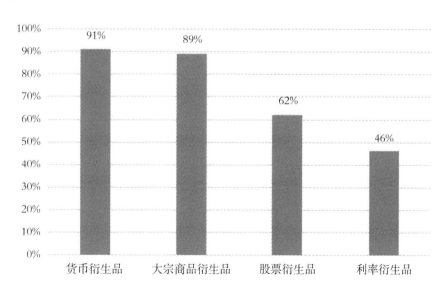

图 4　欧洲衍生品期限不足一年的占比

数据来源：ESMA

当前衍生品的期限分布可能会在英国脱欧时，英国和欧盟谈判中起到关键作用，对于大多数衍生品会在一年内到期，若欧盟控制新的衍生产品在英国交易，存量的衍生品到期后，英国衍生品市场影响会下降，英国谈判筹码会减少。

就币种来看，美元是货币衍生品的主要计价货币，其次是欧元和英镑，占比分别是33%、28%和11%；在大宗商品衍生品中，以美元计价的衍生品占名义总额的91%，而以欧元计价的仅占7%，以英镑计价的仅占2%；欧元是欧洲信贷衍生品使用最多的货币，占名义总额的51%，其次是美元占到了47%。利率衍生品的货币使用更加多样化，占比37%的为美元，31%为欧元，10%为英镑，4%为日元。

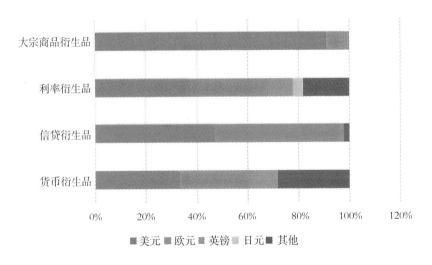

图5　欧洲衍生品交易使用的币种情况

数据来源：ESMA

在跨境交易方面，欧洲衍生品市场交易对手方的注册地大部分在英国，其中信贷衍生品最为集中，大部分交易在英国，英国也是大宗商品衍生品和利率衍生品交易的主要市场，而股票衍生品交易的大部分发生在英国和法国之间。

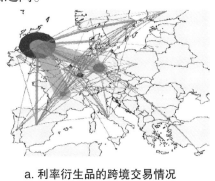

a. 利率衍生品的跨境交易情况

b. 信贷衍生品的跨境交易情况

c. 货币衍生品的跨境交易情况

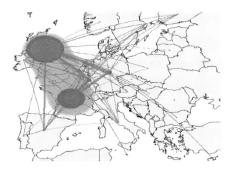

d. 股票衍生品的跨境交易情况

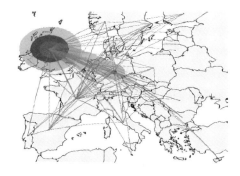

e. 大宗商品衍生品的跨境交易情况

图6 欧洲衍生品跨境交易情况

数据来源：ESMA

注：圆圈的大小与在该成员国注册的交易对手方未偿付的名义总额成正比，线的厚度与这两个会员国的对手方之间交易额成比例。

欧洲衍生品市场跨境交易情况再次证明了英国在欧洲衍生品市场的地位，欧洲其他地区对手方数量与英国有数量级上的差距，这是英国脱欧、英国与欧盟谈判的资本。天量的金融衍生品依赖于英国的金融基础设施，妥善处理未兑付的衍生品是英国和欧盟谈判的关注点。欧盟当局为了促进欧盟金融市场发展，降低跨境交易成本，在监管规则方面持续完善，逐渐建立了统一化的金融市场，英国脱欧无疑给欧盟当局的努力蒙上一层阴影。

（二）欧盟衍生品监管规则的演变历程

欧盟衍生品市场分交易所市场（ETD）和场外市场（OTC），ETD市场是在受监管的市场上交易衍生品合约的。随着合同标准化、高流动性、违约风险低和高透明度成为投资策略的决定因素，ETD已越来越广泛地适应于监管要求。然而，就市场所占比例来看，OTC市场仍然占有主导地位。场外衍生品市场的监管就成了监管规则关注的重点，为了提高衍生品市场的透明性，降低风险，欧盟监管当局指定的衍生品监管规则向欧盟一体化统一监管的方向不断演变。

2008年，全球次贷危机后，国际社会开始重视场外衍生品市场的监管。2009年，20国集团（G20）在匹兹堡发表宣言，要求所有场外衍生品交易合约必须向交易数据库（TR）报告，所有的标准合约必须根据情况通过交易所或者电子交易平台交易，且必须通过中央对手方（CCP）进行集中清算，非集中清算的合约将被计提更高的风险资本等。2012年，国际清算银行（BIS）支付与结算委员会（CPSS）和国际证监会组织（IOSCO）共同发布《金融市场基础设施原则（PFMI）》，为全球金融市场基础设施监管制定了新准则。

欧盟为落实G20宣言和PFMI制定了《欧洲市场基础设施条例》（EMIR），

主要规范中央对手方和交易数据库,并确定相关风险控制制度[①]。关于衍生品交易的平台和交易行为则由《金融工具市场指令 II》(MiFID II)予以规范。此外,欧盟还发布了《资本需求指令 IV》(CRD IV)要求对于通过监管认可的 CCP 和未经过监管认可 CCP 清算的交易赋予不同的资本要求;修订了《反市场滥用行为指令 II》(MAD II)拓展了对场外市场衍生品的监管范围。

具体来看,欧盟在执行 G20 要求方面处于领先水平。世界金融稳定理事会 2015 年发布了报告[②],说明了金融稳定理事会成员经济体在场外衍生品市场取得的进展。报告中称欧盟在交易数据报告、集中清算、资本金和交易平台四个方面完成了具体改革,领先于美国等其他发达经济体。

《欧洲市场基础设施条例》(EMIR)要求对可以标准化的场外衍生品强制实施集中清算;对不经集中清算的场外衍生品采取风险缓释的措施,主要是保证金;实施向数据库报告的制度;对中央对手方提出机构、行为以及审慎监管的要求;对交易数据库提出向公众或权力机构提供信息的要求。一言以蔽之,EMIR 的规定主要体现在集中清算、交易报告、风险管理制度等三个方面。所有已达到规定标准的标准化场外衍生工具需要进行集中清算,所有拥有大量场外衍生品合约的金融及非金融企业需履行集中清算的义务,其中 EMIR 也考虑到欧盟的实际情况,体现了欧盟一体化,节约跨境交易成本的思想。EMIR 有关第三国 CCP 监管认可的条文,如果第三方国家满足欧盟等效监管的相关条件,欧盟将认可注册在第三方国家的 CCP/TR 地位,第三国 CCP/TR 可以在欧盟提供服务,欧盟已经对新加坡、日本、澳大利亚等 9 个第三国经济体的 CCP 实行了许可,但监管认可是一个复杂的过程,需要两个地区的监管部门共同努力,因为欧美监管者之间就 CCP 的保证金制度

---

① 详见:《欧洲市场基础设施条例》。
② 详见:《场外衍生品改革:第十次实施进展报告》。

等内容一直无法达成最终一致，欧美间未就CCP的互认达成一致。场外交易和场内交易金融衍生产品需向已注册的交易数据库报告。风险控制制度主要集中在保证金、清算基金、CCP的自有资金等方面。

《金融工具市场指令II》（MiFID II）和《金融工具市场规定》（MiFIR）共同形成一个新的法律规则框架。新的框架对场外和场内交易的衍生品交易及其前后行为进行规范，新规则的目标是使包括场外衍生品市场在内的金融市场更加高效、灵活和透明。新框架扩大了监管范围，扩展了受监管的交易平台类型，对大宗商品衍生品提出头寸限制。在扩展受监管交易平台方面，MiFID II将多边交易平台分为受监管市场（RM）、多边交易设施（MTF）或OTF三类。RM指由市场操作者管理的多边系统，通常证券交易所就属于RM的范围。MTF指由投资公司或者市场操作者管理的其他多边系统，典型的MTF包括投资银行运作的电子交易系统。OTF指不属于RM、MTF的多边系统，但第三方可以通过其交易债券、结构性金融产品、排放权或衍生品等非权益类金融工具的设施，典型的OTF包括经纪商交叉系统（BCN）。MiFID II对RM、MTF和OTF实施类似的监管来使得这些交易平台可处于同一市场竞争水平。

总的来说，次贷危机后，欧盟高度重视对场外衍生品市场的规则重建：一方面积极落实国际承诺并推动制定相关国际标准；另一方面及时完善自身规则，以提高自身效率、降低风险，其中集中统一清算是一个重要的方式。

（三）欧盟衍生品市场清算系统模式

衍生品合约成交之后，需进行先清算（Clearing）、最终结算（Settlement）两个过程。清算包含的是一些交易操作，例如合约配对，交易确认、登记和风险管理职能，如净值计算、保证金计算以及对保证金变化采取的追加手段等措施这类转移或消除交易所信贷风险的行为。结算指的就是清算过后引起的对手方增加保证金的一系列资金和资产转移过程，交易涉及者履行协议的过程。这两个都是衍生品市场的关键环节，又由于清算业务前置，清算模式的选择直接影响结算方式，所以着重分析欧盟衍生品市场清算模式。欧盟实行衍生品合约的清算包括双边清算（Bilateral Clearing）和中央对手方清算（Central Counterparty, CCP）两种模式。

1. 欧洲衍生品市场清算模式演变

近年来，欧盟当局越来越关注衍生品市场的清算方式问题，推动了欧洲衍生品市场清算模式的演变。

次贷危机之前，欧洲大部分在交易所买卖的衍生产品都采用中央对手方清算模式，每个交易所就是一个中央对手方清算机构。而在 OTC 衍生品市场上，主要采用的是双边清算模式，对合约的双方履行者分别清算。只有利率衍生品交易才采用中央对手方清算方式，由欧洲的 LCH.Clearnet Ltd 公司于 1999 年推出的 Swap Clear 系统提供此项服务。次贷危机的爆发使得双边清算制度的缺陷被充分暴露，包括交易对手风险管理缺陷、复杂性和不透明性、较高的风险传染可能性推升系统性风险等问题。欧盟出台了一系列旨在完善 OTC 衍生品市场清算制度、合约标准化和提高信息透明度等基础设施的改革措施。在 OTC 衍生品市场推行中央对手方清算制度。

2. 场外衍生品集中清算制运作机制

中央对手方清算机制的核心是中央交易对手方清算流程。CCP 本身是一个独立的法律实体，在交割过程中，以原始市场参与人的法定对手方身份介入交易结算，充当原买方的卖方和原卖方的买方，并保证交易执行。中央对手方清算核心内容是合约交替（Contract Novation）、净额清算（Netting Settlement）和担保交收（Guarantee Delivery）。核心功能是通过建立保证金、会员制、风险共担等多层缓冲池，降低双边结算的对手方风险和传染风险等系统风险，提供市场流动性，保证结算的顺利进行。

合约更替的实质效应，是将会员之间的交易对手违约风险转换成 CCP 与会员之间的交易对手风险，交易对手风险因之成为 CCP 重点防范的风险。严格的会员准入制是中央对手方清算模式下的重要结构之一，只有符合中央对手方清算系统市场准入要求、信誉程度可观和运营资金流动性高的参与者加入，这有效地限制了中央对手方面临的信誉风险。

逐日盯市的保证金缴付制度保证金缴付管理办法的建立，使中央清算所得以进一步防范潜在的会员违约风险。保证金包括初始固定保证金（Initial Margining），以及根据每日盯市所估计的风险敞口的变化所需缴纳的动态调整保证金（Variation Margining）。进入清算程序、进行合约更替之后的衍生品合约，会员的风险敞口按照合约更替后的敞口净值来计算，且对会员按照统一的规则来征收。由于每日动态调整保证金的计算依赖于 CCP 对每种衍生产品的公允价值估计，出于对设计估计方法、风险分析等环节所需成本的考虑，交易量少、标准化程度低以及过于复杂的衍生品并不进入清算程序，EMIR 规定这类衍生品只需向交易数据库提交报告。

设计了"风险共担"的资金保障机制，CCP 在履约保障方面遵循"担保交收"原则，在任何情况下保证合约的正常履行，如一方违约，则 CCP 必须首先对非违约方对手履行交收义务，然后再向其追究责任。会员对拥有的净头寸已缴付保证金，但可能不足以弥补其违约损失。为了保证在会员的违约率异常以及金融危机爆发、大量会员违约的极端情况出现时 CCP 的正常运行,需要有"风险共担原则",会员有义务缴纳一定的份额并集中起来作为担保基金,当违约发生时,按照一定的顺序从担保基金中抵补损失。假如出现所有的担保基金都被耗尽的极端情况,则通过执行事先与会员合约中约定的"根据损失情况来追加缴纳份额"的条款来补损。

三、英国脱欧对欧盟衍生品清算体系的影响

(一)英国衍生品市场运行现状及清算模式

1.英国衍生品市场运行现状

根据国际清算所发布的报告显示,2016年以来,英国失去了场外衍生品交易的霸主地位,以39%的份额排名第二,美国取而代之,以41%的比

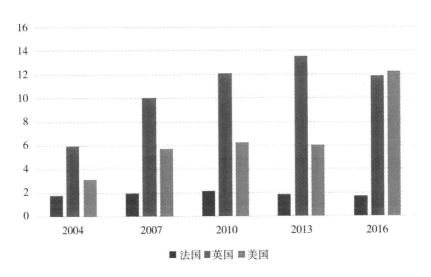

图7 场外利率衍生品在世界主要国家的日均交易量

数据来源:国际清算行和英国央行

例成为场外衍生品交易量最大的国家①。以场外利率衍生品为例，在英国，2013 年 4 月至 2016 年 4 月，场外利率衍生品的日均交易额下降了 12%，从 13.48 亿美元降至 11.81 亿美元。英国的场外利率衍生品的交易额达 4310.65 亿美元，场外利率衍生品交易量排名前三的国家日均交易量变化如下图所示，这从侧面说明，法国还无法替代英国成为欧盟衍生品市场的主要交易地点。

英国衍生品市场集中度较高，根据国际清算行的统计，2016 年英国衍生品交易量最大的 10 家公司占总交易量的 85%，这一结果与 2013 年统计的结果持平，报告提及的 43 家交易商中，有 35 家开展了场外利率衍生品业务。

如前文所述，欧盟衍生品业务大部分集中在英国，其衍生品市场跨境业务一直占主要位置。从 2007 年开始，英国衍生品跨境业务有了小幅下降，

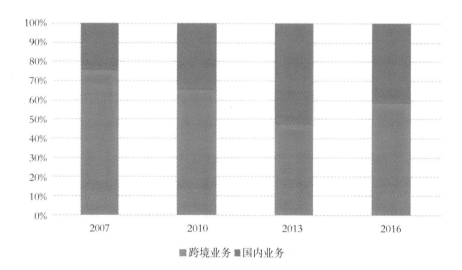

图 8　场外利率衍生品在世界主要国家的日均交易量

数据来源：英国央行

---

① 详见："BIS triennial survey of foreign exchange and over the counter interest rate derivatives markets in april 2016 - UK.DATA"。

到 2013 年出现企稳回升。到 2016 年 4 月,跨境业务增长了 11%,达到每日 6840 亿美元,占总营业额的 58%。相比之下,当地国内业务的日营收下降了 32%,从 2013 年 4 月的 7310 亿美元降至 2016 年 4 月的 4970 亿美元,占总营业额的 42%。

英国衍生品市场交易币种一直是以欧元为主,但 2016 年,以欧元计价的场外利率衍生品的比例有所下降,从 2013 年的 69% 降至 2016 年的 49%。相比之下,2016 年,英镑和美元在场外利率衍生品交易额中所占比例分别从 14% 和 8% 升至 21% 和 18%。

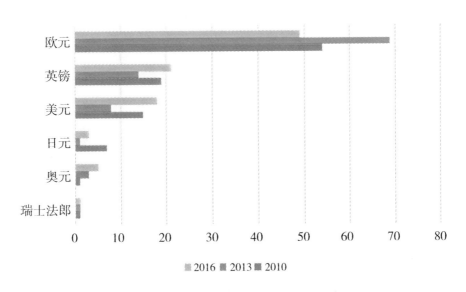

图 9　英国场外利率衍生品市场使用货币情况

数据来源:英国央行

2. 英国衍生品市场清算模式

英国主要的三家清算机构是伦敦清算所(LCH)、英国洲际欧洲清算所(ICE Clear Europe)和伦敦金融交易清算所(LME)。按照 EMIR 的规定,清算机构实施中央对手方清算，负责两个欧盟机构之间的衍生交易及特定条件下的其他清算：一个欧盟机构与一个非欧盟机构之间的衍生交易，如该非欧盟机构在欧盟成立则应承担清算义务；两个非欧盟机构之间的交易，如该交易合约在欧盟内部具有直接、重大且可预见影响的交易。这意味一旦交易纳入中央对手方清算，该交易即需转移至中央对手方清算机构，相关交易对手需成为中央对手方的成员（Member），或成员的客户（Client），或建立间

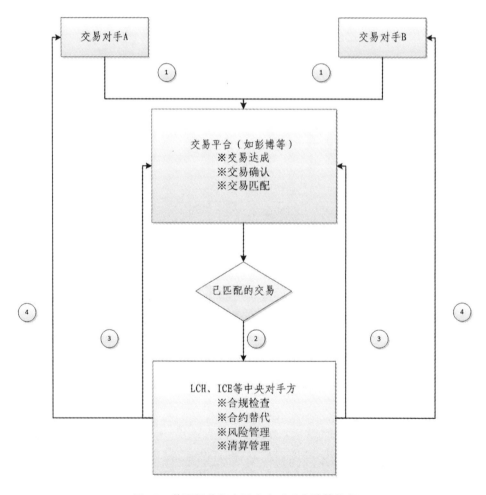

图 10　英国场外衍生品中央对手方清算流程

接的清算安排。

具体的清算流程：交易对手 A 和 B 都是英国中央对手方的会员，两者从事衍生品交易清算流程如下图所示：

①交易对手 A 与 B 在交易平台上达成交易，并完成交易确认与匹配。英国地区衍生品的电子化交易执行服务平台有很多，如彭博（Bloomberg）、伦敦国际金融期货交易所的 Liffe Connect 等。

②平台将已匹配的交易发送至伦敦清算所（LCH）、Eurex 清算所（Eurex Clearing）等清算所进行中央对手方清算。

③伦敦清算所等对接收的交易进行合规性检查，通过后即进行合约替代，进而进行清算，并将替代结果以及清算结果反馈至平台。

④清算完成，伦敦清算所等清算所将会向清算会员出具相关报告以及保证金追缴通知等信息。

（二）英国脱欧对欧盟衍生品清算市场可能造成的影响

1. 对衍生品监管产生的影响

欧盟的衍生品方面的监管政策向一体化方式迈进，欧洲央行希望通过统一监管来降低欧盟衍生品市场的风险，在清算机构整合浪潮下，跨市场清算机构业务范围不断扩大，服务内容不断延伸，清算机构出现了较为明显的集中化趋势，也为统一监管提供了可能。目前 Eurex 清算所（Eurex Clearing AG） 和伦敦清算所（LCH.Clearnet）已成为欧洲债券市场最主要的两家清算机构。但是英国脱欧以后，伦敦清算所就天然在欧盟监管之外，对于衍生品监管而言，欧盟的资本要求指令（CRD）、金融工具指令 MiFID II/MiFIR 以及欧洲市场基础设施监管规则（EMIR）等是否在英国奏效都会打个问号。

2. 对清算运行机制的影响

①对于清算模式的影响

英国脱欧以后，首先对英国衍生品市场的监管不会放松，英国和欧盟的集中清算模式不会改变。集中清算是 G20 国家通过金融稳定委员会等国际层面提出的，英国和欧盟主要国家是 G20 的成员。另外，从国家层面上，金融危机后，英国将金融服务管理局（FSA）分拆为英国央行下属的审慎监管局（PRA）和金融市场行为管理局（FCA），增强了对资本市场的监管。所以，即使英国脱欧，现有的清算模式也不会发生变化，只会在一些业务层面上做调整，如欧洲央行提出要求欧元衍生品在三个月之内转移到欧元区，这在操作层面上有难度，但是也体现出了集中清算的模式不会发生变化，只不过对于机构之间的具体衔接和业务往来上会增加操作成本。

②对于中央对手方清算核心运作机制的影响

英国脱欧对于清算模式的影响甚微，但是对于中央对手方清算运作机制将会有一定的影响。

如前文所说，中央对手方清算的核心运作机制主要有：严格的会员准入制、保证金缴存制度和"风险共担"的资金保障机制。英国脱欧后，对这些机制会有一些影响，另外，英国脱欧还影响到欧洲支付系统。

英国脱欧后，英国和欧盟的金融市场主体将分属两个市场主体，欧盟与美国监管机构的谈判旷日持久，想必欧盟和英国的监管互认也会是艰苦卓绝的过程。原来在伦敦清算所的会员能否直接转为欧清所的会员还需打个问号，同一会员的账户能否在两个清算所之间使用还存在不确定性，若会员不能互认，账户不能打通，这将增加市场交易成本，两个市场出现割裂，英国的欧元衍生品交割将出现风险。

EMIR 明确表明，对于不同机构要体现保证金差异化，而且对于哪些交易能够进入集中清算程序上也有欧盟自己的规定。英国脱欧后，从法律层面上，英国机构不再是欧盟认可的机构，跨境业务的保证金将提高，对于进入中央清算程序还是走双边清算模式出现分歧，会造成交易障碍，降低交易效率。

当出现 CCP 会员大规模违约，会员敞口净头寸不足以弥补风险，"风险共担"机制也失效时，对于原来欧元清算集中地伦敦清算所是欧洲央行注资还是英国央行注资，存在法律障碍。

以此延伸到欧元衍生品清算的支付方面，英国脱欧使英国与其他欧洲地区的资本市场割裂，那么欧元衍生品在英国交易是否能采用欧洲的支付系统存疑。

四、欧洲衍生品清算体系未来发展展望

（一）欧盟可能采取的应对策略

无协议没有任何与衍生品相关的正式安排的"硬脱欧"。这个方案最激进，体现出欧盟对于英国脱离的不满，最大程度上对成员国起到惩戒作用，但是对于欧盟影响较大，会带来巨大的资本市场震荡。

欧盟立法建立临时许可制度。欧盟可以通过立法来允许欧洲经济区实体在英国履行合同，英国的 CCP 在脱欧后的一段时间内继续在欧盟开展活动，给予脱欧一定的缓冲期。

使用第三国准入制度。授予部分欧盟单一市场准入权，一定程度上减弱英国脱欧对于双方的金融市场影响。在现有的法律框架下，英国央行和欧洲央行需达成协议，认定英国为欧盟金融法规下的第三国。

（二）不同应对策略下欧盟清算体系的变化

如果是无协议的"硬脱欧"，欧盟清算体系将承受巨大压力，英国清算机构违约风险剧增，欧洲大陆中央对手方风险集中暴露。欧洲大陆清算所可能要在短时间内承接高频清算业务，操作风险陡增。

如果欧盟采取临时许可制度，给予欧盟清算体系一定的缓冲期，也使得未交割的衍生品能够到期结算，金融市场波动较小。欧盟清算机构壮大规模，修订新的章程，为承接英国转移过来的衍生品清算业务做技术和制度准备。

如果欧盟采用第三国准入制度，英国脱欧对于衍生品市场将不会受到太大影响，当前的清算格局将会继续保持，欧洲清算体系变化微乎其微。

（三）总结

考虑到欧盟目前对于英国所提供的金融服务需求相对较高，无协议脱欧造成多达 41 万亿英镑衍生品合同面临风险，欧盟四分之一的交易需求集中在英国，[①]"硬脱欧"的可能性不大。

采用第三国制度，英国央行和欧洲央行要在监管上达成一致，这里面存在较大的沟通障碍，另外，若对于英国采用"第三国制度"，英国脱欧成本将会大幅度下降，一定程度上鼓励了脱欧，这与欧盟联合的构想不符，对未来欧盟的发展带来较大障碍，这种方式可能性也较弱。

临时许可制度是目前最为实际的方案，一方面尽可能减缓脱欧事件对于欧盟衍生品市场的影响，另一方面可以逐渐将伦敦的欧元清算业务转移至欧元区，培育自己的清算机构，提高竞争力。

---

① 详见 "Out and down Mapping the impact of Brexit"。

参考文献

［1］金玲.英国脱欧：原因、影响及走向 [J]. 国际问题研究，2016(4):24–36.

［2］许安拓.英国脱欧对全球经济的可能影响 [J]. 人民论坛，2016(20):28–30.

［3］高波.英国脱欧对英国及欧洲金融市场影响 [J]. 中国银行业，2016(5):49–51.

［4］罗红光，张元振.欧盟金融衍生品交易监管变革及英国实践 [J]. 银行家，2013(7):101–102.

［5］朱小川.欧盟场外衍生品市场监管规则的演变历程及启示 [J]. 证券市场导报，2016(9):58–64.

［6］王蕾，刘语臻，蔡喜洋.开启不确定性——英国脱欧的国际经济金融影响分析 [J]. 中国货币市场，2016(8):34–40.

［7］蒋先明.欧盟衍生品市场发展现状与管理框架 [J]. 金融发展评论.2014(6):128–134.

中债国债收益率曲线与宏观经济波动关系研究

——基于 DSGE 模型

李威

摘　要：本文构建了一个能够刻画我国宏观经济运行的新凯恩斯动态随机一般均衡模型，以我国真实数据为基础，使用贝叶斯技术对参数进行估计，研究中债国债收益率与我国宏观经济波动之间的关系。模拟结果显示：在不同的冲击下，国债收益率曲线的波动领先于宏观经济的波动。具体来看，税收冲击、利率冲击、技术冲击、货币增长率冲击下，领先宏观经济波动两期；总需求冲击下领先三期；政府购买支出冲击、国外冲击、资本利用率冲击下领先四期。就两者变化幅度看，宏观经济波动要明显弱于国债收益率波动。根据两者之间的波动关系，可以国债收益率曲线的波动为基础对未来一段时期内宏观经济波动进行预测，为实施宏观政策熨平经济波动提供一定的帮助。

关键词：宏观经济　中债收益率曲线　DSGE 模型　景气指数

一、引言

中债国债收益率曲线用于反映国债收益率与到期期限之间的关系,是资本市场重要的基础设施。随着我国市场化水平的不断提高、制度的不断完善,国债收益率曲线对金融市场乃至整个市场经济产生的作用正在不断增强。无风险证券的代表是国债,其收益率也通常被视为真实市场利率,准确把握国债收益率水平及其变动,不仅有助于了解我国债券市场的供求关系,而且能够揭示出我国市场利率水平的变化方向与大小。

国债收益率曲线包含丰富的信息,其波动可以捕捉到宏观经济的变化。一些学者从收益率曲线的变化中分解归纳出代表国债收益率曲线变动信息的潜在因素,研究各类宏观指标与收益率曲线各个潜在影响因素的相互作用(Litterman,1991)。惠恩才(2007)以收益率曲线为因变量,各类宏观指标为自变量的计量回归模型,使用月度数据实证分析得出两者有非常紧密的联系。也有学者使用宏观—金融模型研究国债收益率曲线和宏观经济指标的关系,Bernanke(2004)的研究中,构建了包含各类经济指标和金融指标的向量自回归模型,使用该宏观金融模型可以模拟出不同的状态向量,为研究国债收益率曲线和宏观经济指标的关系提供了一个新思路。

在对国内外研究文献进行梳理的过程中,不难发现一些问题:首先,从研究方法上看,对国债收益率与宏观经济指标之间关系的理论问题,尽管经济学界时有采取实证的研究方法,但还是较多地采用传统的规范分析范式,即局限于理论层面的讨论推演,概括进行描述性研究和经验观察,而经常忽略实证分析。虽然也有国内外学者使用相关模型对两者之间的关系问题进行实证和量化分析，但是一般使用非常粗糙的计量经济模型，缺少一个可以准确刻画我国经济特殊性的模型，其相应的分析也都局限于局部的分析，缺乏各个市场之间的联动性的一般均衡的研究。其次，目前国内外学者多从宏观层面研究国债收益率曲线与宏观经济指标之间在趋势上的关系，鲜有从微观经济主体，比如企业、银行、个人的角度来研究两者之间联系的根源、两者之间波动性关系进而延伸到宏观经济政策传导机制问题，从而无从论证财政、货币政策的有效性问题。这就强烈需要一个以微观经济主体的优化为基础的模型的出现来研究国债收益率与宏观经济指标之间相关关系的问题。

鉴于目前一般计量理论在实证研究上的弊端以及 DSGE 模型的优良性质，本文选择使用动态随机一般均衡模型，在整体宏观经济联动的模式下，探讨国债收益率曲线波动性与宏观经济波动性之间的关系。

二、数据特征

在构建 DSGE 模型进行研究之前，先对国债收益率与宏观经济在数据上的关系进行初步探讨，也为后文建模奠定一定的数据基础。

本文数据区间为 2002 年第一季度到 2018 年第四季度，频率为季度数据，变量为不同期限的国债收益率及其和、差以及各滞后期。具体为：3 个月、1、2、3、5、10 年期中债国债收益率，分别记为 rg03、rg1、rg2、rg3、rg5、rg10；10 年期与 2 年期、10 年期与 1 年期、10 年期与 3 个月期的收益率之差记为 rg10jian2、rg10jian1、rg10jian03；10 年期与 2 年期、10 年期与 1 年期、10 年期与 3 个月期的收益率之和对应记为 rg10jia2、rg10jia1、rg10jia03。3 个月期国债收益率滞后 j 期记为 rg03_j，其他期限类似。本文使用景气指数作为宏观经济的替代指标，景气指数一致指数记为 yizhi。

为与后文使用的数据保持一致，本节将国债收益率和景气指数系列数据都处理为季度数据，并对数据进行去趋势、HP 滤波处理，得到波动值。

本节主要考察数据在波动值上的相关关系，简单起见，直接使用普通最小二乘法进行一元回归，景气指数"yizhi"作为因变量，国债收益率作为自变量，回归结果总结列示如表 1：

表 1 景气指数对各期限中债收益率回归结果

	系数	t	R^2
rg03	0.038	5.49	0.33
rg1	0.044	6.06	0.38
rg2	0.052	6.45	0.41
rg3	0.059	6.03	0.38
rg5	0.059	4.57	0.26
rg10	0.061	3.82	0.2

其中"系数"表示自变量与因变量之间的相关性，"t"表示 t 检验值，

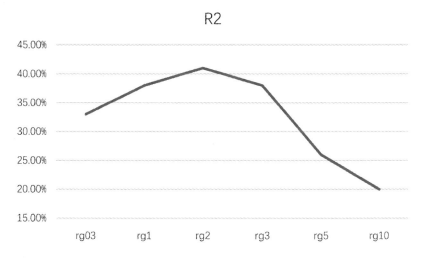

图 1 各期限中债收益率波动性对景气指数波动性的解释力

R2 表示一元回归中自变量对因变量的解释度。

如表 1 所示，各期限国债收益率的波动值作为自变量都通过了 t 检验，随着收益率期限的增长，收益率对景气指数的解释力呈现出先增加后减小的趋势，2 年期对景气指数波动性的解释力最强，达到了 41%，如图 1 所示。

2 年期国债收益率对景气指数的解释力最大，那么其滞后项对景气指数的解释力是否变化？两者之间的敏感性是否保持稳定？带着这样的疑问，本节将景气指数对 2 年期国债收益率的滞后项进行回归。实证结果列示如表 2。

表 2　景气指数对两年期国债收益率回归结果

	系数	t	R2
rg2	0.052	6.45	0.41
rg2_1	0.028	2.85	0.12
rg2_2	−0.006	−0.58	0.01
rg2_3	−0.036	−3.9	0.21
rg2_4	−0.056	−7.33	0.49
rg2_5	−0.058	−7.84	0.53
rg2_6	−0.049	−5.71	0.38
rg2_7	−0.036	−3.63	0.2
rg2_8	−0.018	−1.69	0.05
rg2_9	−0.001	−0.07	0.0001
rg2_10	0.017	1.59	0.05
rg2_11	0.035	3.4	0.19
rg2_12	0.047	4.99	0.34
rg2_13	0.051	5.58	0.4
rg2_14	0.04	3.89	0.25
rg2_15	0.015	1.27	0.03
rg2_16	−0.013	−1.11	0.03

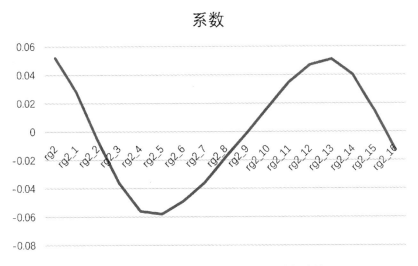

图 2　两年期国债收益率与景气指数的相关性

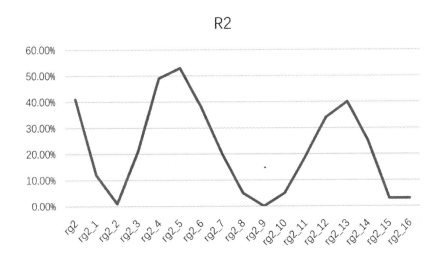

图 3　两年期中债收益率滞后项对景气指数的解释力

　　图 2 和图 3 根据表 2 描点得到。从图 3 中可以看出两年期国债收益率滞后五期对景气指数的波动性解释力最强。

研究景气指数与国债收益率之间的关系的文献很多，国内外都有这方面的研究，其中以国债收益率利差为基础的研究最为活跃。有鉴于此，本文尝试使用中债国债收益率的利差波动性来解释景气指数的波动性。另外，作为探索性研究，本文同时也对收益率之和与景气指数之间的波动性进行了分析。结果列示如表3和表4。

表3　景气指数对利差回归结果

	系数	t	R2
rg10jian2	−0.017	−3.09	0.14
rg10jian1	−0.015	−2.47	0.09
rg10jian03	−0.01	−1.54	0.04

表4　景气指数对利和回归结果

	系数	t	R2
rg10jia2	0.064	5.29	0.32
rg10jia1	0.061	5.18	0.31
rg10jia03	0.058	4.92	0.29

如表3所示，景气指数与利差呈反向关系，利差偏离稳态值上升的时候，景气指数偏离稳态值向下波动。并且 rg10jian03 并没有通过 t 检验。从自变量对因变量的解释程度上看，利差对景气指数的解释力偏低，rg10jian2 是其中表现最好的，但也只解释了景气指数波动性的 14%，大大弱于"利和"与"滞后项"的表现，甚至弱于直接使用收益率波动值时的表现。因此，从数据表现上来看，使用利差指标研究国债收益率与景气指数关系不是一个好的选择。收益率之和与景气指数之间的相关性较强，但是在解释力上，表现也没有直接使用收益率波动值效果好。

因此，研究国债收益率与宏观经济两者之间的波动性问题，"差""和"

都不是很好的指标,在收益率的加减中有可能消除了其部分波动性,加减处理之后的数据比较适合于研究两者之间的趋势性。

计量经济的单方程模型可以描述两个变量在统计数据上的相关性,也可以解释两组数据之间的联系性,但是,单方程框架下的分析无法研究两个变量之间的影响机制、传导路径,只能得到结果上的关系,而无法观测产生这个结果的过程。本文为了详细研究国债收益率曲线与宏观经济波动性之间内在影响机制,构建 DSGE 模型来对两者之间的波动性关系进行研究。

三、构建 DSGE 模型

1. 代表性家庭

代表性家庭在预算约束(2)下,选择消费(C_{1t})、购买国债(B_t^{G1})、劳动供给(N_t)来最大化其预期的一生效用函数(1):

$$E_0\sum_{t=0}^{\infty}\beta_1^{t}z_t\left[\frac{\sigma_1}{\sigma_1-1}C_{1t}^{\frac{\sigma_1-1}{\sigma_1}}-\frac{\varphi}{1+\varphi}N_t^{\frac{1+\varphi}{\varphi}}\right] \quad (1)$$

s.t.

$$C_{1t}+D_t+B_t^{G_1}=\frac{R_{t-1}^{D}D_{t-1}}{\pi_t}+\frac{R_{t-1}^{G}B_{t-1}^{G_1}}{\pi_t}+w_tN_t+F_t^{S}+F_t^{B}-T_t \quad (2)$$

其中,各字母代表的参数、变量列示在附录中。

2. 企业家

企业家在约束条件下通过选择每期的消费(C_{2t})、资本(K_{t+1})、债券发行量(B_t)和在金融机构的借款量(L_t)来最大化其一生的效用:

185

$$E_0 \sum_{t=0}^{\infty} \beta_2^t z_t \left[\frac{\sigma_2}{\sigma_2 - 1} C_{2t}^{\frac{\sigma_2 - 1}{\sigma_2}} \right] \tag{3}$$

$s.t.$

$$C_{2t} + \frac{R_{t-1}^L L_{t-1}}{\pi_t} + I_t + \frac{R_{t-1}^B B_{t-1}}{\pi_t} = R_t^K K_t + L_t + B_t - T_t \tag{4}$$

$$I_t = K_{t+1} - (1 - \delta) K_t \tag{5}$$

设生产函数为：$Y_t = A_t (h_t K_t)^{\theta} N_t^{1-\theta}$。参考李威、吕江林（2016），资本利用率的设定方程为：

$$\frac{\partial Y_t}{\partial h_t} = \frac{\partial I_t}{\partial h_t} \tag{6}$$

进而可确定资本利用率的决定方程，其线性化形式为：

$$\hat{h}_t = \frac{\hat{Y}_t}{1 + \sigma^a} + z_t^h \tag{7}$$

3. 金融机构

参考 Funke and Paetz（2012）的文献，将存款性金融机构的货币创造功能纳入模型，从而刻画金融机构的行为。

金融机构进行货币创造会引致一些管理成本，本文将成本函数设为二次函数形式：

$$\text{Cost} = \frac{1}{2Y} \left\{ c_d \left(\frac{D_t}{\alpha_t} \right)^2 + c_L L_t^2 + c_b B_t^2 + c_{bg} B_t^{2G_2} \right\} \tag{8}$$

代表性银行的资金流动可以作如下描述：

$$E_0 \sum_{t=0}^{\infty} \beta_t^t \left[(R_t^L L_t - L_{t+1}) + R_t^R D_t - D_{t+1} + \left((R_t^B B_t - B_{t+1}) + (R_t^G B_t^{G_2} - B_{t+1}^{G_2}) \right) - \left(\frac{R_t^D D_t}{\alpha_t} - \frac{D_{t+1}}{\alpha_{t+1}} \right) - (R_t^{IB} IB_t - IB_{t+1}) - \text{Cost} \right]$$

$$\tag{9}$$

对代表性金融机构行为进行最优化，可得一阶条件：

$$R_t^L = R_t^{IB} + \frac{c_L}{Y} L_t \tag{10}$$

$$R_t^B = R_t^{IB} + \frac{c_b}{Y} B_t \tag{11}$$

$$R_t^D = \alpha_t R_t^R + (1 - \alpha_t) R_t^{IB} - \frac{c_d}{Y} \frac{D_t}{\alpha_t} \tag{12}$$

$$R_t^G = R_t^{IB} + \frac{c_{bg}}{Y} B_t^{G_2} \tag{13}$$

代表性金融机构达到最优的条件是通过选择贷款量、同业拆借量、存款量、储备量、购买国债量来使得这些资产所带来的收益等于持有这些资产的机会成本。

参照 Gerali 等（2010），根据无套利均衡条件可知：

$$R_t^{IB} = R_t \tag{14}$$

4. 最终品厂商

假定存在一个中间品企业的连续统（即 j∈[0,1]），每个中间品企业都生产一种与其他不同的产品，而最终产品企业生产完全同质的产品，并且是完全竞争的。

最终产品的生产技术采取 CES 的形式：

$$Y_t = \left[\int_0^1 Y_t(j)^{\frac{\phi-1}{\phi}} d_j \right]^{\frac{\phi}{\phi-1}} \tag{15}$$

在生产技术的约束下，对中间产品企业进行利润最大化可得中间品 $Y_t(j)$ 的需求函数：

$$Y_t(j) = Y_t \left(\frac{p_t}{p_t(j)} \right)^{\phi} \tag{16}$$

代入生产技术方程可得最终产品定价规则：

$$p_t = \left[\int_0^1 p_t(j)^{1-\phi} d_j \right]^{\frac{1}{1-\phi}} \tag{17}$$

5. 中间品生产商

参考 Bernanke 等（1999）和 Iacoviello（2005）的处理方式，假设中间品厂商生产差异性的中间产品。中间品厂商 j 从企业家那里购买中间产品，并将其打包拆分成中间产品 $Y_t(j)$。所有的中间产品企业都面对相同的技术冲击 A_t，相同的资本利用率 h_t，每个中间产品企业 j 的生产技术：

$$Y_t(j) = A_t [h_t K_t(j)]^\theta N_t(j)^{1-\theta} \tag{18}$$

假设资本市场和劳动力市场是完全竞争的，则所有中间品企业面对相同的实际工资（w_t）和资本回报（R_t^K），因此，可得一阶条件：

$$w_t = \theta \frac{Y_t}{N_t} \tag{19}$$

$$R_t^K = (1-\theta) \frac{Y_t}{K_t} \tag{20}$$

假设中间品企业每期生产商品遵循 Calve 规则，在每个时期 t 内，（$1-\rho$）比例的企业可以进行优化选择他们的最优价格，而剩余 ρ 比例的企业，保持价格与上期的相同，不进行调整。在第 t 期，一旦价格确定，价格就以 ρ 的概率保持不变到 t+1 期，以 ρ^2 的概率保持到 t+2 期，如此类推。在 t 期那些可以制定价格的中间品企业 j 通过选择 $p_t^*(j)$ 来进行最优化：

$$\max_{p_t^*(j)} E_t \sum_{i=0}^{\infty} \beta^i \rho^i \left[p_t^*(j) Y_{t+i}(j) - p_{t+i} MC_{t+i} Y_{t+i}(j) \right] \tag{21}$$

$s.t.$

$$Y_{t+i}(j) = Y_{t+i} \left(\frac{p_{t+i}}{p_t^*(j)} \right)^\phi \tag{22}$$

可得一阶条件：

$$p_t^*(j) = \frac{\phi}{\phi-1} \frac{E_t \sum_{i=0}^{\infty} \beta^i \rho^i \left[p_{t+i} \, MC_{t+i} \, Y_{t+i}(j) \right]}{E_t \sum_{i=0}^{\infty} \beta^i \rho^i \, Y_{t+i}(j)} \qquad （23）$$

结合最终产品定价规则，可得价格水平的演变方式：

$$p_t^{1-\phi} = \rho p_{t-1}^{1-\phi} + (1-\rho) \, p_t^*(j)^{1-\phi} \qquad （24）$$

6. 中央银行

标准的泰勒规则为：

$$R_t = R_{t-1}^{\lambda} \left[R(\frac{\pi_t}{\pi})^{\phi_\pi} (\frac{Y_t}{Y})^{\phi_y} \right]^{1-\lambda} e^{v_t} \qquad （25）$$

对数线性化：

$$\hat{R}_t = \lambda \hat{R}_{t-1} + (1-\lambda)(\phi_\pi \hat{\pi}_t + \phi_y \hat{Y}_t) + v_t \qquad （26）$$

李冰（2017）构建 DSGE 模型，认为拓展的泰勒规则最符合我国经济现实。采用同样的分析方法，本文在标准的泰勒规则下引入货币增长率：

$$\hat{R}_t = \lambda \hat{R}_{t-1} + (1-\lambda)(\phi_\pi \hat{\pi}_t + \phi_y \hat{Y}_t + \phi_u \hat{u}_t) + v_t \qquad （27）$$

$$u_t = \frac{M_t}{M_{t-1}} + z_t^u \qquad （28）$$

本文重点考察国债收益率波动性与宏观经济波动性之间的关系，以景气指数表征宏观经济，需要将景气指数引入模型中。假定货币政策规则中政策利率对景气指数做出反应，此时货币政策规则为：

$$\hat{R}_t = \lambda \hat{R}_{t-1} + (1-\lambda)(\phi_\pi \hat{\pi}_t + \phi_y \hat{Y}_t + \phi_u \hat{u}_t + \phi_{jq} \hat{JQ}) + v_t \qquad （29）$$

在一个完整的模型中引入一个需要内生决定的变量：景气指数"JQ"，就需要再引入一个与此变量相关的方程，才能保证模型可解。基于本文第二章数据分析，设定景气指数与国债收益率关系方程：

$$J\hat{Q}_t = \lambda_2 J\hat{Q}_{t-1} + (1-\lambda_2)\phi_{jingqi}r\hat{g}_t + \hat{z}_t^j \qquad (30)$$

内生化存款准备金率：

$$\alpha_t = (1-\phi_\alpha^\alpha)\phi_\alpha^\pi \pi_t + \phi_\alpha^\alpha \alpha_{t-1} \qquad (31)$$

存款准备金利率 R_t^R 根据货币政策利率 R_t 调整：

$$R_t^R = R_t \qquad (32)$$

7. 政府

政府预算约束为税收和发行债券得到的收入可以支持政府购买支出和支付上一期国债利息：

$$G_t + \frac{R_{t-1}^G B_{t-1}^G}{\pi_t} = B_t^G + T_t \qquad (33)$$

税收和政府支出两者关系式：

$$T_t = \phi_{tg}G_t + \phi_{tb}B_{t-1}^G + e^{\tau_t} \qquad (34)$$

简单起见，假设政府购买支出、税收都是外生变量。

8. 市场出清条件

封闭经济总体出清条件：

$$Y_t = C_{1t} + C_{2t} + I_t + G_t + NX_t \qquad (35)$$

NX_t 表示净出口冲击，模拟国外因素对国内影响。

国债市场出清条件为政府发行的债券等于家庭和金融机构购买债券之和：

$$B_t^{G_1} + B_t^{G_2} = B_t^G \qquad (36)$$

货币市场出清：

$$\frac{D_t}{\alpha_t} = m_t \qquad (37)$$

通货膨胀：

$$\pi_t = \frac{p_t}{p_{t-1}} \qquad (38)$$

冲击方程：

$$\hat{A}_t = \rho_A \hat{A}_{t-1} + \varepsilon_A \qquad (39)$$

$$\hat{v}_t = \rho_v \hat{v}_{t-1} + \varepsilon_v \qquad (40)$$

$$\hat{z}_t = \rho_z \hat{z}_{t-1} + \varepsilon_z \qquad (41)$$

$$N\hat{X}_t = \rho_{NX} N\hat{X}_{t-1} + \varepsilon_{NX} \qquad (42)$$

$$\hat{z}_t^h = \rho_{z^h} \hat{z}_{t-1}^h + \varepsilon_{z^h} \qquad (43)$$

$$\hat{G}_t = \rho_G \hat{G}_{t-1} + \varepsilon_G \qquad (44)$$

$$\hat{\tau}_t = \rho_\tau \hat{\tau}_{t-1} + \varepsilon_t^\tau \qquad (45)$$

$$\hat{z}_t^j = \rho_{z^j} \hat{z}_{t-1}^j + \varepsilon_{z^j} \qquad (46)$$

$$\hat{z}_t^u = \rho_{z^u} \hat{z}_{t-1}^u + \varepsilon_{z^u} \qquad (47)$$

冲击方程中所对应的残差独立同分布，期望为零，方差为 σ_j。

以上诸方程构成本文 DSGE 模型方程组体系。

四、参数估计

本文模型系统共包括：技术、利率、总需求、国外、资本利用率、政府购买支出、税收、货币增长率、景气指数九个冲击，避免出现随机奇异性问题，本模型选取九个观测变量：实际产出、利率、消费、投资、货币供给量、国债收益率、政府购买支出、税收、景气指数。对应实际数据为：实际 GDP、七天同业拆借加权平均利率、社会消费品零售总额、固定资产投资完成额、M2、中债国债收益率、政府购买性支出、税收收入、景气指数一致指数。考虑到数据的可得性、适用性，本文数据区间为 2002 年第一季度到 2018 年第四季度，数据来源于 wind 数据库。

1. 参数先验值的设定

货币政策规则是本文考察的重点内容，景气指数的敏感性参数 ϕ_{jq} 也是本文需要重点估计的对象。参考李冰（2017）拓展的泰勒规则中货币增长率缺口的敏感性参数 ϕ_u 取为：Normal（0，1）。景气指数缺口的敏感性参数 ϕ_{jq} 没有文献可以借鉴，对其先验均值正负的设定也不可草率处理，因此，将其处理为先验均值为 0 的标准正太分布的形式：Normal（0，1），具体再估计出参数的正负。景气指数与中债收益率的相关系数 ϕ_{jingqi} 的先验均值可根据第二章中计量分析的结果进行校准，从数据分析中可以看出两年期国债收益率与景气指数之间的关系表现得最好，所以使用两年期国债收益率来对参数进行校准，先验均值设定为：0.052，从两者之间数据分析中可以看出，两者之间关系并不稳定，该参数的正负并不具有确定性，所以将此参数设定为正态分布的形式：Normal（0.052，1）。

使用我国一年期存款利率校准 β_1，取 0.992。使用我国一年期贷款利率校准 β_2，取 0.985。其他参数先验均值，参考文献 King（2000）、夏春（2002）、陈昆亭和龚六堂（2006）、刘斌（2008）、Funke（2012）、Chen（2012）、李松华（2013）、郭立甫等（2013）、刘方（2014）、何青等（2015）、李威和吕江林（2016）、李威和朱太辉（2018）等的处理方法，根据我国的现实数据进行设定，总结如表 5、表 6。

表 5   参数校准值

参数	参数名字	参数含义	取值
β_1	beta1	居民的折现率	0.9920
β_2	beta2	企业家的折现率	0.9850
φ_α^α	phi_alpha_alpha	存款准备金率平滑系数	0.6000
φ_α^π	phi_alpha_pi	存款准备金率对通胀的反应系数	0.1900

表 6   参数的先验分布

参数	参数名字	参数含义	先验分布	先验均值	先验方差
δ	delta	折旧率	Beta	0.0300	0.0100
θ	theta	产出的资本弹性	Beta	0.4100	0.0500
ρ	rho	价格黏性	Beta	0.5000	0.0500
ρ_a	rho_a	技术冲击持久性参数	Beta	08101	0.0500
ρ_v	rho_v	货币供给冲击的持久性参数	Beta	0.8290	0.0500
ρ_z	rho_z	总需求冲击的持久性参数	Beta	0.1700	0.0500
ρ_{NX}	Tho_NX	国外冲击的持久性参数	Beta	0.7000	0.0020
ρ_{zh}	rho_zh	资本利用率冲击的持久性参数	Beta	0.7000	0.0500
ρ_G	rho_G	政府购买支出冲击的持久性参数	Beta	0.7000	0.0500
ρ_T	rho_T	税收冲击的持久性参数	Beta	0.7000	0.0500
ρ_{zu}	rho_zu	货币增长率冲击的持久性参数	Beta	0.7000	0.0500
φ_π	phl_pi	利率对通货膨胀缺口的敏感性参数	Beta	1.3100	0.0200
φ_y	phi_y	利率对产出缺口的敏感性参数	Beta	0.1250	0.0200
λ	lambda	货币政策惯性	Beta	0.5	0.0500
φ_u	phi_u	利率对货币增长率缺口的敏感性参数	Norm	0	1
φ_{jq}	phi_jq	利率对景气指数缺口的敏感性参数	Norm	0	1
φ_{jingqi}	phi_jingqi	景气指数对国债收益率的反应参数	Norm	0.052	0.2
φ_{tg}	phi_tg	政府税收对政府购买支出的反应参数	Gamma	0.6	0.0500
φ_{tb}	phi_tb	政府税收对上期国债量的反应参数	Gamma	04	0.0500
σ_1	sigma1	企业家消费的跨期替代弹性	Gamma	0.4760	0.0250

参数	参数名字	参数含义	先验分布	先验均值	先验方差
σ_2	Sigma2	企业家消费的跨期替代弹性	Gamma	0.4760	0.0250
φ	phi	劳动力供给弹性	Gamma	0.1620	0.0100
σ_{ε_A}	stdeIr epsilon_a	技术冲击的标准差	Inv_gamma	0.5964	inf
σ_{ε_v}	stderr epsilon_v	货币供给冲击标准差	Inv_gamma	0.1726	inf
σ_{ε_z}	stdeIr epsilon_z	总需求冲击标准差	Inv_gamma	0.9950	inf
$\sigma_{\varepsilon_{NX}}$	stderr epsilon_NX	国外冲击标准差	Inv_gamma	0.2236	inf
$\sigma_{\varepsilon_{zh}}$	stderr epsilon_zh	资本利用率冲击标准差	Iny_gamma	0.2236	inf
σ_{ε_G}	stderr epsilon_G	政府购买支出冲击标准差	Inv_gamma	0.2236	inf
σ_{ε_T}	stderr epsilon_T	税收冲击标准差	Inv_gamma	0.2236	inf
$\sigma_{\varepsilon_{zu}}$	stderr epsilon_zu	货币增长率冲击标准差	Iny_gamma	0.2236	inf
$\sigma_{\varepsilon_{jq}}$	stderr epsilon_jq	景气指数冲击标准差	Iny_gamma	0.2236	inf

2. 贝叶斯估计结果

参数贝叶斯估计结果列示如表 7。

表 7　贝叶斯估计结果

参数	先验分布	先验均值	后验均值	90% 后验区间
δ	Beta[0.0300,0.0100]	0.0300	0.0147	[0.0077,0.0211]
θ	Beta[0.4100,0.0500]	0.4100	0.3565	[0.2971,0.4069]
ρ	Beta[0.5000,0.0500]	0.5000	0.4649	[0.3888,0.5345]
ρ_a	Beta[0.8100,0.0500]	0.8100	0.4664	[0.4137,0.5063]
ρ_v	Beta[08290,0.0500]	0.8290	0.8711	[0.8391,0.9045]
ρ_z	Beta[0.1700,0.0500]	0.1700	0.1032	[0.0570,0.1508]

续表

参数	先验分布	先验均值	后验均值	90% 后验区间
ρ_{NX}	Beta[0.5000,0.0200]	0.5000	0.4838	[0.4544,0.5152]
ρ_{zh}	Beta[0.5000,0.0500]	0.5000	0.5248	[0.4290,0.6166]
ρ_G	Beta[0.7000,0.0200]	0.7000	0.6840	[0.6544,0.7118]
ρ_t	Beta[0.7000,0.0200]	0.7000	0.6853	[0.6543,0.7144]
ρ_{zu}	Beta[0.7000,0.0500]	0.7000	0.6358	[0.5758,0.6973]
ρ_j	Beta[0.7000,0.0500]	0.7000	0.6885	[0.6220,0.7568]
φ_π	Beta[1.310,0.0200]	1.3100	1.3019	[1.2682,1.3352]
φ_y	Beta[0.1250,0.0200]	0.1250	0.1489	[0.1059,0.1861]
λ	Beta[0.5000,0.0200]	0.5000	0.4303	[0.3684,0.4911]
φ_u	Norm[0, 1]	0	−2.2965	[−3.1356,−1.4769]
φ_{jq}	Norm[0, 1]	0	2.0666	[1.0234,3.1066]
φ_{jingqi}	Nom[0.0520,1]	0.0520	0.6459	[0.3966,0.8698]
φ_{tg}	Gamma[0.5000,0.0200]	0.5000	0.5080	[0.4789,0.5338]
φ_{tb}	Gamma[0.5000,0.0200]	0.5000	0.5167	[0.4847,0.5442]
σ_1	Gamma[0.4760.0.0250]	0.4760	0.4653	[0.4299,0.5007]
σ_2	Gamma[0.4760.0.0250]	0.4760	0.4917	[0.4421,0.5388]
φ	Gamma[0.1620,0.0100]	0.1620	0.1524	[0.1443,0.1611]
σ_{ε_A}	Inv_gamma[0.5964,inf]	0.5964	0.0943	[0.0759,0.1122]
σ_{ε_c}	Inv_gamma[0.1726,inf]	0.1726	0.0326	[0.0242,0.0403]
σ_{ε_r}	Inv_gamma[0.995,inf]	0.9950	0.2542	[0.2096,0.2986]
$\sigma_{\varepsilon_{NX}}$	Inv_gamma[0.2236,inf]	0.2236	0.0697	[0.0597,0.0797]
σ_{ε_a}	Inv_gamma[0.2236,inf]	0.2236	0.0855	[0.0476,0.1222]
σ_{ε_o}	Inv_gamma[0.2236,inf]	0.2236	0.0560	[0.0478,0.0642]
σ_{ε_t}	Inv_gamma[0.2236,inf]	0.2236	0.0282	[0.0263,0.0304]
σ_{ε_m}	Inv_gamma[0.2236,inf]	0.2236	0.0407	[0.0339,0.0479]
σ_{ε_i}	Inv_gamma[0.2236,inf]	0.2236	0.0278	[0.0263,0.0296]

3. 贝叶斯估计有效性

在具体分析估计结果之前，有必要先对估计的有效性进行确认。本文进行两次贝叶斯估计，首先对于不太能提前确定参数取值的先验均值设定为Norm(0,1)，估计出参数的大概取值，然后使用估计得到的后验均值作为下次贝叶斯估计的先验均值，再进行一次贝叶斯估计。本文主要检验第二次贝叶斯估计结果的有效性。第二次贝叶斯估计结果列示如表8。

表 8　贝叶斯估计结果

参数	先验分布	先验均值	后验均值	90% 后验区间
δ	Beta[0.0300.0.0100]	0.0300	0.0126	[0.0069,0.0177]
θ	Beta[0.4100.0.0500]	0.4100	0.3710	[0.3123,0.4286]
ρ	Beta[0.5000.0.0500]	0.5000	0.4896	[0.4031,0.5731]
ρ_α	Beta[0.8100.0.0500]	0.8100	0.4472	[0.4135,0.4812]
ρ_v	Beta[08290.0.0500]	0.8290	0.8867	[0.8598,0.9135]
ρ_z	Beta[0.1700.0.0500]	0.1700	0.0814	[0.0411,0.1205]
ρ_{NX}	Beta[0.5000.0.0200]	0.5000	0.4652	[0.4335,0.4955]
ρ_{zh}	Beta[0.5000.0.0500]	0.5000	0.4744	[0.3996,0.5484]
ρ_G	Beta[0.7000.0.0200]	0.7000	0.6826	[0.6536,0.7142]
ρ_t	Beta[0.7000.0.0200]	0.7000	0.7039	[0.6716,0.7320]
ρ_{zu}	Beta[0.7000.0.0500]	0.7000	0.6389	[0.5632,0.7072]
ρ_j	Beta[0.7000.0.0500]	0.7000	0.6885	[0.6220,0.7568]
φ_π	Beta[1.310.0.0200]	1.3100	1.3201	[1.2885,1.3533]
φ_y	Beta[0.1250.0.0200]	0.1250	0.1241	[0.0948,0.1516]
λ	Beta[0.5000.0.0200]	0.5000	0.4473	[0.3832,0.5081]
φ_u	Norm[0, 1]	−2.3000	−3.3948	[−4.2986,−2.4850]
φ_{jq}	Norm[0, 1]	2.0700	3.3856	[2.3246,4.4497]

参数	先验分布	先验均值	后验均值	90% 后验区间
φ_{jingqi}	Nom[0.0520,1]	0.0520	0.8009	[0.6089,1.0021]
φ_{tg}	Gamma[0.5000,0.0200]	0.5000	0.4951	[0.4631,0.5290]
φ_{tb}	Gamma[0.5000,0.0200]	0.5000	0.5130	[0.4761,0.5482]
σ_1	Gamma[0.4760.0.0250]	0.4760	0.4668	[0.4230,0.5105]
σ_2	Gamma[0.4760.0.0250]	0.4760	0.4709	[0.4340,0.5066]
φ	Gamma[0.1620,0.0100]	0.1620	0.1611	[0.1493,0.1736]
σ_{ε_A}	Inv_gamma[0.5964,inf]	0.5964	0.0914	[0.0747,0.1076]
σ_{ε_r}	Inv_gamma[0.1726,inf]	0.1726	0.0378	[0.0276,0.0477]
σ_{ε_s}	Inv_gamma[0.995,inf]	0.9950	0.2513	[0.2059,0.2935]
$\sigma_{\varepsilon_{NX}}$	Inv_gamma[0.2236,inf]	0.2236	0.0692	[0.0586,0.0791]
$\sigma_{\varepsilon_{th}}$	Inv_gamma[0.2236,inf]	0.2236	0.0836	[0.0483,0.1171]
σ_{ε_G}	Inv_gamma[0.2236,inf]	0.2236	0.0559	[0.0476,0.0641]
σ_{ε_l}	Inv_gamma[0.2236,inf]	0.2236	0.0281	[0.0263,0.0302]
σ_{ε_m}	Inv_gamma[0.2236,inf]	0.2236	0.0394	[0.0329,0.0459]
σ_{ε_j}	Inv_gamma[0.2236,inf]	0.2236	0.0277	[0.0263,0.0295]

本节从冲击模拟图、priors and posteriors 图、马尔科夫链蒙特卡洛模拟图三角度来确认估计结果的有效性。

（1）冲击模拟图

本文 9 个冲击的模拟结果列示如图 4：

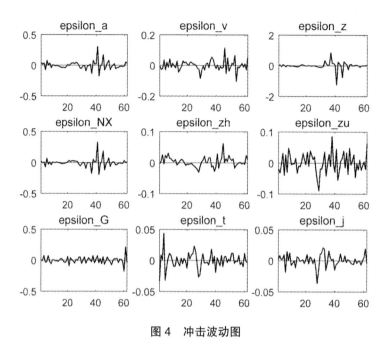

图4　冲击波动图

从冲击模拟图可以看出，冲击大致围绕0上下波动，正向冲击负向冲击大致相抵，说明本次估计的有效性。

（2）priors and posteriors 图形

从图5中可以看出，对于大部分参数来说，先验均值与后验众数有稍微差别但相差不大，绿色虚线基本与后验分布的众数重合，后验分布的密度比先验分布更为集中，后验分布基本呈规则的正态分布状，说明本文贝叶斯估计结果的有效性。

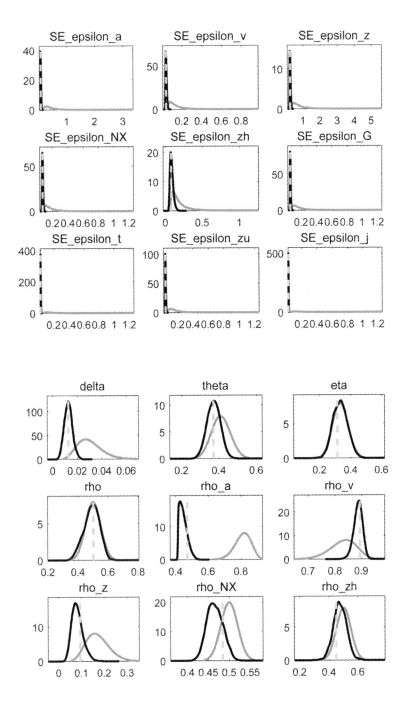

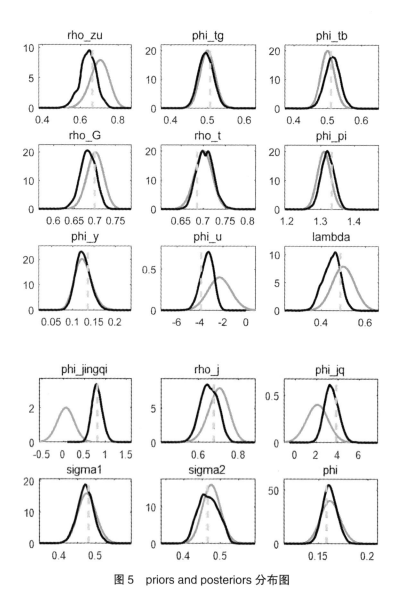

图 5　priors and posteriors 分布图

（3）马尔科夫链蒙特卡洛模拟图

贝叶斯估计后验分布有效性的另一组图：马尔科夫链蒙特卡洛模拟（MCMC univariate convergence diagnostic）。如图 6。

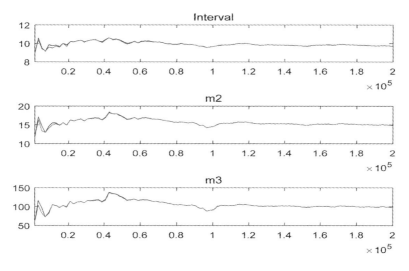

图 6　马尔科夫链蒙特卡洛模拟图

图 6 中，两条曲线表示分别从两个不同起点开始模拟的 Markov 链，横轴表示 20 万次的模拟次数，纵轴表示两条曲线的模拟值。每一个参数对应于三种度量：Interval 表示均值；m2 表示方差；m3 表示三阶矩。如果从任一维度来看结果都是相似的，并且在同一维度下两条链基本重合，说明估计结果是有效的。可以确认本文估计结果的有效性。（具体各个变量的 MCMC 诊断图就不再详细列举，需要可向作者索取）

五、结果分析

1. 重点参数分析

单独考察 φ_{jq} 的估计值，从表 7 中可以看到，φ_{jq} 的后验均值为 2.07，这个估计结果相对于其先验均值"0"来说，是明显较大的正数。然后，本文将 φ_{jq} 的先验值设定为 2.07，再进行一次贝叶斯估计，得到 φ_{jq} 的准确估计值为

3.39。此时，景气指数跟通货膨胀缺口，或者产出缺口表达都是经济运行热冷的一个指标，景气指数与政策利率表现出正向关系也说明了我国逆经济风向调节的货币政策特征。

本文重点考察的是景气指数与国债收益率在波动性上存在的相关关系，在模型中表现为参数 φ_{jingqi} 的估计值。在对 φ_{jingqi} 进行先验值设定的时候，本文将其设定为方差为 1 的正态分布就是保留其估计值为负的可能性，然而，从估计结果来看，参数 φ_{jingqi} 的估计值表现为明显的正数。就数值上来说，后验均值为 0.8009，相较于数据回归中的 0.052 的先验均值设定有了大幅的提高。也就是说，当国债收益率偏离稳态值向上的时候，景气指数也表现为偏离稳态值向上波动，但是幅度没有国债收益率波动大。

2. 传导机制分析

以税收冲击为例，内生变量对税收冲击的脉冲响应列示如图 7。

首先，单独考察国债收益率和景气指数对税收冲击的反应，景气指数纵坐标缩小十倍，在同一张图中考察两者之间的关系，如图 8。t 期税收提高一个标准差，国债收益率和景气指数都表现为先减小后增加的趋势。国债收益率在第三个季度减小到最低，而景气指数在第五个季度减小到最低点，而后逐渐上升，直到回归到均衡状态。也就是说，对于税收冲击，景气指数相对于中债收益率曲线有一个两期的滞后。

其次，考察税收冲击对中债收益率和景气指数的传导机制。如图 7，税收增加，政府收入增加，会降低发行国债的需求，国债的供给下降，国债收益率减小，表现为国债发行量和国债收益率的一个跳跃性减小；国债收益率下降，家庭对国债的投资性需求就会减小，而金融机构购买国债并不是只看收益率的高低，一方面的原因是政策性需求，或者流动性需求，所以，当家

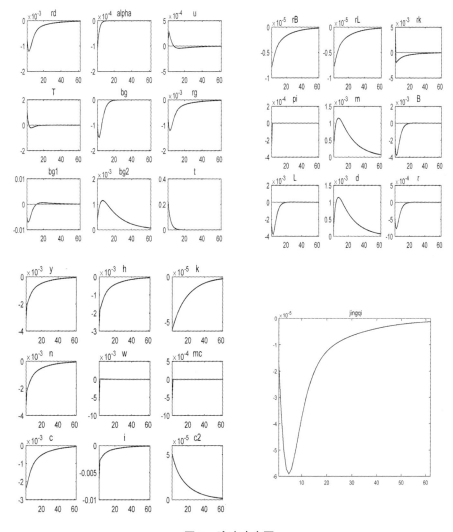

图 7 脉冲响应图

庭对国债的购买量下降时，金融机构的国债的购买量表现为跳跃性上升的趋势。税收增加，家庭的可支配收入减少，消费减少，提供的劳动也减少，产出发生跳跃性减小。税收的突然性上升，家庭避险情绪会增加，担心税收会进一步增加，在减少消费的同时会增加家庭的储蓄，储蓄增加对应的货币供

税收冲击的脉冲响应

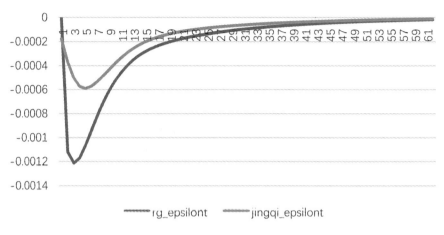

rg_epsilont   jingqi_epsilont

图 8 税收冲击响应对比图

给量表现为上升。家庭的消费需求减小，企业家减少投资，资本积累下降，企业家就有更多的资金可用于消费，所以此时企业家的消费增加。企业家减少投资，对贷款和发行企业债的需求减小，所以贷款量和企业债的均衡量下降，其对应的收益率也下降。企业家的投资需求下降，对资金的需求下降，市场利率会发生跳跃性降低；另一方面，因为货币供给量表现为上升，货币需求量表现为下降，也带动市场利率下降。家庭的消费减小，企业家的投资减小，经济会表现为低迷，景气指数下降。

其他冲击下内生变量的传导机制分析跟税收冲击类似，这里不再赘述，本文重点分析景气指数与国债收益率在各个冲击下波动性之间的关系。

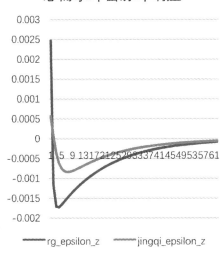

图 9　总需求冲击响应对比图

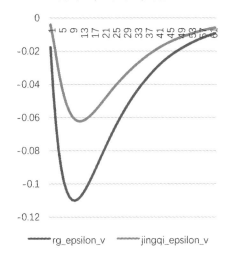

图 10　利率冲击响应对比图

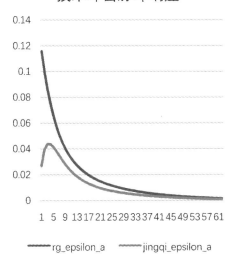

图 11　技术冲击响应对比图

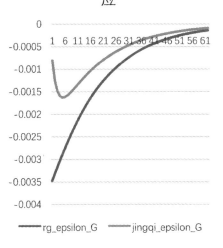

图 12　政府购买支出冲击响应对比图

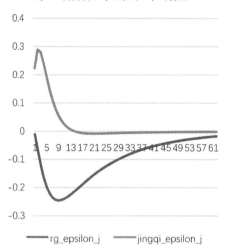

图 13　景气指数冲击响应对比图

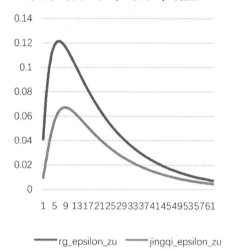

图 14　货币增长率冲击响应对比图

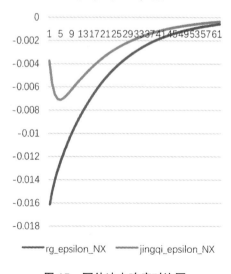

图 15　国外冲击响应对比图

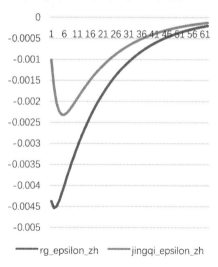

图 16　资本利用率冲击响应对比图

如图 9 所示，总需求冲击下，在 t 期，国债收益率和景气指数都发生跳跃性上升，很快迅速向下，国债收益率在第 t+3 期下降到最低点，而后逐渐回归到稳态值；而景气指数在第 t+6 期下降到最低点，而后逐渐回归到稳态。在总需求冲击下，国债收益率领先景气指数三期。

如图 10 所示，利率冲击下，国债收益率和景气指数都逐渐降低，国债收益率在第 t+9 期后达到最低点，而后逐渐回归稳态，而景气指数在第 t+11 期后达到最低点，而后逐渐回归到稳态。因此，在利率冲击下，国债收益率领先景气指数两期。

如图 11 所示，技术冲击下，国债收益率曲线跳跃性上升，直接达到最大值，然后逐渐回归到稳态。景气指数在技术冲击下，表现出跳跃性增长之后先增加后减小的趋势，在第 t+2 期达到最大值，而后逐渐回归到稳态。因此，在技术冲击下，国债收益率领先景气指数两期。

如图 12 所示，政府购买支出冲击下，国债收益率跳跃性下降，直接达到最小值，然后逐渐回归到稳态。景气指数在政府购买冲击下，表现出跳跃性下降之后先减小后逐渐回归到稳态的趋势，在 t+4 期达到最小值。因此，在政府购买支出冲击下，国债收益率领先景气指数四期。

如图 14 所示，货币增长率冲击下，国债收益率和景气指数均呈现出先增加后减小的趋势，国债收益率在 t+6 期达到最大值，而后逐渐回归到稳态水平，景气指数在 t+8 期达到顶点而后逐渐回归到稳态水平。因此，在货币增长率冲击下，国债收益率领先景气指数两期。

如图 15 所示，国外冲击下，国债收益率跳跃性下降，直接达到最小值，然后逐渐回归到稳态。景气指数在政府购买冲击下，表现出跳跃性下降之后先减小后逐渐回归到稳态的趋势，在 t+4 期达到最小值。因此，在政府购买支出冲击下，国债收益率领先景气指数四期。

如图 16 所示，资本利用率冲击下，国债收益率和景气指数都发生跳跃性的下降，都表现出跳跃性下降之后先减小后逐渐回归到稳态的趋势，而国债收益率在 t+1 期达到最小值，景气指数在 t+5 期取得最小值。因此，在资本利用率冲击下，国债收益率领先景气指数四期。

六、结论

本文构建了一个能够模拟我国真实经济的 DSGE 模型，并在此模型框架中纳入景气指数与中债收益率的关系方程，以此考察我国宏观经济与中债国债收益率曲线在波动性上的相关关系。

在不同的冲击下，国债收益率的波动总体来说领先于宏观经济的波动。具体领先的期数要视具体冲击的种类不同而不同，以领先两期为最多，如税收冲击、利率冲击、技术冲击、货币增长率冲击；然后是领先四期的情况，如政府购买支出冲击、国外冲击、资本利用率冲击；也有领先三期的时候，如总需求冲击。就两者变化的幅度上看，宏观经济的波动明显弱于国债收益率的波动。根据两者之间的波动关系，本文就可以使用国债收益率的波动来对未来一段时期内宏观经济的波动进行预测，以此来对货币政策的执行提供一定的参考。

在我国市场化程度不断加深的大背景下，对我国国债收益率曲线在金融市场乃至整个市场经济体系中作用的研究意义已然超越其本身。恰逢我国债券市场增强对外开放蓬勃发展的良好契机，使用国债收益率曲线来挖掘丰富的潜在市场信息，研究国债收益率曲线与宏观经济之间的波动性关系,并且进行相应的政策研究已经成为国债收益率曲线领域研究的主流思想。作为国债收益率曲线在宏观经济方面的重要研究内容,国债收益率曲线和宏观经济政策有着紧密的联系,将目标定在完整把握住暗含在收益率曲线变动中的宏观经济信息来为政策制定提供依据之上,比如国债收益率曲线与宏观经济波动之间的关系,将为财政、货币政策的正确制定与实施提供有益参考。

参考文献

[1] 陈昆亭, 龚六堂. 粘滞价格模型以及对中国经济的数值模拟——对基本 RBC 模型的改进 [J]. 数量经济技术经济研究 ,2006(8):106–117.

[2] 郭立甫、姚坚、高铁梅. 基于新凯恩斯 DSGE 模型的中国经济波动分析 [J]. 上海经济研究, 2013(3):3–12.

[3] 何青, 钱宗鑫, 郭俊杰. 房地产驱动了中国经济周期吗 ?[J]. 经济研究, 2015,50(12):41–53.

[4] 贺聪, 项燕彪, 陈一稀. 我国均衡利率的估算 [J]. 经济研究, 2013(8):107–119.

[5] 惠恩才. 国债收益率曲线与宏观经济相关性的实证研究 [J]. 经济社会体制比较 ,2007(6):52–56.

[6] 李威, 吕江林. 利率市场化对中国宏观经济的冲击效应——基于 DSGE 模型的分析 [J]. 金融论坛 ,2016,21(3):48–63.

[7] 李威, 朱太辉. 基于 DSGE 模型的货币供给内生性检验——兼对非常规货币政策效果的解释 [J]. 国际金融研究 ,2018(2):43–53.

[8] 李松华. 基于 DSGE 模型的利率传导机制研究 [J]. 湖南大学学报 (社会科学版),

2013(3):42-48

[9] 刘斌 . 我国 DSGE 模型的开发及在货币政策分析中的应用 [J]. 金融研究 , 2008(10):1-21.

[10] 刘方 . 中国利率市场化改革效应的 DSGE 模拟分析 [J]. 南方金融 , 2014(2):12-18.

[11] 吕江林 . 我国的货币政策是否应对股价变动做出反应 [J]. 经济研究，2001(3) : 80-90.

[12] 瞿强 . 资产价格与货币政策 [J]. 经济研究，2001(7): 60-67+96.

[13] 夏春 . 实际经济时间序列的计算、季节调整及相关经济含义 [J]. 经济研究 , 2002(3):36-43+94.

[14] Bernanke B, Gertler M, Gilchrist S. The Financial Accelerator in a Quantitative Business Cycle Framework[M]. Elsevier, 1999.

[15] Chen Q, Funke M, Paetz M. Market and Non-Market Monetary Policy Tools in a Calibrated DSGE Model for Mainland China[J]. Quantitative Macroeconomics Working Papers, 2012.

[16] Christiano L J, Eichenbaum M, Evans C L. Nominal Rigidities and the Dynamic Effects of a Shock to Monetary Policy[J]. Journal of Political Economy, 2005, 113(1):1-45.

[17] Gerali A, Neri S, Sessa L, et al. Credit and Banking in a DSGE Model of the Euro Area[J]. Journal of Money Credit & Banking, 2010, 42(Supplement s1):107－141.

[18] Funke M, Paetz M. Financial System Reforms and China's Monetary Policy Framework: A DSGE-Based Assessment of Initiatives and Proposals[J]. Social Science Electronic Publishing, 2012, 90(347): 401-412.

[19] Iacoviello, M. House Prices, Borrowing Constraints, and Monetary Policy in the Business Cycle[J]. American Economic Review, 2005,95(3):739-764.

[20] Justiniano, Alejandro, and Giorgio E. Primiceri. Measuring the Equilibrium Real Interest Rate[J]. Federal Reserve Bank of Chicago Economic Perspectives (1st Quarter), 2010,14-27.

[21] King, R.G., Rebelo, S. T. Resuscitating Real Business Cycles[J]. Handbook of Macroeconom-

ics, 1999,1(99):927–1007.

[22] Litterman, R., Scheinkman, J. and Weiss, L. Volatility and the Yield Curve[J]. Journal of Fixed Income, 1991,1, 49–53.

[23] Neiss, Katharine, and Edward Nelson. The Real Interest Rate Gap as an Inflation Indicator[J]. Bank of England Working Paper No. 130, 2001.

[24] Smets F, Wouters R. Forecasting with a Bayesian DSGE model: an Application to the Euro area[J]. Working paper no. 389, 2004, European Central Banks: Frankfurt.

[25] Smets, F., Wouters, R. An Estimated Stochastic Dynamic General Equilibrium Model of the Euro Area[J]. Ssrn Electronic Journal ,2002,1(5):1123–1175.

[26] Woodford M. Control of the Public Debt: a Requirement for Price Stability?[J]. Working paper no. 5684, 1996, National Bureau of Economic Research: Cambridge, MA.

[27] Woodford, M. Interest and Price: Foundations of a Theory of Monetary Policy[M]. Princeton University Press, 2003.

附录：各变量对应关系

代表性家庭：

C_{1t}、D_t、R^D、R_t^G、$B_t^{G_t}$、N_t、w_t、E_t、T_t、β_t、π_t、σ_1、η、φ、z_t、F_t^S、F_t^B 对应表示家庭的消费实际值、代表性家庭在金融机构的存款的实际值、国债收益率、家庭对国债的购买量、劳动供给量、真实工资率、t 时期的期望算子、家庭的税负、代表性家庭的贴现因子、第 t 期的通货膨胀、代表性家庭的消费的跨期替代弹性、代表性家庭的实际货币余额的跨期替代弹性、劳动供给的跨期替代弹性、总需求冲击、代表性家庭从中间厂商和金融机构中得到的利润分配。

企业家：

B_t、L_t、I_t、h_t、z_t^h 对应表示企业债、贷款、投资、资本利用率、资本利用率冲击。

金融机构：

D_t、α_t、R_t^L、R_t^B、R_t^{DB}、R_t^R、R_t^{IB}、IB、β_b、$B_t^{G_t}$ 分别相应表示吸收家庭的存款、存款准备金率、贷款毛利率、债券毛收益率、存款毛利率、存款准备金毛利率、银行间同业拆借毛利率、银行间同业拆借进行的资金借贷量、银行业的贴现因子、金融机构购买的国债量。

中央银行：

π_t、R、Y、ϕ_π、ϕ_y、v_t 相应表示通货膨胀率、稳态时的市场利率、稳态通货膨胀率、稳态产出、中央银行对通货膨胀缺口、产出缺口的反应程度、外生冲击。

中债收益率曲线提取隐含违约概率研究

邬隽骁　王秉坤　穆贝霄

摘　要：在债券市场发展中，控制信用风险至关重要。作为刻画信用风险的重要指标，隐含违约概率（Implied Default Probability）受到市场的广泛关注。本文借鉴了国外成熟市场中隐含违约概率的理论与应用经验，基于中债收益率曲线，提出了一种测算隐含违约概率的计量方法，并进行了相应的实证分析。结果显示，基于中债收益率曲线计算的隐含违约概率与市场信用风险水平具有较好的相关性，但隐含违约概率会高于历史实际违约概率。由于隐含违约概率的计算依赖于信用利差水平和风险中性的假设，因此其与历史实际违约概率之间存在相关性的同时也存在一定差异，在应用隐含违约概率的时候需进一步考虑收益率曲线利差中包含的其他因素，以期为监管机构和投资者提供一定的参考。

关键词：隐含违约概率　实际违约概率　信用利差

一、背景

2017 年全国金融风控会议上，中央明确提出防控金融风险的任务要求，如何有效地识别和度量信用风险已经成为市场以及监管部门关注的焦点。

违约概率是衡量信用风险的手段之一。商业银行资本管理办法和新金融工具会计准则均要求使用违约概率计算相关的风险和会计指标：商业银行资本管理办法中的内部评级法要求采用违约概率等因素计量信用风险加权资产；新金融工具会计准则要求考虑违约概率来计量预期信用损失，市场对违约概率的需求明显提升。

违约概率的计算方法主要包括两种：一是根据历史数据进行统计，得到主体的实际违约概率，称为"统计法"；二是根据市场信息推导隐含违约概率，这种方法称为"市场法"。由于我国债券市场早期存在一定"刚性兑付"，历史违约数据较少，很难从历史数据中挖掘债券违约概率的统计规律。从国际经验来看，市场法推导的隐含违约概率对信用风险有较高的预测作用，在国际成熟的债券市场上被广泛使用。因此，本文主要探讨采用市场法推导隐含违约概率（Implied Default Probability）的计算方法和应用方案，探索提供计量信用风险的指标，为监管部门和市场投资者提供监测市场和管理信用风险的工具。

二、隐含违约概率的定义及计算方法

（一）隐含违约概率的定义

违约概率是基于市场公开信息下的边际违约率指标，可以视为主体在单位付息周期内的违约概率。违约概率又可以进一步细分为两类：一是条件违约概率，即主体在一段时间内没有违约的条件下，未来在某段时间内的违约概率。例如某发行人在未来两年内不违约的条件下，在第三年内违约的概率。违约密度（default intensity）、风险率（hazard rate）也就是在连续时间下的条件违约概率。二是累计违约概率，即自今日起一段时间内违约的概率，例如某发行人在未来 5 年内违约的概率。

应用的角度来说，累计违约概率的含义最为直观，且概念符合《巴塞尔协议》《商业银行资本管理办法（试行）》等规定中对违约概率使用的要求[①]，国际主要评级机构也较多采用对应期限累计违约概率进行参考。

违约概率的计算大致可以分为两类：一是依据历史违约情况计算主体的实际违约概率，称为统计法。二是由市场价格推导，计算隐含违约概率，常见的可以采用债券收益率、CDS 价格或股票价格进行推导。采用债券收益率和 CDS 价格的方法在理论上较为成熟和直接，可行性也较高，国际上的应用也较为普遍。两种违约概率的计算方法和特点如下：

---

① 例如，《商业银行资本管理办法（试行）》规定，"公司、金融机构和零售风险暴露的违约概率为商业银行内部估计的 1 年期违约概率与 0.03% 中的较大值"，此处的"1 年期违约概率"表达为累计违约概率的表达。

表 1   实际违约概率与隐含违约概率对比

	实际违约概率（统计法）	隐含违约概率（市场法）
计算方法	·从长时间历史数据中进行统计	·债券收益率、CDS 价格或股票价格进行推导 ·债券收益率、CDS 的方法理论上较为成熟和直观，国际应用较为普遍
特点	·参考历史违约概率等数据估计，但历史不能等同于未来 ·根据各机构掌握的历史数据估计，各家机构估计结果缺乏可比性 ·部分小型金融机构缺乏历史数据积累	·市场价格包含投资者对未来的预期 ·全市场统一，具有可比性 ·全市场均可获得

（二）从债券市场价格推导隐含违约概率的计算方法

基于债券市场价格推导隐含违约概率基于两个假设（Fon, 1987）：一是投资者风险中性，债券价格中的风险溢价全部是对预期违约损失的补偿；二是市场是充分有效的，债券价格信息反映了市场对预期违约损失的共性判断。在有效市场假设下，债券的均衡价格等于其理论价格，因此，可以通过债券的市场价格反向求解出违约概率值。

假设 1 只 1 年期的零息债券面值为 100，1 年期内违约概率为 p，无风险收益率为 r，违约回收率为 RR（recovery rate）。如果债券的市场价格为 B，在风险中性的假设下债券的定价为

$$B = \frac{\left[(1-p)+p \times RR\right] \times 100}{1+r} \tag{1}$$

可以解得

$$p = \frac{1-B(1+r)}{1-RR} \tag{2}$$

类似地，对于期限为 N 的付息债券，假设债券每期付息名义值为 C，遵循上述的定价方法，每一期现金流的发生建立在前期不违约的假设下，有

$$B_t = \frac{\left[(1-p_{1t})+RRp_{1t}\right]C}{1+r_{1t}} + \frac{(1-p_{1t})\left[(1-p_{2t})+RRp_{2t}\right]C}{1+r_{2t}}$$
$$+ \cdots + \frac{(1-p_{1t})\cdots\left(1-p_{(N-1)t}\right)\left[(1-p_{Nt})+RRp_{Nt}\right](C+100)}{1+r_{Nt}} \tag{3}$$

其中 p_{it} 为第 i 个付息首期内的边际违约率($i = 1, \dots, N$), r_{it} 为期限为 i 的无风险收益率($i = 1, \dots, N$)。将市场价格 B_t 代入上式,可以反向求解出每一个付息周期的隐含违约概率 p_{it}。在实证中,通常对隐含违约概率的期限结构进行简化,即假设每一付息周期的违约概率相等,即

$$B_t = \frac{\left[(1-p_t)+RRp_t\right]C}{1+r_{1t}} + \frac{\left[(1-p_t)^2+RRp_t(1-p_t)\right]C}{1+r_{2t}}$$
$$+ \cdots + \frac{\left[(1-p_{Nt})^N+RRp_t(1-p_{Nt})^{N-1}\right](C+100)}{1+r_{Nt}} \tag{4}$$

在给定其他参数的条件下,通过反向求解即可得到隐含违约概率 p_t。

以上述模型为例,在参数设置上:①债券价格 B_t:通常选择满足活跃债券认定标准的交易价格,合理剔除异常交易价格。②违约回收率 RR:由于债券受债项条款设定、增信措施、行业分布 v、区域特征以及债务人特质等影响, RR 在国内市场目前不存在规律性的统计特征。IMF 一般将违约回收率 RR 定在 40%。③无风险收益率 r_{Nt}:一般选择该国的无风险利率。

(三)隐含违约概率计算的基本特征

违约概率的计算取决于两个关键因素:信用利差以及回收率。根据无套利原理及上述隐含违约概率的计算公式,可以看出:①当信用利差确定时,回收率越高,违约概率越高;②当回收率确定时,信用利差越高,违约概率越高。

三、运用中债收益率曲线提取隐含违约概率的实证研究

（一）数据处理

自 1999 年开始率先编制人民币国债收益率曲线算起，中债价格指标已有 20 年的编制历史。经过不懈探索和努力，现已发展成由中债收益率曲线、中债估值、中债指数、中债 VaR、中债市场隐含评级、我的统计、债务管理工具、中债 SPPI 8 个部分组成，全面反映人民币债券市场价格及风险状况的指标体系。目前，人民银行、财政部、银保监会等官方网站均发布了由我公司编制提供的国债收益率曲线，其中三个月期限的国债收益率也被国际货币基金组织纳入 SDR 利率篮子。商业银行、保险公司、证券公司、基金公司等金融市场主要参与机构正在广泛使用我公司的收益率曲线、估值、指数等相关产品进行债券投资管理。

本文利用中债收益率曲线，根据方程（4）推导中国债券市场的隐含违约概率，采用各等级中债企业债收益率作为风险利率的代表，采用中债国开债收益率作为无风险利率的代表，1 年期的隐含违约概率基本公式如下：

违约概率 × 回收率 ×(1+ 中债企业债收益率)+(1– 违约概率)×(1+ 中债企业债收益率)=1+ 中债国开债收益率 　　　（5）

通过推导可得：

违约概率 =(中债企业债收益率 – 中债国开债收益率)/[(1+ 中债企业债收益率)×(1– 回收率)] 　　　（6）

即：

违约概率 = 信用利差 /[(1+ 中债企业债收益率)×(1– 回收率)] 　　　（7）

（二）实证结果

以中债企业债收益率曲线（AA）为例，回收率取 40%，计算近 10 年来 AA 级企业债的隐含违约概率，结果显示：2015 年以来，债券市场刚性兑付

图 1　近 10 年中债企业债收益率曲线(AA–)隐含违约概率走势

打破，违约概率明显上升，之后伴随着信用风险的逐步释放，市场预期趋于稳定，违约概率又逐渐下降，反映出违约事件对市场有边际递减的趋势的影响（详见图 1）。近 10 年来，1 年累计违约概率均值为 2.12%，5 年累计违约概率的均值为 9.18%（详见表 3）。

表 2 是使用 2018 年 5 月 31 日 AA– 级债券的信用利差，在不同回收率假设下推导出来的不同期限累计隐含违约概率。可以看出，随着设定的回收率的增加，隐含违约概率会相应随之提高。

表2　AA−级债券在不同回收率假设下隐含违约概率的估计

不同回收率假设下隐含累计违约率（以中债市场隐含评级 AA− 为例）									
回收率	1 年期	2 年期	3 年期	4 年期	5 年期	6 年期	7 年期	8 年期	9 年期	10 年期
0	2.43%	4.66%	7.42%	9.98%	12.26%	14.95%	17.26%	19.91%	22.43%	25.31%
10%	2.70%	5.17%	8.22%	11.04%	13.55%	16.50%	19.03%	21.92%	24.65%	27.77%
20%	3.04%	5.81%	9.22%	12.36%	15.14%	18.42%	21.20%	24.37%	27.35%	30.74%
30%	3.47%	6.62%	10.50%	14.04%	17.16%	20.84%	23.92%	27.43%	30.72%	34.42%
40%	4.05%	7.71%	12.18%	16.24%	19.80%	23.98%	27.45%	31.36%	35.00%	39.09%
50%	4.86%	9.21%	14.51%	19.27%	23.39%	28.24%	32.18%	36.58%	40.65%	45.16%

表3是用2018年5月31日各等级的企业债信用利差，在回收率设定为40%时，计算出来的不同级别的企业债的隐含违约概率。可以看出，随着信用等级的降低，违约概率会明显提升，这个同样也是符合市场规律的。

表3　不同评级债券的隐含违约概率的估计

不同中债企业债和市场隐含评级对应的累计违约概率（设定回收率为40%）							
	AAA	AAA−	AA+	AA	AA−	A+	A
1 年期	1.00%	1.20%	1.47%	2.12%	4.05%	6.83%	9.51%
5 年期	3.08%	4.40%	5.84%	9.18%	19.80%	30.79%	40.23%
	A−	BBB+	BBB	BB	B	CCC	CC
1 年期	12.11%	14.68%	17.11%	23.95%	30.20%	35.92%	77.10%
5 年期	48.36%	55.53%	61.54%	75.00%	83.76%	89.49%	87.31%

（三）对隐含违约概率和实际违约概率关系的探讨

1. 从国际经验看，隐含违约概率高于历史实际违约概率

这个现象在国际上较为普遍，Hull 等人（2005）将这种现象称之为"信用利差之谜"（Credit Spread Puzzle）。

Hull 等人（2005）运用穆迪 1970—2003 年期间企业的违约数据分别计算企业的基于风险中性的违约强度（Risk-neutral default intensity）与实际违约强度（Real-world default intensity）。由于违约强度是违约概率的单调递增函数，因此，比较理论与实际的违约强度，可以一窥隐含违约概率与实际违约概率之间的相关关系。Hull 等人（2005）得到表 4 的结论：

表 4　历史违约密度与基于风险中性违约密度对比（来自 Hull 等人，2005）

债券等级	历史数据违约密度（bps）	基于风险中性的违约密度（bps）	比率	差异（bps）
Aaa	4	67	16.8	63
Aa	6	78	13.0	72
A	13	128	9.8	115
Baa	47	238	5.1	191
Ba	240	507	2.1	267
B	749	902	1.2	153
Caa 或更低级	1690	2130	1.3	440

注：历史违约数据来源于穆迪，时间范围为 1970 至 2006 年；债券价格数据来源于美林，时间范围为 1996 年 12 月至 2007 年 10 月。两者均假设 7 年内条件违约概率不变来计算 7 年内的平均条件违约概率。

从表 4 可以看出，首先，随着债券评级的降低，实际违约强度与基于风险中性的违约强度都会提高，相对应的违约概率也会提高。这一结论与本文第二部分的结论是一致的。其次，在每一债券等级下，根据市场价格计算出的违约强度与实际违约强度之间均存在着较大的差异，基于风险中性的违约强度与实际违约强度的比值在 1~17 倍。债券信用等级越高，根据市场价格计算出的违约密度高于实际违约密度的倍数也越大。

Murthy（2011）计算的实际违约概率与隐含违约概率对比如下：

表5 实际违约概率与隐含违约概率对比（来自 Murthy, 2011）

债券等级	实际违约概率（bps）	隐含违约概率（bps）	比率	差异（bps）	风险溢价（bps）
Aaa	4	67	16.7	63	38
Aa	6	78	13.0	72	43
A	13	127	9.8	114	69
Baa	47	235	5.0	188	113
Ba	237	494	2.1	257	154
B	722	863	1.2	141	85
Caa 或更低级	1555	1918	1.2	364	218
平均	369	540	7.0	171	103

表5呈现出的结果与表4较为类似，可以看出，信用利差之谜（Credit Spread Puzzle）存在于各等级的债券中。

2. 隐含违约概率高于历史实际违约概率的分析

隐含违约概率并不等同于客观的市场违约概率。一方面，基于市场价格推导出的隐含违约概率，反映的只是市场对于某只债券违约风险的预期和定价，并非真实的违约可能性。另一方面，实证中大多数的投资者都是风险规避的，债券价格中不可避免地包含了对多种风险（并不仅限于信用风险）的溢价补偿。隐含违约概率的计算建立在风险中性假设（Risk-neutral assumption）上，实质是将各种风险溢价补偿一同视为预期违约损失，所以在一定程度上会夸大客观的违约可能性。

Hull 等人（2005）列举了4种因素来解释隐含违约概率与历史实际违约概率之间的差异：

①流动性风险因素：信用债的流动性较差，收益率中一般会对此进行补偿；

②债券违约的相关性因素：除债券自身的信用风险外，收益率中可能还蕴含其他公司违约引发的系统性担忧，例如同行业其他公司违约导致的整体收益率上行；

③交易员主观放大风险：交易员主观假想的经济萧条情形可能比实际更差；

④个别债券收益率中所蕴含的非系统性风险，包括交易员因个券风险无法分散而要求的额外回报等。

3.市场隐含违约概率和实际违约概率的转换

Murthy（2011）在 Hull 等人（2005）的基础上建立了隐含违约概率与实际违约概率关系的模型，试图通过数理的方法来解释二者在数量上的差异，并计算出溢价补偿。Murthy（2011）的核心模型如下：

假设 B_0 为风险债券的市场价格，p 为实际违约概率，RR 为债券违约后回收率，λ 为风险溢价（Risk Premium），无风险收益率为 r。根据债券定价原理

$$B_0 = \frac{(1-p) + p \times RR}{1 + r + \lambda} \qquad (8)$$

给定实际债券价格 B_0，解得实际违约概率为

$$p = \frac{1 - B_0(1 + r + \lambda)}{1 - RR} \qquad (9)$$

而在给定风险中性的假设下，设企业的隐含违约概率为 q，根据债券定价公式

$$B_0 = \frac{(1-q) + q \times RR}{1 + r} \qquad (10)$$

在已知债券价格 B_0 的情况下，可以解得隐含违约概率为

$$q = \frac{1 - B_0(1+r)}{1 - RR} \qquad (11)$$

根据 Murthy（2011）的模型，比较等式（9）和等式（11）可以看出，隐含违约概率 q 与实际违约概率 p 之间差异的来源就是在于风险溢价 λ。隐含违约概率在给定风险中性的假设下，将市场的全部风险溢价归因于违约风险，但事实上，市场中还存在着诸如流动性风险溢价、期限风险溢价等其他性质的风险溢价。将全部的风险溢价归类为违约风险溢价，会直接造成隐含违约概率的高估。

比较根据上文中风险溢价 λ 的引入对债券定价的影响，Murthy（2011）将隐含违约概率与真实违约概率之间的关系写作如下形式：

$$q = a + bp = \frac{\lambda + p(1-RR)(1+r)}{(1-RR)(1+r+\lambda)} \qquad (12)$$

根据二者之间的关系式，可以得到以下结论：

①当且仅当风险溢价 $\lambda > 0$ 时，隐含违约概率 q 会大于实际违约概率 p。这一点是显而易见的，隐含违约概率 $q = \frac{1 - B_0(1+r)}{1 - RR}$，实际违约概率 $p = \frac{1 - B_0(1+r+\lambda)}{1 - RR}$，从表达式可以看出，当风险溢价 $\lambda > 0$ 时，$q > p$。

②隐含违约概率 q 对风险溢价 λ 的偏导数为正，这意味着随着投资者风险厌恶程度的上升，潜在的隐含违约概率也将上升。这与现实中观测到的随着投资者风险厌恶程度上升，要求更高的风险溢价补偿，伴随着债券更低的价格这一现象是一致的。

③隐含违约概率 q 与违约回收率 RR 同向变动 $\left[\dfrac{\partial q}{\partial RR} = \dfrac{\lambda}{(1-RR)^2(1+r+\lambda)}\right.$ $> 0\,]$，即当有消息意味着企业违约后资产回收率的提高，反而会增加企业的

隐含违约概率。Murthy（2011）给出的解释是这里违约回收率 RR 的变动会导致风险溢价 λ 也随之变动，进而引起隐含违约概率的变动。

四、结论及下一步研究方向

本文通过借鉴国外成熟市场的隐含违约概率的理论及应用经验，提出了基于中债收益率曲线来计算隐含违约概率的一种方法。主要结论包括：基于中债收益率曲线计算的隐含违约概率与市场信用风险水平有较好的相关性，但隐含违约概率高于实际违约概率是国内外研究中常见的现象，一种解释是因为利差不仅包含违约风险，还包含流动性等其他风险溢价，基于风险中性的隐含违约概率，将利差中蕴含的风险全部视为违约风险，使隐含违约概率偏高。下一步考虑研究对利差中的流动性等因素进行调整，通过剥离更符合实际的信用利差，得到更符合实际情况的隐含违约概率。

参考文献

［1］管七海，冯宗宪. 信用违约概率测度研究：文献综述与比较 [J]. 世界经济，2004(11)：40-54.

［2］杨军战. 价格与隐含远期违约概率 [J]. 经济数学，2007, 24(2)：153-157.

［3］Altman, E. I. Financial Ratios, Discriminant Analysis and the Prediction of Corporate Bankruptcy. The Journal of Finance, 1968 (23): 589-609.

［4］Altman, E. I., Haldeman, R. G., Narayanan, P. ZETA Analysis: A New Model to Identify the Bankruptcy Risk of Corporations. Journal of Banking & Finance, 1977 (1): 29-54.

［5］Amato, J.D., Remolona, E.M. The Credit Spread Puzzle. BIS Quarterly Review, 2004 (5): 51–63.

［6］Bharath, S. T., Shumway, T. Forecasting Default with the Merton Distance to Default Model. The Review of Financial Studies, 2008 (21): 1339–1369.

［7］Driessen, J. Is Default Event Risk Priced in Corporate Bonds?. The Review of Financial Studies, 2005 (18): 165–195.

［8］Fons, J. S. The Default Premium and Corporate Bond Experience. The Journal of Finance, 1987(42): 81–97.

［9］Huang, J. Z., Huang, M. How Much of the Corporate–Treasury Yield Spread is Due to Credit Risk?. The Review of Asset Pricing Studies, 2012(2): 153–202.

［10］Hull, J., Predescu, M., White, A. Bond Prices, Default Probabilities, and Risk Premiums. Journal of Credit Risk, 2005 (1): 53–60.

［11］Longstaff, F., Schwartz, E. A Simple Approach to Valuing Risky Fixed and Floating Rate Debt. The Journal of Finance, 1995 (50): 789–819.

［12］Merton, R. C. On the Pricing of Corporate Debt: The Risk Structure of Interest Rates. The Journal of Finance, 1974 (29), 449–470.

［13］Murthy, S. Market–implied Risk–neutral Probabilities, Actual Probabilities, Credit Risk and News. IIMB Management Review, 2011 (23): 140–150.

［14］Rose, P. S., Andrews, W. T., Giroux, G.A. Predicting Business Failure: A Macroeconomic Perspective. Journal of Accounting, Auditing & Finance, 1982 (6): 20.

债券收益率在利率并轨中的作用调研报告

牛玉锐　王超群　周舟

摘　要：目前我国仍存在人民币存贷款基准利率与市场利率并行的"双轨制"利率体系。为进一步服务利率市场化改革的大局，研究推动国债收益率曲线的基准性应用，中债估值中心对 13 家商业银行进行了实地走访。针对银行存贷款定价机制的现状与问题进行了调研，探讨债券收益率如何在利率市场化改革中发挥基准性作用。根据调研，大多数商业银行建立了"基准曲线＋调整项"的内部资金转移定价（FTP）体系，并以 FTP 定价为基础确定存贷款利率定价。在存贷款的 FTP 基准曲线确定中，搭配使用央行公布的存贷款基准利率和市场利率。市场利率的选取主要是短端以 DR 或 shibor 为主、中长端以国债或国开债收益率为主。最后本文以调研结果为根据，提出了利率市场化改革的几点建议。

关键词：利率并轨　内部资金转移定价　存贷款利率定价　国债收益率

一、调研背景

目前，我国利率管制已基本全部放开，"狭义"的利率市场化进程基本完成。但是，我国仍然存在人民币存贷款基准利率与市场利率并行的"双轨制"利率体系，存贷款利率的市场化程度有待进一步提高，货币政策的传导机制也尚需进一步疏通。中国人民银行易纲行长在 2018 年博鳌亚洲论坛上提出"让两个轨道的利率逐渐统一"，这是未来深化利率市场化改革的发展方向。

债券市场是金融市场的基础市场、核心市场、基准市场，债券市场形成的以债券收益率曲线为代表的基准价格指标不仅对债券市场本身，而且对整个金融体系均起到基准作用，已经开始直接影响贷款利率、资金利率、银行理财利率等重要利率体系，对我国利率市场化、人民币国际化等重大国家战略的实施发挥重要意义。为进一步服务利率市场化改革的大局，研究推动国债收益率曲线的基准性应用，中债估值中心于 2018 年 10 月起对 13 家比较有代表性的商业银行进行了实地走访，主要调研银行存贷款定价机制的现状与问题，探讨债券收益率如何在利率市场化改革中发挥基准性作用。调研银行包括 9 家主要的中资大中型银行（中国农业银行、中国银行、中国建设银行、中国邮政储蓄银行、中信银行、中国光大银行、招商银行、浦发银行、平安银行），3 家代表性中资小型银行（微众银行、天津滨海农商行、北京农商行）和 1 家外资银行（汇丰银行）。

二、银行存贷款定价机制现状

（一）内部资金转移定价（FTP）现状

根据调研情况，大多数大中型商业银行都已经陆续建立了内部资金转移定价（FTP）体系，并且在全行推广。

1. FTP 定价方法框架

调研银行的 FTP 定价方法基本类似，都是先建立 FTP 基准曲线，再根据经营情况进行适当调整。其公式表示为：

FTP 定价 = FTP 基准曲线 + 调整项

2. FTP 基准曲线形成方法

调研银行用于人民币业务的 FTP 基准曲线主要包括两类：一是存贷款业务的 FTP 基准曲线，二是金融市场业务的 FTP 基准曲线。

（1）存贷款业务的 FTP 基准曲线

根据调研情况，存贷款业务的 FTP 基准曲线的构建基本都同时参考了央行公布的存贷款基准利率和市场化利率，但以存贷款基准利率为主。其中，负债业务市场化程度较高的银行中市场化利率发挥的作用日益突出。具体来说可以分为四类。

第一类是采用央行的存贷款基准利率构建 FTP 基准曲线，并根据市场情况进行定期调整。定期调整的方式是，如果金融市场业务 FTP 基准曲线变化较大，那么存贷款业务的 FTP 基准曲线也要相应变动以适应市场变化，是否调整以及调整频率、调整幅度均由专家评估后确定。例如中国农业银行、中国建设银行、光大银行和浦发银行等均采用了这种方式。

第二类是将央行基准利率和金融市场业务 FTP 基准曲线加权确定存贷款业务的 FTP 基准曲线，其中，金融市场业务 FTP 基准曲线通常会进行一定的平滑。各家银行加权比例有所不同，主要根据存贷款业务的市场化程度进行确定。例如邮储银行、中国银行都采用了这种方式，并表示随着利率市场化的推进，可能会进一步提升市场化利率在 FTP 基准曲线中的占比。

第三类是采用市场化利率构建存贷款业务的 FTP 基准曲线。目前，主要的市场化基准利率包括 DR、FDR、Shibor、国债利率、政策性金融债利率等。不同银行根据自身情况选择相应的基准利率进行组合，构建自身的 FTP 基准曲线。此外，银行通常确定一个调整的频率，基本上是月度调整。例如，中信银行、平安银行、汇丰银行、微众银行采用这种方式。

第四类则是根据外部存贷款定价反推存贷款业务的 FTP 基准曲线。这一类银行多为小型银行，其外部存贷款业务多跟随大行定价。这类银行的 FTP 定价机制正在探索之中，目前其 FTP 基准曲线是考虑内部资产部门和负债部门的利益分配之后进行反推计算而来，主要应用于人员业绩考核，并未应用于指导存贷款定价。天津滨海农商行采用这一方式。

总的来说，银行在确定存贷款业务 FTP 基准曲线的方法时，通常是与其业务的市场化程度相匹配。中国建设银行表示，其曾经试图在存贷款业务中主要使用市场化利率构建 FTP 基准曲线，但由于其对客户的存贷款定价基本还是参照了央行存贷款利率，变化较小，直接采用市场化利率构建的 FTP 基准曲线对存贷款业务考核直接将利率风险传导到了业务部门，执行难度很大。目前中国建设银行恢复到主要根据央行基准利率确定存贷款业务 FTP 基准曲线的方法。

（2）金融市场业务的 FTP 基准曲线

根据调研情况，大中型银行基本都以市场化利率构建金融市场业务的 FTP 基准曲线，并且通常根据不同产品继续在 FTP 基准曲线上做相应的点差调整。

市场利率的选择方面，不同银行在构建 FTP 基准曲线时选取的利率也不尽相同。总的来说，大多数银行一般在短端（3 个月以内）采用 DR007、Shibor 等；中端（3 个月至 1 年）采用 Shibor 或同业存单利率；长端（1 年以上）采用中债国债利率或中债国开利率。此外，商业银行还会针对不同的产品对 FTP 基准曲线进行调整，例如，招商银行结构性存款业务的 FTP 基准曲线便是在金融市场业务 FTP 基准曲线的基础上考虑缴存等因素后确定。调整频率方面，有的银行是每周进行调整，也有银行选择每日进行调整。

小型银行的 FTP 定价体系尚不成熟，一般直接参考市场价格并根据内部情况进行加减点。

3. FTP 定价的调整项

各家银行的 FTP 定价的调整因素主要包括市场竞争状况、全行流动性状况、资产负债配置状况以及金融监管政策等。但各家银行由于面临的市场竞争状况和自身经营情况有所不同，其在调整项中包含的因素也略有差异，例如，中国建设银行则提出其专门针对普惠金融业务对 FTP 定价进行了调整，即对于普惠金融贷款调低贷款的 FTP 定价，以服务国家普惠金融的战略大局。

（二）存款利率定价现状

商业银行的存款定价主要分为两类：

一类是根据内部 FTP 价格，综合模型测算、市场竞争和自律机制的要求确定。模型测算方面，商业银行主要考虑相关的成本收益因素，主要包括：（1）存款的 FTP 价格（此部分占比较大），即经营行将存款卖给司库所获取的收益；（2）分行获取存款发生的管理费用；（3）分行所制定的利润目标。市场竞争方面，商业银行会考虑市场竞争的情况在模型测算价格上进行调整，以达到获取存款的目标。自律机制方面，行业自律机制对存款定价的上浮幅度有一定限制，一般是利率上浮幅度不得超过央行公布的存款基准利率的 1.5 倍，各地区会有一定差异、不同规模的银行会有一些差异。根据调研情况，目前存款利率基本都受到行业自律机制的约束，其中大额可转让定期存单利率上浮程度最高，但同样受到市场利率定价自律机制的隐性上限管制。

另一类是跟随定价，对于一些农商行，如北京农商行和天津滨海农商行，其存款定价直接在大行存款价格基础上加点，以达到吸收存款的目标。

（三）贷款利率定价现状

一般商业银行贷款利率的定价包含三个阶段，一是综合定价，二是商定利率，三是合同利率。

在综合定价阶段，商业银行根据模型测算以及监管部门的窗口指导拟定贷款的价格。贷款的模型主要采取成本加成的方式，成本是决定贷款定价的重要因素。所需要考虑的成本包括：（1）资金成本，即贷款行向司库借取资金所需付出的成本，又称 FTP 价格；（2）管理成本，即贷款行的管理成本，此管理成本的计算需要以服务客户为前提进行精细化管理；（3）风险成本，即根据内部评价对客户预期损失进行估算，得出一个需要覆盖的风险损失；（4）经济资本成本，即贷款占用资本所需付出的成本或资本所需的最低回报要求；（5）调节系数，即根据业务经营战略的导向对价格进行调整。窗口指导则指监管部门针对部分行业或地区的特殊情况进行的利率定价指导，目前，全国自律机制对贷款下限的要求是允许下浮至基准利率的 0.9 倍。各商业银行根据模型测算和模型测算的结果会形成对各经营单位的指导价格，以方便各经营单位与客户进行议价。

在商定利率阶段，商业银行根据指导价格与客户商议，在上级授权的情况下决定最终的贷款价格。在商议过程中，商业银行会考虑市场竞争情况以及客户对银行经营的贡献进行定价调整，但是其给予客户的价格需要在上级授权的范围之内，超过范围则需要报上级批准。

在合同利率阶段，商业银行与客户商定最终利率之后签订合同，合同上的利率以基准利率加减点的形式来表现，基准利率主要指央行公布的贷款基准利率或者 LPR。这样处理的主要原因是，央行公布的贷款基准利率在客户心中认可度较高，也方便客户在议价时进行比较。此外，部分市场利率自律定价机制核心成员会因考核要求而采用 LPR 利率。

此外，部分商业银行的定价较为简单，其根据自身经营情况选择相应的定价方式，如北京农商行、微众银行以及天津滨海农商行。

三、商业银行对下一步利率市场化改革的关切点

在调研过程中，我们与各商业银行就进一步深化利率市场化改革做了探讨。银行普遍认为，利率市场化改革是大势所趋，在推进改革的过程中，以下几方面工作有待进一步明确和落实：

一是市场化基准利率。调研银行普遍表示，银行的实际业务需要一个较为公认的存贷款基准利率作为定价参考。人民银行若取消当前的存贷款基

准利率，仍应逐步培育具有市场化特征的基准利率并引导商业银行使用。

二是存量合同的转换。目前大部分存量贷款合同仍以央行公布的存贷款基准利率为定价基准。取消或替换存贷款基准利率对存量贷款合同，尤其个人住房抵押贷款等长期限合同的未来重定价是一个严重挑战。央行应出台存量合同基准利率转换的配套办法，并设置合理的过渡期，确保转换稳定。

三是新的基准利率应满足一定的条件。（1）权威性，新基准利率应具有足够的基准性；（2）普及性，新基准利率能够被各方普遍认可；（3）稳定性，新基准利率波动不应过大，避免给实体经济带来不必要冲击。

四是改革推进过程中需注意防范恶性竞争。调研的中小银行认为，由于大银行拥有很好的客户基础，中小银行为获得竞争优势，倾向于提高存款利率来获取存款，但同时这可能会削弱中小银行利润，使其面临破产风险。而大型银行普遍认为由于没有完善的银行破产退出机制，客户会倾向于选择较高存款利率的中小型银行，大型银行只能被动提高存款利率吸引客户，从而抬高市场整体利率。因此，在放开存款利率的过程中，如何科学地进行存款端的风险定价，防止商业银行恶性竞争是需要进一步解决的问题。

四、调研中发现的其他相关问题

在调研过程中，银行也反映了一些影响利率市场化进程的因素，总结如下：

一是政策指导对于贷款利率仍有影响。一些银行反映，目前仍存在监管部门对特定领域贷款利率进行限制或设置相应考核指标的情况，这在一定程度上影响了贷款利率的市场化程度。

二是仍有部分人群的利率敏感性较低。由于预算软约束，国有企业、政府融资平台等机构的存贷款利率敏感性都有待进一步提升。此外，一些居民对存款利率也不敏感，例如，高净值居民主要关注流动性，而低收入居民主要关注资金安全性，存款利率的变化对其影响较小。

三是银行仍有较强的议价能力。目前我国企业通过股票、债券等直接融资市场进行融资的门槛仍然较高，通过银行融资仍是最主要的渠道。因此，银行在融资议价过程中占据了主导地位，有能力和动力维持较高的贷款利率和较低的存款利率，进行市场化定价的动力较低。

四是银行有形成价格联盟的动机和可行性。我们在调研中了解到，银行在定价过程中会与规模相近银行保持较为密切的沟通，以保持相近的利率水平。若央行取消存贷款基准利率，银行很可能自行成立价格联盟，以维护当前较高的息差水平。

五是银行扩大规模的动机在一定程度上导致非理性定价。调研银行反映，因为考核等因素的存在，大量银行仍存在根深蒂固的对"大规模"的动机，这在一定程度上影响了利率调节作用的发挥。

五、政策建议

根据上述调研了解的情况，结合调研银行的意见和我们的体会，建议将以下几方面工作纳入深化利率市场化改革工作框架：

一是明确 LPR、行业自律定价利率与存贷款基准利率脱钩，与平滑后的国债收益率曲线挂钩。目前 LPR、行业自律定价与存贷款基准利率挂钩，未能及时反映最新的市场情况。随着我国国债市场的日益成熟，国债收益率曲线的基准作用逐渐体现，已被广泛应用于各类金融资产定价中。建议鼓励LPR和行业自律定价利率与平滑后的国债收益率曲线挂钩并浮动，推动存贷款利率市场化程度的提高。

二是停止公布存贷款基准利率，统一组织存量合同基准利率转换。央行公布的存贷款基准利率目前仍被银行大量使用于存贷款合同中。为推动新基准利率的应用，建议停止公布当前的存贷款基准利率，并出台统一的存量合同基准利率转换方案，保证平稳过渡。

三是大力发展债券市场，提升直接融资的比重。大力发展债券市场有助于扩展企业的融资渠道，提升企业的议价能力，建立存贷款市场和债券市场的竞争机制，解决商业银行利率市场化动力不足的问题，推动市场化的债券市场利率向存贷款利率传导。

四是全方位提升银行负债端的利率市场化程度。利率市场化改革的关键在于提升银行负债端的市场化程度，建议鼓励同业存单、大额可转让定期存单等市场化水平较高的负债品种发行，逐渐放开额度限制、利率限制和大额可转让定期存单的转让限制，以创新品种试水负债端利率市场化。

五是加强存贷款市场的价格监测，防范恶性竞争和金融风险。利率市场化改革需妥善处理改革与稳定之间的关系，改革过程中应对存贷款市场利率进行跟踪监测，警惕银行间恶性竞争导致系统性金融风险。

参考文献

［1］中国人民银行官网.易纲行长在博鳌亚洲论坛2018年年会分论坛"货币政策正常化"

的问答实录, 2018. http://www.pbc.gov.cn/goutongjiaoliu/113456/113469/3518129/index.html.

［2］巴曙松, 王月香. 当前金融改革的重点应是促进双轨制利率体制的平稳渐进并轨 [J]. 中国农村金融, 2011(24): 21–24.

［3］中国人民银行调查统计司课题组刘西. 我国利率市场化的历史、现状与政策思考 [J]. 中国金融, 2011(15): 13–25.

［4］鲁政委. 利率并轨的三大挑战 [J]. 债券, 2019(5): 20–24.

［5］刘怡庆, 窦寒, 王丽君, 张雯. 从双轨走向并轨——完善利率市场化的路径思考 [J]. 金融市场研究, 2018(7): 23–33.

银行间债券市场杠杆水平及风险结构的测量

——基于 2010 年至 2018 年数据的"去杠杆"实证研究

郑翔宇　陈星

摘　要：本文探究了银行间债券市场杠杆水平及杠杆风险分布的测量方法。首先，笔者提出了杠杆水平的基本计算方法，并根据质押式回购和买断式回购的规则差异、参与回购投资者等情况对杠杆水平在不同口径下的计算调整进行了厘清。然后，笔者对杠杆风险分布的测算，提出了全质押投资者占比、杠杆水平标准差和杠杆风险分布系数三种方法，并对每种方法的优缺点进行了分析。最后，笔者利用 2010 年至 2019 年银行间债券市场每日交易的明细数据，对杠杆水平和杠杆风险分布系数的变化进行了实证测算，并对两种指标之间的统计关系进行了检验。

根据测算结果和实证检验，对于"金融去杠杆"的下一步工作，笔者提出了坚持方向不动摇和加强针对性引导等政策建议。

关键词：杠杆水平　风险分布　去杠杆

自 2015 年末中央经济工作会议上提出"三去一降一补"以来，去杠杆一直是市场关注的重点，尤以金融去杠杆为最。在轰轰烈烈的去杠杆大潮中，"何为金融杠杆""如何测量金融杠杆"这些看似简单的问题，细思起来却并没有直观而统一的答案。通过近年的探索、研究、讨论，监管部门和市场各界对于从宏观经济到企业个体的杠杆水平测量有了基本的共识。

聚焦银行间债券市场，根据中央国债登记结算有限责任公司数据测算，"去杠杆"实施至今，在银行间债券市场已取得阶段性成效。除市场总体杠杆水平稳步下降外，各类投资者的杠杆水平也已明显降低。但从杠杆水平绝对值的下降中，我们是否能得出杠杆风险亦已下降的结论？如果是，那么追本溯源，哪些投资者的风险降了？是否能够设置指标对杠杆风险的结构分布进行测量？杠杆水平与风险结构之间是否存在关系？本文将对以上问题进行探究。

一、银行间债券市场杠杆水平的测算

近年来针对"去杠杆"的研究中，着眼点大都落在宏观债务率上，以实体经济中居民、企业和政府三大部门为对象，分别衡量家庭部门、政府部门及非金融部门杠杆率，进而得出总体杠杆率水平。通过国际横向比较，近年来中国的杠杆水平整体处于上升趋势，当前杠杆水平略高于美国和 G20 国家平均水平。

本文将以中观的视角，通过测量银行间债券市场中的杠杆水平管窥中国债券市场的风险变化。在银行间债券市场中，投资者利用杠杆的主要方式是通过质押式回购和买断式回购融入资金，尤以质押式回购为银行间债券市场的主要交易方式。

因此银行间债券市场的杠杆水平计算应该用含杠杆的名义托管量除以去杠杆的实际托管量，即名义托管量除以扣除通过回购交易融入资金、但仍在名义托管量中的债券后的实际托管量。

本文采用以下公式计算银行间债券市场杠杆水平：

$Leverage = NominalDepo / RealDepo$

其中，

Leverage= 杠杆水平

NominalDepo= 名义托管量[①]

RealDepo= 实际托管量

因质押式回购和买断式回购在是否过户上存在规则差异，杠杆水平的计算也相应地存在宽口径和窄口径两种计算方法。

窄口径的杠杆水平计算仅考虑质押式回购交易的影响。质押式回购交易所质押的债券并不过户至资金融出方账户，因此，窄口径杠杆水平计算中去杠杆的实际托管量需要扣除质押式回购的待购回余额，含杠杆的名义托管量即为资金融入方的托管面额。

$Leverage_{Narrow} = NominalDepo / （NominalDepo - Repo_{Pledged}）$

其中，

$Leverage_{Narrow}$ = 窄口径杠杆水平

NominalDepo = 名义托管量

$Depo_{Pledged}$ = 质押式回购交易待购回面额

宽口径的杠杆水平计算在质押式回购交易外，亦考虑买断式回购交易

---

① 本文中如无特殊说明，托管量及回购待购回面额均以债券面额计量。

的影响。因买断式回购交易所融债券需从资金融入方账户过户至资金融出方账户，因此，宽口径杠杆水平中名义托管量中无买断式回购所使用债券，应在名义托管量中加买断式回购待购回余额，实际托管量计算方法与窄口径相同。

$$Leverage_{Wide} = （NominalDepo + Repo_{Pledged}）/ （NominalDepo - Repo_{Pledged}）$$

其中，

$Leverage_{Wide}$ = 宽口径杠杆水平

$NominalDepo$ = 名义托管量

$Repo_{Pledged}$ = 质押式回购交易待购回面额

$Repo_{Outright}$ = 买断式回购交易待购回面额

笔者利用 2010 年至 2018 年的每日交易明细数据，计算了银行间债券市场日频杠杆水平。（见图 1）

2010 年至 2018 年银行间债券市场的杠杆水平整体呈现先涨后降的趋势，杠杆水平运行区间为 1.03 至 1.18。从极值点位置看，跨季前后因为机构面临短期资金压力和流动性紧张，杠杆水平往往在季末出现跳升，但其后会迅速回归均值水平。

单日杠杆水平最高值出现在 2015 年 6 月 22 日，这与 2015 年初股市向好、机构通过各种渠道大量配资有关。随着 2015 年 6 月 5 日证监会禁止未经批准的融资融券活动，6 月 12 日要求机构自查场外配资，6 月 13 日关闭 HOMS 接口、禁止证券公司为场外配资提供便利，股市的去杠杆措施连带而来的是银行间债券市场杠杆水平的同步下降，实证检验了股债之间的资金流通与联动关系，也体现了债市杠杆风险研究对整个金融市场安全的意义。

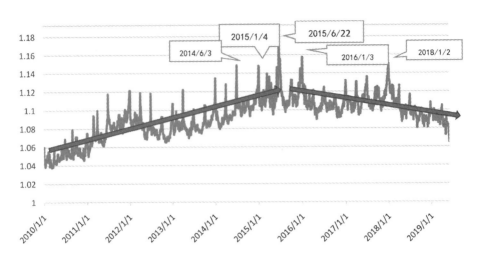

图1　2010—2019年银行间债券市场杠杆水平（宽口径）变化

数据来源：中央国债登记结算有限责任公司

比较窄口径杠杆水平与宽口径杠杆水平（见图2），整体趋势是相近的。窄口径杠杆水平因分母上的名义托管量未加回买断式回购待购回面额而略低于宽口径杠杆水平。在总体高度重合的情况下，2016年以来宽口径杠杆

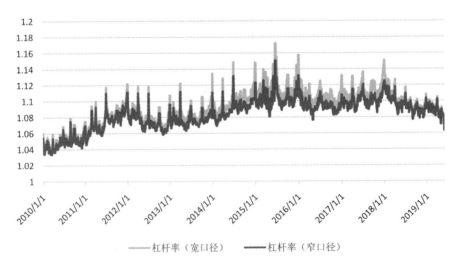

图2　2010—2019年银行间债券市场杠杆水平变化

数据来源：中央国债登记结算有限责任公司

水平与窄口径杠杆水平的差异略有扩大，说明在去杠杆过程中买断式回购的下降趋势较质押式回购更小。

除了质押式回购和买断式回购的差异外，另一个值得讨论的问题是银行间债券市场中并非所有成员都参与了回购交易和杠杆利用。上文中的算法使用全市场的托管总面额和回购待购回总面额计算杠杆水平，将未参与回购交易即无回购待购回面额的成员也纳入了整体杠杆水平的计算中，这些杠杆水平为1的投资者在一定程度上拉低了市场杠杆水平。为了更准确地测量参与杠杆交易的成员的杠杆水平变化，笔者刨除未参与回购交易的投资者的托管面额，计算参与杠杆交易的投资者的杠杆水平。（见图3）

参与杠杆交易的投资者的杠杆水平与全市场整体杠杆水平大体走势相近，但呈现出更多的短期波动和趋势变化。在 2010 年等短暂时段中，杠杆交易投资者的杠杆水平和全市场杠杆水平甚至出现反向波动。对此现象，笔者的猜想是在市场情绪出现波动时，银行间债券市场中参与回购交易的投

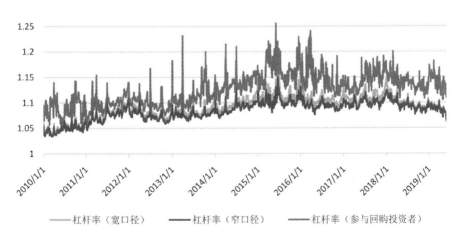

图 3　2010—2019 年银行间债券市场回购参与者杠杆水平变化

数据来源：中央国债登记结算有限责任公司

资者也在变化，低杠杆投资者可能进一步降低杠杆甚至退出杠杆交易，而高杠杆投资者可能会更加激进。但这种猜想是否合理，还须通过对杠杆风险分布结构的测量进行进一步的研究。

聚焦"去杠杆"施行以来的时段，因日频数据短期扰动较多，笔者采用月度数据观察。（见图4）总体来看，随着2015年底中央经济工作会议提出"三去一降一补"，金融去杠杆正式定调，2016年至2017年4月，银行间债券市场杠杆率水平波动下降。以2016年6月和2016年12月两个相对高点为分界线，杠杆率呈现出阶段性波动。

2016年上半年，参与回购投资者的杠杆水平在1.15左右波动。2016年下半年，杠杆水平趋于平稳，整体维持在1.13左右。受2016年12月信用风险持续暴露、季节性流动性紧张、外汇市场波动及国海代持事件等因素综合影响，2016年末至2017年初，市场杠杆率波动加剧，但整体水平仍缓慢下降，在1.125上下浮动，体现出"去杠杆"的成效。进一步跟踪2017年5月至今

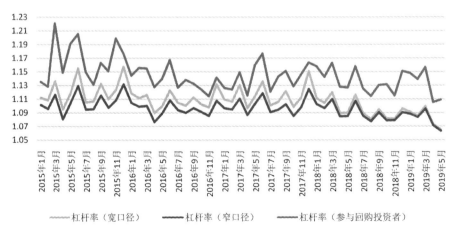

图4　2010—2019年银行间债券市场回购参与者杠杆水平

数据来源：中央国债登记结算有限责任公司

的变化,杠杆水平波动加剧,但较"去杠杆"前的整体水平仍处于相对低位。

另一方面,宽口径和窄口径的杠杆率逐渐重合,说明买断式回购对杠杆水平的影响下降。参与回购投资者的杠杆率与全市场杠杆率的差异增大,说明利用回购交易加杠杆的市场成员的占比下降。

二、银行间债券市场各类投资者杠杆水平的变化

不同类型投资者在银行间债券市场资金流动中的角色不同,其参与回购交易的动机和杠杆使用的行为模式也存在差异,相应地,在"去杠杆"过程中的应对也不同。笔者按投资者类别分别计算杠杆水平。(见图 5)

商业银行在银行间债券市场的投资规模较大,因此,其杠杆水平极大地影响了市场总体杠杆水平的数值区间。2016 年,商业银行总体杠杆水平平

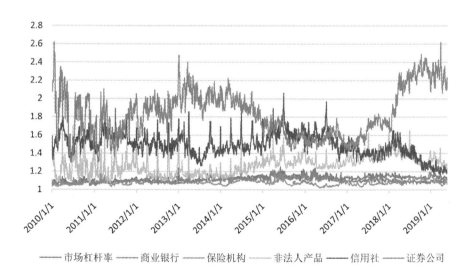

图 5　2010—2019 年银行间债券市场各类投资者杠杆水平

数据来源:中央国债登记结算有限责任公司

稳下降，波动较小，整体处于可控低位。保险机构的杠杆水平处于市场较低水平，其杠杆风险较小，在"去杠杆"过程中变化不大。2016 年来杠杆水平变化较大的类别为非法人产品、信用社和证券公司。其中信用社杠杆水平持续下降，说明对农村金融机构的监管成效明显。而证券公司和非法人产品的杠杆水平与市场反向波动，在"去杠杆"过程中不降反升，体现出独特的行为特征，应为下一步监管的重点。

三、杠杆风险分布结构的测量

杠杆风险在银行间债券市场不同投资者之间的分布也是影响风险判断的关键因素。在相同的杠杆水平绝对值下，各成员杠杆水平的离散程度预示着不同的风险点。离散程度较高时，少数高杠杆成员推高了市场整体杠杆水平，在风险防范上应以关注个体为主；而离散程度较低时，各投资者边际杠杆贡献相近，一旦出现信用风险事件，则很可能出现连环违约，流动性冻结，导致大规模的垮塌。因此，杠杆风险分布结构的测算具有重要的意义。

对于杠杆风险分布的测量，笔者主要实验了以下三种指标。

1. 全质押投资者占比

针对个别投资者杠杆水平过高的情况，可对个体投资者的杠杆水平进行监控，同时根据杠杆水平过高的投资者在市场中的占比判断市场中高杠杆行为的普遍程度及风险敞口大小。

因杠杆水平的高低没有统一的判断标准，本文采用相对保守的定义，以通过质押式回购将所持债券全部融出获得杠杆资金的投资者，即杠杆水平为正无穷的全质押投资者为研究对象。

笔者利用 2005 年至 2018 年银行间债券市场数据，计算全质押投资者的个数和待购回面额占比，公式如下：

$$Weight_{Number} = Number\ of\ Investor_{AllRepo} / Number\ of\ Investor_{Transaction}$$

其中，

$Weight_{Number}$= 全质押投资者个数占比

$Number\ of\ Investor_{AllRepo}$= 全质押投资者个数

$Number\ of\ Investor_{Transaction}$= 参与质押式回购的投资者个数

$$Weight_{Depository} = Depository_{AllRepo} / Depository_{Transaction}$$

其中，

$Weight_{Depository}$= 全质押投资者待购回面额占比

$Depository_{AllRepo}$= 全质押投资者待购回面额

$Depository_{Transaction}$= 质押式回购的待购回总面额

2010 年至 2018 年，银行间债券市场全质押投资者的个数和待购回面额

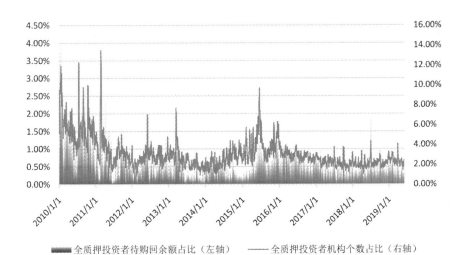

图 6　2010—2018 年银行间债券市场全质押投资者占比变化

数据来源：中央国债登记结算有限责任公司

占比整体下降,高风险杠杆敞口占比在逐步缩小,个体风险极端值下降。(见图6)2010年至2013年,全质押投资者的个数和待购回余额占比都明显下降,其中全质押投资者个数占比从5%水平降至3%,全质押投资者待购回面额占比从1.5%降至1%以下。2013年至2015年,全质押投资者占比有所回升,但随着"金融去杠杆"的提出和推进,2015年末以来,全质押投资者个数和待购回面额占比均稳步降低。

全质押投资者占比这一指标存在一定的缺陷。首先,全质押投资者占比仅考虑了极端高杠杆投资者的占比情况,只考虑了"上半部"的风险,对"下半部"的风险并未测量。其次。全质押投资者占比只考虑了极高杠杆的投资者情况,但对极高杠杆的界定标准目前难以统一。

2.杠杆水平标准差

统计学中衡量离散程度的常用方法是计算标准差。笔者利用2010年至2018年数据计算杠杆水平的标准差。标准差的计算口径同样有两种,一种

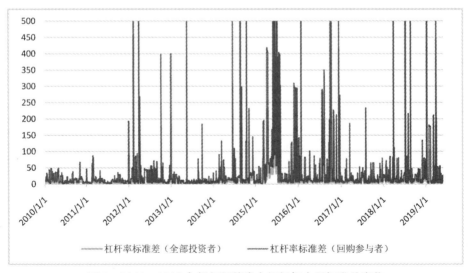

图7　2010—2018年银行间债券市场杠杆水平标准差变化

数据来源:中央国债登记结算有限责任公司

是计算银行间债券市场所有投资者的杠杆水平标准差,一种是计算参与了质押式回购交易即利用了杠杆的投资者的杠杆水平标准差。相较前者,后一种计算方法剔除了无杠杆投资者的影响,所计算数值更大,但从趋势上看,两种计算方法并无显著差异。(见图 7)

2010 年至 2018 年,杠杆水平标准差高值出现的频率在提高,尤以 2015 年中和 2016 年末最为频繁,2017 年后标准差相对稳定。

杠杆水平标准差这一指标同样存在问题。第一,标准差的高低并无明确的判断标准。从日频数据的实证结果来看,杠杆水平标准差波动范围极大,实证时段内所有投资者和回购参与者的杠杆水平标准差最低值分别为 0.68 和 0.56,最高值分别为 3208.81 和 6045.01,对更长时段的数据进行回溯,数据依旧不平稳,未体现出均值回归特性,无法确定界定杠杆离散程度高低的标准差数值。第二,标准差的高低易受极端值影响。杠杆水平标准差以投资者为单位计算,并未依据投资者托管面额或者待购回余额进行赋权,因此,各个投资者对杠杆水平标准差的影响权重相同,导致极高杠杆水平的小型投资者异常拉高杠杆水平标准差的情况时常出现,误导对杠杆风险的判断。第三,杠杆水平的下限为 1,上限为正无穷,不具有对称性,因此标准差的统计意义并不稳健。第四,杠杆水平为正无穷全质押投资者无法纳入杠杆水平标准差的计算中。

3. 杠杆风险分布系数

考虑到杠杆水平的数值特点和杠杆风险的实证需要,笔者参考基尼系数的构建方式,创新研究出杠杆风险分布系数。

杠杆风险分布系数的具体测算方法为,首先计算市场中所有成员的杠杆水平,按照杠杆水平从低到高进行排序。然后以杠杆水平排序下的累计托管面额占比为横轴，以托管量对应的累计质押式正回购待购回面额占比为纵轴，绘制杠杆风险分布图。根据杠杆风险分布图，参考基尼系数计算方法，通过定积分得到洛伦兹曲线，计算杠杆风险分布系数。

计算公式如下：

$$G = \sum X_i Y_i + 2 \sum X_i (1 - V_i) - 1$$

其中

X= 托管面额比重

Y= 质押式正回购待购回面额比重

V= 累计质押式正回购待购回面额比重

杠杆风险分布系数趋近于 0 时，杠杆风险分布曲线越贴近 45° 线，表示杠杆风险在各投资者之间的分布较为均匀，杠杆水平相对较高的投资者与杠杆水平相对较低的投资者之间的差异不大。杠杆风险分布系数趋近于 1 时，杠杆风险分布曲线越偏离 45° 线，凹性越强，杠杆水平相对较高的投资者与杠杆水平相对较低的投资者之间的差异增大，杠杆风险相对集中于杠杆水平较高的少数成员，说明市场风险相对集中在高杠杆率水平上，结构性风险增大表示杠杆风险在各投资者之间的分布更加分散。相同的杠杆水平下，杠杆风险分布系数越小，市场杠杆风险越小。

对比 2013 年至 2017 年末及 2019 年 5 月末的杠杆风险分布曲线（见图 8），结构性风险呈现先小幅下降再持续上升的趋势。在"去杠杆"降低杠杆率水平的情况下，杠杆风险分布结构趋于不平衡，说明"去杠杆"除了整体发力外还需要注意结构调整，有针对性地引导风险重点成员降低杠杆。

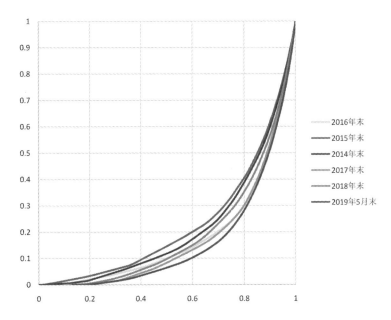

图 8　2013—2019 年银行间债券市场杠杆风险分布系数变化

数据来源：中央国债登记结算有限责任公司

笔者计算 2010 年至 2019 年 5 月末杠杆风险分布系数的日频数据。（见图 9）2010 年，杠杆风险分布系数均值在 0.7 左右；2011 年二季度至年末，杠杆风险分布系数波动下降，至年底最低值达到 0.5169；2012 年，杠杆风险分布系数回升至 0.7 左右水平，其后均在 0.65 至 0.7 之间波动；2015 年杠杆风险分布系数较为稳定，波动较小，年末提出"金融去杠杆"，杠杆风险分布系数波动加剧，但均值水平略有下降，2015 年 1 月 4 日出现最低值 0.4986。2016 年至今，杠杆风险分布系数呈现波动趋势，但范围收窄，均值约为 0.65 水平，较 2010 年和 2013 年两阶段的 0.7 均值下降，说明去杠杆不仅在杠杆水平的控制上取得了成效，在杠杆风险的分布上也更加均衡，减少了个体高杠杆风险敞口的暴露。

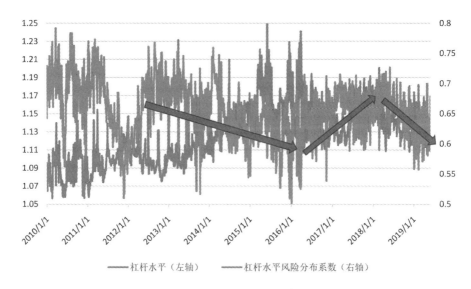

图9　2010—2019年银行间债券市场杠杆风险分布系数变化

数据来源：中央国债登记结算有限责任公司

相较全质押投资者占比和杠杆水平标准差，杠杆风险分布系数具有两个优点。第一，杠杆风险分布系数将投资者对应的杠杆水平通过累计托管面额的方式"分拆"到托管面额中，可以看作是得到了每单位托管面额对应的杠杆水平不考虑不同投资者规模的权重。第二，杠杆风险分布系数的值域为[0,1]，有限的值域有助于确定杠杆风险高低的判断标准。

四、杠杆水平与杠杆风险分布系数的实证关系

现在，我们拥有了两个杠杆风险测量指标——杠杆水平和杠杆风险分布系数。根据2010年至今的数据观察，笔者对杠杆水平与杠杆风险分布系数在统计意义上的相关关系进行了检验。本文探究"去杠杆"以来的市场杠

杆风险变化,因此笔者将数据分为两个时段,一个数据集为 2010 年 1 月至 2015 年 12 月日频数据,一个数据集为 2016 年 1 月至 2019 年 5 月日频数据。

1. 相关性检验

笔者通过对杠杆水平和杠杆风险分布系数的相关性进行检验。(见表 1)在"去杠杆"前后两个时段内,杠杆水平和杠杆风险分布系数均存在显著的负相关关系。

表 1　杠杆水平与杠杆风险分布系数相关性检验结果

数据集	相关系数	p 值	检验结果
201001–201512	−0.5548453	p-value < 2.2e-16	两变量总体相关度不显著为 0
201601–201905	−0.6567804	p-value < 2.2e-16	两变量总体相关度不显著为 0

数据来源:中央国债登记结算有限责任公司

2. 平稳性检验

笔者对杠杆水平和杠杆风险分布系数进行平稳性检验,使用单位根检验作为检验方法,运用 ADF(Adjustment Dickey-Fuller)方法。(见表 2)。两个时段内的杠杆水平和杠杆风险分布系数在 1% 的显著性水平下均平稳,可使用 OLS 回归检验变量间的线性关系。

表 2　杠杆水平与杠杆风险分布系数平稳性检验结果

数据集	Dickey–Fuller	ADF 检验的 p 值	检验结果
201001—201512 杠杆水平	−6.6067	p-value = 0.01	时间序列平稳
201001—201512 杠杆风险分布系数	−5.5532	p-value = 0.01	时间序列平稳
201601—201905 杠杆水平	−5.2862	p-value = 0.01	时间序列平稳
201601—201905 杠杆风险分布系数	−5.5379	p-value = 0.01	时间序列平稳

数据来源:中央国债登记结算有限责任公司

3.Granger 因果检验

Granger 因果关系是指解释变量的前期变化能否有效解释被解释变量的变化，因此 Granger 因果检验是衡量两个变量之间统计意义上是否存在"引起与被引起原因"的方法。笔者对杠杆水平和杠杆风险分布系数进行 Granger 因果检验（见表3）。在5%的显著性水平下，杠杆风险分布系数是杠杆水平的 Granger 原因，但杠杆水平并非杠杆风险分布系数的 Granger 原因。杠杆风险分布系数与杠杆水平存在单向的 Granger 关系。但 Granger 因果关系并不意味着变量之间存在经济意义上的因果关系。

表3 杠杆水平与杠杆风险分布系数 Granger 因果关系检验结果

数据集	p 值	检验结果
201001—201512	9.04E–06	杠杆风险分布系数是杠杆水平的 Granger 原因
	0.5818	杠杆水平不是杠杆风险分布系数的 Granger 原因
201601—201905	1.093E–11	杠杆风险分布系数是杠杆水平的 Granger 原因
	0.5224	杠杆水平不是杠杆风险分布系数的 Granger 原因

数据来源：中央国债登记结算有限责任公司

4.OLS 模型结果

因为杠杆水平和杠杆风险分布系数均平稳，排除了"伪回归"可能，最小二乘回归是有效的，得到 OLS 结果（见表4）。

表4 杠杆水平与杠杆风险分布系数最小二乘回归结果

数据集	截距	系数	p-value
201001—201512	1.354008	–0.358482	p-value < 2e-16
201601—201905	1.388734	–0.376892	p-value < 2e-16

数据来源：中央国债登记结算有限责任公司

因此，在1%的显著水平下，杠杆水平与杠杆风险分布系数之间存在显著的线性关系。

在 2010 年至 2015 年，杠杆水平与杠杆风险分布系数之间的 OLS 模型为：

Leverage = 1.354 − 0.3585 * *Distribution*

其中，

Leverage= 杠杆水平

Distribution= 杠杆风险分布系数

在 2016 年至 2019 年 5 月，即"去杠杆"提出后，杠杆水平与杠杆风险分布系数之间的 OLS 模型为：

Leverage = 1.4514 − 0.4661 * *Distribution*

五、政策建议

本文探究了银行间债券市场杠杆水平及杠杆风险分布的测量方法，提出了杠杆水平的基本计算方法，并根据质押式回购和买断式回购的规则差异、参与回购投资者等情况对杠杆水平在不同口径下的计算调整进行了厘清。本文对于杠杆风险分布的测算，提出了全质押投资者占比、杠杆水平标准差和杠杆风险分布系数三种方法，并对每种方法的优缺点进行了分析。

笔者利用 2010 年至 2019 年 5 月银行间债券市场每日交易的明细数据，对杠杆水平和杠杆风险分布系数的变化进行了实证测算，并对两种指标之间的统计关系进行了检验。

根据上述测算结果和实证检验，2015 年底中央经济工作会议提出"去杠杆"以来，2016 年至今，银行间债券市场杠杆水平平稳下降，期间出现了局部波动和短期高点，但杠杆水平区间已明显低于"去杠杆"之前时段均值，"去杠杆"取得了一定成效。同时，根据不同类别投资者的杠杆水平变化，商业银行等主要投资者的杠杆水平较为稳定，但证券公司、非法人产品等部分投资者的杠杆水平仍有下降空间。再次，尽管杠杆水平有所下降，银行间债券市场的杠杆风险分布系数有所提升，结构性风险增大。

根据以上结论，对于"金融去杠杆"，笔者提出以下建议。

第一，坚持方向不动摇。尽管银行间债券市场的"去杠杆"已取得阶段性成果，但随着市场的波动和国内外经济环境的变化，杠杆水平的波动仍不可避免，因此，需要坚持大方针不动摇，坚持大方向不后退。

第二，加强针对性引导。在市场整体杠杆水平下降的过程中，不同类别的投资者并非"同进同退"，甚至随着杠杆水平的下降，杠杆风险分布系数还有反向上升的趋势，杠杆风险更多地聚集向高杠杆投资者。因此，需要分析不同类别投资者的行为模式，研究不同机构的交易动机，探索不同投资者对不同"去杠杆"措施的反应，有针对性地对杠杆交易较为活跃和激进的投资者进行定向引导和监控，在"降低水平"的同时做到"优化结构"，真正实现杠杆风险的卸载。

参考文献

［1］钟言 . 保持定力去杠杆 [J]. 债券 ,2018(6):6.

［2］李扬 . 金融风险的源头在高杠杆 去杠杆仍是头等任务 // IMI 研究动态，2018 年第一季度合辑 [C]. 中国人民大学国际货币研究所 ,2018:5.

［3］庞海军 , 宋光磊 . 我国宏观杠杆述评 : 政策演进、测度、成因及影响 [J]. 债券 , 2019(5):

48–54.

［4］盛天翔，张勇 . 货币政策、金融杠杆与中长期信贷资源配置——基于中国商业银行的视角 [J]. 国际金融研究 ,2019(5):55–64.

［5］娄飞鹏 . 理性看待杠杆和杠杆率 [J]. 金融市场研究 ,2019(4):33–41.

［6］卢金荣 . 上市银行杠杆顺周期性的实证研究 [J]. 牡丹江师范学院学报 (社会科学版), 2019(2): 19–26.

［7］于博，夏青华 . 去杠杆对国有企业融资约束的异质性冲击研究 [J]. 江西社会科学 , 2019, 39(4): 38–52+254.

［8］王俊籽，林永康 . 行业杠杆率与商业银行的风险承担——基于我国 11 个行业分类的实证分析 [J]. 当代经济科学 ,2019,41(3):61–71.

［9］黄益平 . 稳杠杆比去杠杆更合适 [J]. 金融经济 ,2019(9):17–18.

［10］赫国胜，马妍妮 . 杠杆率监管对商业银行稳定性及收益的影响——基于 16 家 A 股上市商业银行面板数据的实证分析 [J/OL]. 当代经济管理 :1–8[2019–06–20].http://kns.cnki.net/kcms/detail/13.1356.F.20190508.1626.002.html.

［11］王喆，张明 . 金融去杠杆背景下中国影子银行体系的风险研究 [J]. 金融监管研究 ,2018(12):34–53.

［12］黄云霞 ."去杠杆"过程中的"4 类风险"分析 [J]. 山西农经 ,2019(2):147.

［13］刘晓鑫 . 非对称性去杠杆诱发的"次生风险"问题研究 [J]. 金融发展研究 , 2019(1): 85–86.

［14］王朝阳，王文汇 . 宏观杠杆率：指标争议、合意水平与现状分析 [J]. 中国发展观察 , 2019(6): 29–33.

［15］陆岷峰，季子钊 . 居民杠杆率对中国经济增长及房地产发展水平的影响研究 [J]. 金融理论探索 , 2019(2): 3–11.

［16］陆文希.我国金融去杠杆问题研究 [D]. 广西大学 ,2018.

［17］何丹.国有企业杠杆水平的影响因素分析 [D]. 浙江工商大学 ,2019.

［18］娄飞鹏.在稳增长防风险中推进结构性去杠杆 [N]. 学习时报 ,2019-03-27(002).

［19］坚持防风险、去杠杆的基调不变 [N]. 21 世纪经济报道 ,2018-08-01(001).

［20］许先普.合理引导杠杆转移 谨防债务结构风险 [N]. 中国社会科学报 ,2018-10-16(004).

［21］赵锡军.杠杆率与风险的关系难以判断 [N]. 21 世纪经济报道 ,2018-11-16(004).

［22］刘伟江、王虎邦、林晶.稳增长与去杠杆目标下的货币政策效应分析 [J]. 经济问题探索 ,2018(3):127-135.

［23］张圆圆.宏观杠杆率与微观杠杆率的差异原因分析 [J]. 财会学习 ,2019(17):202-203+205.

［24］程一江.对去杠杆防风险的几点思考 [J]. 财政监督 ,2018(15):44-45.

［25］本刊编辑部.去杠杆化解金融风险 : 怎么看、怎么干 [J]. 财政监督 ,2018(15):39-41.

［26］陈道富.去杠杆下的金融风险及其应对 [J]. 广东经济 ,2018(9):12-17.

［27］刘瑶、张明.中国银行部门杠杆率 : 现状与隐忧 [J]. 国际经济评论 ,2019(3):133-150+8.

［28］乔立群.经济金融去杠杆的几点建议 [J]. 银行家 ,2018(3):52-54+6.

［29］郑兴涛、朱蕾.我国银行杠杆率现状及去杠杆影响分析——基于中小商业银行的视角 [J]. 河北金融 ,2018(8):3-8+21.

［30］高睿、曹廷求.宏观杠杆率研究述评 [J]. 东岳论丛 ,2018,39(3):70-78.

中央银行担保品体系的国际实践对我国的启示
——基于对境外央行担保品体系发展历程的研究

钟慧心　王勃　刘诗遥

摘　要: 担保品是目前各国央行在政策实施过程中广泛使用的风险管理工具,尤其是在 2008 年全球金融危机以后,国际市场对担保品的重视程度日益提升。本课题旨在通过对具有代表性的境外央行担保品体系发展历程进行梳理、研究,探索国际成熟的央行担保品管理体系的运作模式和演变情况,通过总结与借鉴国际经验,对我国央行担保品体系的建设提供有益思考及建议。

关键词: 担保品体系　中央银行　国际经验

一、研究背景

(一)中央银行担保品管理概述

担保品作为重要的流动性管理和信用风险缓释工具,已成为现代金融行业必不可少的一环。各国经验表明,中央银行往往通过运用不同的担保品管理手段，以实现特定的宏观调控目标，包括逆周期调节，避免通缩以及刺激信贷等。例如，在 2007 到 2008 年的金融危机和欧元区主权债务危机中，由于市场信用环境趋紧、流动性极度紧缺，各国中央银行纷纷通过调节担保品政策，为市场提供流动性支持，一定程度上维持了金融体系的稳定。

总体来看，各国中央银行进行担保品管理主要有三大重要意义。第一，存款准备金管理。央行通过商业银行的存款准备金来控制货币供给，而银行通过抵押担保品获得央行贷款以满足法定存款准备金要求。第二，净额结算管理。央行能够为实时全额结算支付系统（RTGS）中无法履行支付义务的银行提供日间或隔夜借贷以实现净额结算，并要求商业银行提供抵押担保。第三，外汇储备资金管理。央行将外汇储备资金存放于商业银行，并获得以同种外币计价的担保品。由于外汇储备很少用于交易，这种方式能够给外汇储备提供更高的持有期收益，用以抵消汇率波动造成的损失。同时，货币和利率互换可能需要追加保证金，因此外汇储备在场外衍生品市场的套期保

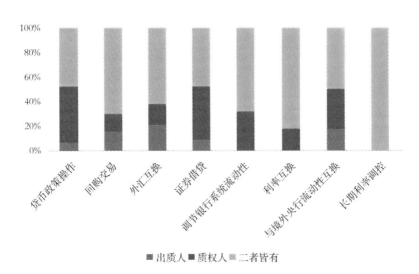

图 1　境外央行担保品管理主要原因

数据来源：Clearstream

值过程中可能催生更多的担保品需求。

2018 年,明讯银行对 27 家央行开展的一份调查问卷结果显示①,央行担保品管理的主要目的是达成货币政策目标,以及通过回购交易调节金融体系的流动性(见图 1)。

中央银行担保品管理的短期和长期影响也十分重要。短期来看,虽然在危机中放松其合格担保品要求可以释放更多担保品参与市场交易,但是央行资产购买的流动性操作可能会占用市场中的可用担保品。即使市场恢复稳定,央行对市场参与者行为的影响也不可忽视,并且在不同的担保品业务中扮演着不同的角色(见图 2)。

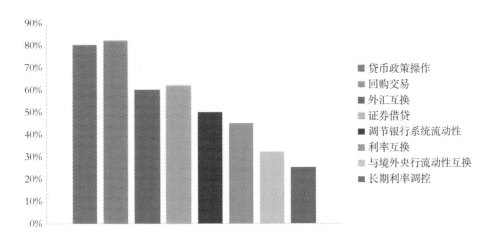

图2 境外央行在担保品管理中承担的角色

数据来源：Clearstream

(二)全球担保品体系演变历程概述

概括来说,中央银行构建自身担保品体系时的几个共识包括:一是减少央行资产负债表因对手方违约而造成的损失;二是支持中央银行货币政策

---

① 数据来源：The collateral management practices of central banks: the case for modernisation. Clearstream .

目标的实施，维护金融体系的正常运转；三是在特殊市场环境下，通过适时变革担保品政策及相关标准，以应对金融危机等非常事件的挑战。

在 2008 年全球金融危机爆发前，主要经济体的央行均已构建了自身的担保品体系。尽管在担保品政策和体系框架设计上不尽相同，但各国央行担保品政策普遍了遵循审慎、独立的原则。金融危机前后，全球中央银行担保品体系的主要变化有：

1. 央行担保品体系重要性凸显

金融危机爆发后，各大央行纷纷通过资产购买、公开市场操作等途径向市场注入流动性，以维持货币体系运转、稳定经济形势，如美联储的大规模资产购买计划（Large Scale Asset Purchase Program, LSAP），英格兰银行的资产购买工具（Asset Purchase Facility, APF）以及欧洲央行（ECB）的公共部门购买计划（Public Sector Purchase Program, PSPP）等。中央银行通过将购买的资产纳入证券借贷业务，进一步增强了量化宽松政策的影响。

2. 担保品规模迅速增长，合格品范围显著扩容

以 ECB 为例，金融危机期间，为调控市场流动性、维护经济稳定，显著扩大了央行合格担保品的范围。2004 年末，ECB 合格担保品约为 7.7 万亿欧元，而 2013 年末，这一数据已上升到了 14 万亿。对比来看，市场机构应对危机的普遍反应则是向对手方施加更为严格的担保品质件，如缩小可接受的合格担保品范围、提高质押折扣率等，以此来对冲担保品价格下降、对手方违约等不利因素。因此，央行的这一举措更多地体现了其稳定经济，并以此为市场提供更多流动性便利的宏观考量和政策立场。

3. 评级门槛明显降低

各国央行在金融危机后采取的另一重要措施是，降低合格担保品的评

级要求。其中，ECB 在降低合格担保品评级要求方面的政策举措相当显著。在 2009 年之前，ECB 认可的合格担保品资产评级机构仅有标普、穆迪、惠誉三家国际评级公司，金融危机爆发之后，多美年信用评级公司（Dominion Bond Rating Services）也被纳入 ECB 评级机构序列[1]。据 ECB 统计，金融危机之后，资产支持债券、无担保银行债券等较低等级的资产在欧洲回购市场上的使用量大幅提升，从 2004 的 35% 上升至 2013 年的 60%[2]。

尽管央行在金融危机期间灵活使用担保品政策对缓解流动性危机起到了一定作用，但也因此被质疑将更多风险资产纳入了央行资产负债表，进而可能对央行货币的信用度和独立性产生影响。因此，大部分央行在金融危机的冲击过后，收回了非常时期的临时性担保品政策，或仅保留部分调节机制。例如，加拿大央行在金融市场恢复正常后，为维持货币政策的运行效率，此前临时被纳入的非抵押贷款组合（Non Mortgage Loan Portofolio，NMLP）被正式纳入其合格担保品框架内，并允许央行在特殊市场环境下临时扩展担保品限制[3]。

二、我国中央银行担保品体系发展历程

伴随着我国金融市场的发展、经济环境的变化以及金融基础设施的不断完善，人民银行的担保品体系也在逐步完善，经历了由早期探索、逐步完

---

[1] 鉴于 ECB 对合格担保品评级遵循孰高原则，多美年对 ECB 担保品体系最显著的影响之一就在于，在欧洲各国面临巨大债务压力的情况下，仍然给予爱尔兰、西班牙、意大利等国家 A– 的主权评级，给予葡萄牙 BBB– 的主权评级，从而降低了以上国家担保品的折扣率，使其能被更大范围地纳入合格担保品范围。

[2] Kjell G. Nyborg. Central Bank Collateral Frameworks.IMF working paper. No.44.

[3] 数据来源：Bank of Canada.

善到日益精细的多个发展阶段。从总体上看，我国央行对于担保品的运用主要体现在货币政策领域，特别是在再贷款、公开市场操作等工具中运用广泛，已经日益成为实施货币政策的重要渠道。

（一）早期探索（1997 年以前）

1984 年，人民银行同时建立了法定存款准备金和再贷款制度。从 1984 年到 1993 年期间，人民银行以再贷款工具为专业银行及一些支持老少边穷、经济开发和安定团结等有特定用途的专项贷款提供资金支持，但基本采用信用方式。1994 年，人民银行成立公开市场业务操作室，并在其后通过各项法律法规[①] 逐步开始对货币政策工具进行规范，并于 1996 年 4 月开始以国债回购形式开展本币公开市场操作。数据显示，1996 年，人民银行共进行有效投标并回购 51 次，通过国债回购共计拆出资金 20 多亿元[②]。与此同时，在 1994—1997 年期间，以信用方式发放的再贷款主要用于为新成立的三家政策性银行提供资金支持。可以看出，在早期探索阶段，信用发放仍然占据主导地位，人民银行担保品体系相对单一，仅由少量国债构成，这也与债券市场发展初期的情况相符。

在这一时期，由于缺乏集中统一的债券托管结算体系和有效的风险控制，国债期货风波和国债回购事件等问题相继暴露出了严重的金融风险。在人民银行的指导支持下，银行间市场于 1997 年正式成立，不仅标志着债券市场快速发展的新阶段，也为中央银行完善担保品体系奠定了坚实基础。

---

① 1993 年 12 月国务院发布《国务院关于金融体制改革的决定》，明确把公开市场操作列为货币政策工具之一。1994 年 2 月，人民银行发布的《信贷资金管理暂行办法》中也指出："人民银行要减少信用贷款，增加再贴现和抵押贷款，发展以国债、外汇为操作对象的公开市场业务，逐步提高通过货币市场吞吐基础货币的比重。"1995 年 3 月第八届人大三次会议通过的《中国人民银行法》，则把"在公开市场上买卖国债和其他政府债券及外汇"，明确列为人民银行的货币政策工具之一。

② 数据来源：《我国公开市场政策的实践及效果评析》（尹继志，2002）。

（二）逐步完善（1998—2011 年）

受 1997 年亚洲金融危机的影响，公开市场业务暂停，人民银行金融调控方式由直接开始向间接转变。期间，得益于中央托管机构的建立和完善，银行间债券市场的债券种类、规模及成员规模迅速扩张，为构建央行担保品体系奠定了良好基础。

1998 年 5 月，人民银行恢复公开市场业务，并建立一级交易商制度，公开市场交易工具逐步由短期国债扩展到国债、政策性金融债、中央银行融资券等，从以回购交易为主的方式增加了现券交易方式。与此同时，为了应对危机后金融风险问题，再贷款工具对抵押担保的要求也有所提高。例如，在短期再贷款中，允许采用信用、保证、抵押和质押等方式发放，鼓励优先采用质押方式，质押物包含国库券、中国人民银行融资券、中国人民银行特种存款凭证、金融债和银行承兑汇票[1]。

进入 2000 年以后，国际收支发生显著变化，快速增长的贸易顺差产生了大量货币的被动投放，公开市场回购操作成为调节货币投放的重要渠道之一。 2002 年，人民银行还通过发行央票的方式，将商业银行持有的以央行持有债券为质押的正回购债权置换为信用的央行票据债权，转换票据总额达 1937.5 亿元[2]。在这一时期，再贷款工具的使用大幅减少，仅在支持"三农"、扶贫等方面少量应用，对担保品的要求也较为灵活。

（三）日益精细（2012 年后）

随着国际金融形势和国内经济现状的迅速变化，货币政策工具不断创新，人民银行对担保品提出了更高的要求，并开始逐步完善担保品体系框架。

---

[1] 1999 年《中国人民银行短期再贷款管理暂行办法》明确，短期再贷款是为解决商业银行资金头寸不足而发放的不超过 3 个月的贷款，可以采用信用和质押方式发放，质押物包括国库券、中国人民银行融资券、中国人民银行特种存款凭证、金融债券和银行承兑汇票。

[2] 数据来源：《我国中央银行公开市场业务的发展历程及趋势分析》（骆志芳，2010）。

借鉴国际经验，2013 年至今，人民银行不断创设新的货币政策工具，包括公开市场短期流动性调节工具（SLO）、抵押补充贷款（PSL）、常备借贷便利（SLF）、中期借贷便利（MLF）、定向中期借贷便利（TMLF）等，并对每一个创新工具均作出了明确的担保品要求（见表 1）。一方面，完善的担保品体系能够提高货币政策调控的安全与效率，标准、透明的担保品体系也是宏观审慎调控的重要体现。另一方面，金融基础设施为货币政策操作提供安全、便捷、高效的担保品管理服务，进一步助推我国中央银行担保品体系框架日益精细。也正因如此，央行担保品体系的内涵进一步丰富。出于政策考量，一些信用债券以及符合人民银行内部评级要求的信贷资产[①]也开始纳入合格担保品范围。

换言之，每一个新型货币政策工具的创设和实施，都离不开债券担保品的应用，每一元钱的基础货币投放都有担保品管理提供的服务支持。从公开市场操作起步，中央结算公司持续配合货币政策的创新，截至 2019 年 3 月，累计支持 72 期中期借贷便利，1533 笔常备借贷便利，1914 笔支小、支农及扶贫再贷款，累计质押担保品规模 23.91 万亿元，管理中担保品余额 4.47 万亿元[②]。

日益精细的中央银行担保品体系还为货币政策调控的实施创造了空间。2018 年，人民银行将合格的企业信用债、小微债、绿色和"三农"金融债券纳入 MLF 担保品范围。通过拓宽该类债券在二级市场的使用渠道和盘活流动性，传导至一级市场，引导金融机构加大对小微、民营和绿色经济等领域的支持力度。截至 2019 年 3 月，在货币政策类业务中，小微、绿色、"三农"

---

① 为贯彻落实国务院关于加大改革创新和支持实体经济力度的精神，2015 年 10 月起，人民银行在上海、江苏等 11 省（市）推广信贷资产质押再贷款试点。2015 年，人民银行对试点地区部分地方法人金融机构符合条件的 3022 家贷款企业完成了央行内部评级，并将评级符合标准的信贷资产纳入人民银行发放再贷款可接受的合格抵押品范围（宋诚，2017）。

② 数据来源：中债担保品业务中心。

金融债和企业债的在押规模已达 768 亿元 [1]，券库结构持续优化。

表 1　中国人民银行货币政策担保品体系

货币政策工具	合格担保品范围	质押率
中期借贷便利（MLF）与常备借贷便利（SLF）	记账式国债	95%~99%
	央票	100%
	政策性金融债	90%~94%
	地方政府债券	40%~90%
	企业债券	50%~85%
	中期票据、短期融资券、超短期融资券	50%~85%
	AA+、AA 级公司信用类债券（优先接受涉及小微企业、绿色经济的债券）	50%~85%
	不低于 AA 级的小微企业、绿色和"三农"金融债券	50%~85%
	优质的小微企业债和绿色贷款	50%~85%
支农、支小、扶贫再贷款	记账式国债	95%~97%
	央票	100%
	政策性金融债	90%~94%
	地方政府债券	40%~90%
	企业债券；中期票据；短期融资券；公司债券；小微企业、绿色和"三农"金融债券	50%~85%
	央行内部评级达标的贷款	50%~70%
	未经央行内部评级的正常类普惠口径小微企业贷款、绿色贷款	50%

---

[1] 数据来源：中债担保品业务中心。

续表

货币政策工具	合格担保品范围	质押率
央行质押式回购	记账式国债	100%
	政策性金融债	100%
	商业银行债	100%
	政府支持机构债	100%
	二级资本工具	100%
	扶贫专项金融债	100%
抵押补充贷款（PSL）①	高等级债券资产和优质信贷资产	

从发展历程中可以看出，具备一定深度和广度的债券市场是构建中央银行担保品体系的关键基础，宏观审慎框架的建立与货币政策调控方式的转变是完善中央银行担保品体系的重要前提，金融基础设施所提供的担保品管理服务则为中央银行担保品体系的精细化提供支持，并逐渐成为中央银行防范金融风险、宏观调控安全高效实施的重要手段。

三、中央银行担保品体系的国际实践与经验借鉴

经过多年发展，国际主要经济体的中央银行基本已建立了较为完整的担保品管理体系。受到政策与制度特征、市场规模和发展状况、法律和历史因素等多方面的影响，在制度框架和管理框架上呈现出不同的特点。

---

① 抵押补充贷款由人民银行于2014年4月创设，最初是为了向国家开发银行对棚户区改造的重点项目提供信贷支持。抵押补充贷款采用质押方式发放，合格担保品包括高等级债券资产和优质信贷资产。

（一）制度框架

央行担保品制度框架的关键要素包括：合格担保品范围及确定方式[①]、担保品折扣率、合格担保品范围适用方式[②]、信用评级机制等。完善的担保品制度框架为央行适应外部宏观环境变化、抵抗市场流动性冲击提供了调节机制。同时，发达经济体的央行通过综合运用担保品管理政策，进一步疏通货币政策传导路径，为宏观调控的灵活实施提供了保障。

从国际经验来看，主要发达市场的中央银行基本都建立起了一套与其金融环境相匹配的担保品管理体系（见附表1）。

1. 在合格担保品范围方面，各国央行认可的资产类别主要为主权或准主权类债券，仅有少部分国家接受信贷资产或不动产作为押品，由此可见，债券天然是担保品，而高等级债券则是最理想的担保品。

2. 在担保品的折扣率方面，各国央行对国债等高等级债券普遍给予了最宽松的折扣率，除此之外的其他债券的折扣率则由其市场认可程度及待偿期等因素共同决定。一般来说，同等其他条件下，交易较活跃、流动性较好、有担保的债券折扣率更低。

3. 在合格担保品范围的适用方式方面，央行多采用多对多或者混合型模式，即设置一个或多个合格担保品池，作为各类业务担保品的基础范围，在此基础上，可以针对某些具体业务设定更小的合格担保品范围。

（二）管理框架

根据担保品是否具有政策差异性，可以将主要经济体的央行担保品管理框架分为单一及多层次担保品管理框架。不同管理框架各有优势，并在不同地区得到了实践和应用（见表2）。

[①] 包括可接受的合格担保品发行机构、资产类别、评级要求、确定方式等。
[②] 即合格担保品可用于的货币政策工具范围，包括一对一、多对多、混合型。

1. 单一担保品管理框架

单一担保品管理框架，即对不同的货币政策操作设定单一的担保品范围并按照统一标准评估担保品。目前，实施该框架的代表性央行包括欧央行及日本央行。其优势在于央行能够建立担保品池进行预先存放及备案担保品，评估流程的简化也提高了央行进行流动性供给的及时性与灵活性。

欧央行的担保品管理不具有政策差异性。2007 年之前，整个欧元区实行的是双层担保品框架（two-tier），银行贷款只能在少数国家（法国、德国、奥地利和西班牙）而非整个欧元区范围内充当担保品。2007 年欧央行建立单一担保品框架，也就是单一名单（single list）后，整个欧元区的担保品范围得以统一。与欧央行类似，日本央行建立的也是单一担保品管理框架，担保品也分为市场化资产和非市场化资产。此外，日本央行还对地震受灾地区提供特殊担保品优惠政策。

2. 多层次担保品管理框架

相较于单一的担保品管理框架，多层次担保品管理框架能够在一定程度上避免单一担保品管理框架中交易对手方的逆向选择问题，提高央行持有担保品中的资产质量。实施该框架的代表性央行有美联储及英格兰银行。

基于管理难度与复杂性的考虑，中央银行在设定担保品管理框架时通常不会对担保品标准进行实时操作。但面临金融危机时，资产价格周期和资产负债表紧缩效应的叠加容易导致市场信心崩溃和挤兑行为。此时，政策差异性就显得尤为重要。美联储在危机期间创新性的流动性工具能够为稳定市场信心并及时向市场提供流动性起到积极的作用。

表 2 不同国家和地区中央银行担保品管理框架

国家/地区	是否具有政策差异性	合格担保品范围	担保品选择	交易对手方范围
欧元体系	否	广泛，不局限于同一类型机构的债券	混合担保品池(pooled)	广泛
美联储	是	公开市场操作担保品范围较窄；常备借贷便利范围广泛	公开市场操作担保品采用指定担保品(earmarked)；常备借贷便利混合担保品池	公开市场操作只针对一级交易商，常备借贷便利针对支付系统参与者
英国	是	短期公开市场操作和常设操作便利担保品范围较窄，长期公开市场操作范围广泛	指定担保品	随公开市场操作类型而定；流动性保障只面向商业银行，部分非银金融机构可以参加短期公开市场操作
加拿大	是	公开市场操作担保品范围较窄；常备借贷便利范围广泛	公开市场操作指定担保品；常备借贷便利混同担保品	公开市场操作只针对一级交易商，常备借贷便利针对支付系统参与者
日本	否	广泛，不局限于同一类型机构的债券	混合担保品池	广泛，但随货币政策操作类型而定
韩国	是	公开市场操作担保品范围较窄；常备借贷便利范围广泛	公开市场操作指定担保品；常备借贷便利混同担保品	公开市场操作对象范围较窄，常备借贷便利范围广泛
新加坡	是	范围较窄，且公开市场操作担保品范围较常备借贷便利范围更窄	指定担保品	公开市场操作只针对一级交易商，常备借贷便利针对支付系统参与者
印度	是	范围较窄，且因货币政策操作类型而异	指定担保品	公开市场操作和常备借贷便利都面向银行及一级交易商
墨西哥	是	公开市场操作担保品范围较窄；常备借贷便利范围广泛	指定担保品	公开市场操作针对所有境内商业银行，常备借贷便利只针对私人部门银行

（三）央行担保品体系的成因分析

中央银行担保品体系的主导原则往往十分相似。一般而言，优先考虑信用风险和价格风险较低的资产，极端情况下，中央银行会放宽合格担保品范围。然而在实践中，相似的主导原则却往往形成不同的担保品实施框架，其内在原因主要包括政策与制度特征、市场规模、内部评级、法律和历史因素。

1.政策与制度特征：央行担保品管理的导向包括货币政策操作目标（如隔夜利率、其他锚定利率或货币量）或结构性流动性特征（如持续存在盈余或赤字）。例如，结构性盈余的中央银行通常会吸收流动性，不适合设定广泛的合格担保品范围。

制度差异也催生不同的担保品管理框架。例如，以美国为代表的中央银行在公开市场操作中只面向特定的证券公司（一级交易商），而常备便利（SF）则面向不同类型的存款机构。也就是说，交易对手方范围的变化导致了多层次的合格担保品范围。相较而言，具有多样化交易对手方的欧央行则采用更广泛、统一的合格担保品范围。

2.市场规模：高质量流动性资产的可获得性及流动性也是影响中央银行担保品框架的重要原因。例如，在交易活跃的国内政府债券供应充足的国家和地区，此类债券可能是中央银行业务的主要合格担保品类型。相比之下，在政府债券相对稀缺或交易活动不充分的国家和地区（由于财政盈余或小额赤字的历史缺乏债券发行），央行可能会接受更广泛的担保品，包括私营部门证券和外币计价的资产，以确保交易对手有足够的合格资产来获取央行的流动性。

3.内部评级：此外，中央银行内信用评级制度的发展状况也对担保品框架的选择产生影响。为了减少机制对外部信用评级机构的依赖，部分中央银行组建了内部信用评估团队，可以进行复杂的风险评估以降低违约风险。内部信用评级机制的完善能够为接受更广泛的合格担保品范围奠定基础。

4.法律和历史因素：法律框架决定了担保利益实现的时效性和确定性。例如，即使标的资产相同，中央银行可能只会将住房抵押贷款支持证券（RMBS）作为担保品，而不是银行的个人抵押贷款。此外，许多中央银行担保品框架都具有历史遗留的特征。例如,欧元体系的统一的宽框架,反映了成员国家的中央银行在创建欧元之前的广泛担保品框架。金融发展路径各种资产类别发展深度和流动性的顺序,都能在目前的担保品框架中得以体现。

四、对我国中央银行担保品管理体系的借鉴与思考

(一)合格担保品范围的选择与调整

合格担保品范围的选择和调整,既要与货币政策的目标和特点相适应,又要满足操作上经济、简便的要求。人民银行现行的合格担保品范围相对较小,多以利率债或高等级信用债为主,近年来也开始考虑向信贷资产等非标准化的担保品拓展。

一方面,鉴于我国的金融体系与欧洲较为类似,均以存款类金融机构为主,可以参考英格兰银行和欧央行扩展担保品范围的经验,在时机成熟时逐步将担保品范围扩大至国内其他高等级债券、信贷资产和外币资产等。参考主要经济体央行在应对 2009 年国际金融危机时的做法和经验,可考虑通过担保品体系建立逆周期的动态调节机制。例如,在市场出现极端情形时扩展合格担保品范围,从而为金融体系提供更加充沛的流动性支持,以期在不同的市场条件下实现货币政策目标。另一方面,静态的担保品管理机制和高度集中的担保品池韧性不足,在危机时容易引发系统性金融风险。因此,在央行担保品体系中引入对一套基于担保品的风险监测指标显得尤为重要。例如,从总额控制的角度监测货币政策参与机构的相对规模、绝对规模和日均交易规模等;从集中度的角度,掌握参与机构在押担保品中不同评级债券的分布、单一债券的集中度占比情况等指标,并据此进行动态调整,从而有效

防范风险。

（二）担保品折扣率

担保品折扣率是反映央行风险偏好水平的重要指征，由于技术手段、资产类别、政策引导等多方因素的影响，即使对同一资产，不同央行采用的折扣率也不尽相同。

首先，不同央行在技术层面的选择存在差异。目前，最为广泛接受的折扣率计算方法是风险价值法[①]（VaR），VaR 的置信水平不同会对担保品折扣率产生一定影响。此外，根据明讯在 2018 年的调查，受访欧洲央行中，仅有 40% 的中央银行选择使用 VaR 法，其他央行选用的评估方法包括内部法、期望损失法、多因子法、压力测试、情景分析、第三方评估以及与对手方协商等。但无论如何，中央银行都很少采取单一的技术手段。

其次，在资产层面，中央银行担保品折扣率因发行人、期限、计息方式不同而不同。例如，交易量较少、以外币计价或依赖于某种估值模型的资产可能折扣率较高。例如，在欧洲央行，AAA 级的短期证券折扣率仅为 0.5%，而低评级、长期的零息债券折扣率为 22.5%；BBB 级长期资产折扣率为 44%，而同等评级的信用证折扣率高达 65%。相比之下，英格兰银行对主权债的折扣率从 0.5% 到 15% 不等，长期 MBS 折扣率最高可达到 37%。挪威央行的折扣率从 AAA 短期政府债券或货币市场基金的 1%，到长期低评级担保证券的 22% 不等。[②]

最后，央行担保品折扣率还反映着政策导向。市场机构达成交易是以实现资产负债的匹配为目的，而中央银行的市场职能和责任属性决定了其接受的担保品范围远小于市场机构，且同等条件资产的折扣率一般不低于市

[①] VaR 值衡量的是在既定显著性水平下，贷款者在某个特定时期可能承担的最大损失。

[②] 数据来源：The collateral management practices of central banks: the case for modernisation. Clearstream .

场折扣率①。例如，对于欧洲央行基本不接受的权益类证券，私营部门给出的折扣率却低至 6% 左右。

尽管很难对不同央行的担保品折扣率进行直观的横向比较，但境外央行的实践经验仍有借鉴意义。现阶段，以中期借贷便利担保品为例，人民银行已经开始根据信用债的发行人和评级、债券及信贷资产的用途是否为重点领域，以及地方财政专项借款归还情况等维度，对折扣率进行精细划分。未来，可考虑采取更加多元的技术手段和资产情况，进一步完善对央行担保品的折扣率设定，特别是信用债和非标准化的资产。另外，在设定担保品折扣率时，还应当充分考虑市场折扣率情况，以体现政策导向。因此，构建完善透明的市场担保品池及折扣率标准是这一措施的关键所在。参考国际经验，三方回购业务在市场参与度与透明度方面都是央行制定折扣率标准的绝佳依据。2018 年，交易所市场与银行间市场相继引入三方回购业务，大力发展三方回购业务并完善市场化的担保品体系框架，对于央行担保品体系也具有重要意义。

（三）构建综合评级制度，完善担保品价值评估体系

纵览全球主要经济体央行担保品管理体系，不难发现，主要市场的中央银行基本已经建立了较为完善的担保品估值和评级框架。除标普、穆迪、惠誉国际等国际专业评级机构提供外部评级外，根据巴塞尔协议框架的相关内评要求，部分央行还致力于开发内部评级系统，采用内外结合的评级机制，把握和防控资产风险。

参照国外经验，结合我国债券市场评级水平良莠不齐的现状，建议从内部、外部两个方面完善担保品价值评估体系。一方面，加快对信用评级市场

---

① 但也有例外，例如，欧洲市场上，三方交易中商业银对政府债券、公共部门债券的折扣率基本在 2.3%~2.5%，对可转债的折扣率约为 11.7%，与欧洲央行的折扣率接近。

建设。2019年1月，标普已经获准进入中国信用评级市场，引入国际专业评级机构，将有助于促进境内信用评级体系发展。另一方面，构建完善的央行内部评级体系。2015年，人民银行在推广信贷资产质押再贷款的试点过程中，已经建立起了一套内部评级体系。但就目前来看，这一评级体系的使用基本只局限于信贷资产，并且在评估体系、数据监测方面的制度建设也有待进一步的梳理和完善。

（四）充分应用专业的第三方担保品管理机构

由于第三方担保品管理架构具有诸多优势，境外央行在进行担保品管理时越来越多地采用第三方担保品管理机构实现担保品的高效使用。明讯银行通过担保品管理全球外包服务（Liquidity Hub Global Outsourcing）与中央银行、中央证券托管机构和交易所直联，完成担保品的优化配置。

因此，依托中央托管机构提供集中、统一的第三方担保品管理，可以带来显著的规模效应和专业优势，规模化带来操作成本的降低，专业化带来管理效率的提升。建议在构建央行担保品体系的过程中，充分应用第三方管理机制，将复杂的担保品管理"外包"给更具专业优势的中央托管机构，最大化担保品管理工具的职能作用。目前，中央结算公司提供的第三方担保品管理机制已经在多项货币政策业务中得到应用，在提高货币政策操作安全性，疏通货币政策传导机制，支持货币政策操作高效执行等方面发挥着重要作用。下一阶段，可考虑进一步发挥第三方担保品管理机构的专业优势，在担保品管理手段、担保品违约处置及风险监测等方面进一步完善央行担保品管理链条，成为对央行担保品管理职能的有力补充。

参考文献

［1］尹继志. 我国公开市场政策的实践及效果评析 [J]. 新金融 , 2002(2).

［2］尹继志. 欧洲央行应对金融危机的货币政策 [J]. 宏观经济管理 , 2012(12):81-83.

［3］宋诚. 我国中央银行抵押品制度思考 [J]. 青海金融 , 2017(12):13-17.

［4］李文森，戴俊，唐成伟. 央行抵押品管理框架分析 [J]. 中国金融 ,2015(16):39-41.

［5］方莉. 中央银行抵押品管理框架的国际经验与借鉴 [J]. 金融理论与实践 , 2018(11):111-118.

［6］唐成伟. 中央银行抵押品框架的影响因素及变化趋势 [J]. 财税金融 , 2015(28):82-84.

［7］胡彦宇，张帆. 央行货币政策操作中合格抵押品制度框架介绍与启示 [J]. 金融发展 , 2013(5):70-79.

［8］赵浩. 中央银行内部信用评估体系的欧元区经验 [J]. 新金融 , 2018(10):10-16.

［9］Kjell G. Nyborg. Central Bank Collateral Frameworks.IMF working paper. No.44.

［10］Koulischer, F. and D.Struyven, 2011.

［11］Chailloux,A.,Gray,S.& McCaughrin,R. Central Bank Collateral Frameworks: Principles and Policies. IMF Working Paper WP/08/222, 2008.

［12］Clearstream. The Collateral Management Practices of Central Banks: the Case for Modernisation, 2016(1).

［13］BIS Markets Committee. Central Bank Collateral Frameworks and Practices, 2013(3). http://www.bis.org.

附表 1　主要经济体担保品制度框架

中央银行	合格担保品范围		折扣率	合格担保品范围适用方式	信用评级机制
	担保品种类	评级要求			
美联储	1. 国债，政府机构担保债券、MBS/CMO、市政债、企业债、超主权债券、外国政府债 2. 短期融资工具、中长期债券、CMBS、ABS、ABCP、信用债券、抵押贷款等	1. 投资级及以上 2. ABS在AAA及以上 3. 贷款类抵押品以内评为准	1. 国债（1%~8%），政府机构担保债/超主权债（2%~9%），市政债/外国政府债（2%~11%） 2. 非金融机构企业债（3%~12%） 3. 金融机构担保债券（3%~8%），CMBS（2%~10%），商票3% 4. ABS（2%~18%） 5. 银行贷款（4%~56%）	混合型：设置合格担保品池，对公开市场操作适用的担保品范围有明确规定（包括国债、政府支持机构债、MBS）其他货币工具可使用资产池中的合格担保品	1. 外部评级 评级机构认证体系：ECAF/欧央行信用风险评价机制/评级机构：标普、穆迪、惠誉国际、DBRS 2. 内部评级 CAMELS评级体系
欧洲央行	1. 欧元区央行央票、国债、抵押债券、超主权债、政府机构担保债券 2. 金融机构信用债券、抵押债券、ABS 3. 短期融资工具、中长期企业债 4. 银行贷款、个人住房按揭支持债务工具等	1. 担保品外部评级不低于BBB-，或内评一年内连约概率低于0.4% 2. ABS最低评级不低于AAA，最低跟踪评级不低于A-	1. 国债/央票（0.5%~13%），政府机构保债券/市政债/外国政府债（1%~38%） 2. 金融机构企业债（1.5%~38%） 其他机构大额担保债券（1.5%~38%），无担保债券6.5%~46%） 4. ABS 16% 5. 银行贷款（8%~64.5%）	多对多型：设置合格担保品池，仅限制贷款类合格担保品使用过而已，对其他货币政策工具而言，只要交易对手满足央行合格标准，则认可其提供的合格担保品	1. 外部评级 评级机构认证体系：NRSRO（国家认定评级组织）评级机构：标普、穆迪、惠誉国际、DBRS、Realpoint 2. 内部评级 ICAs（欧元区央行内部评级机制）交易对手内部评级体系（IRB）、第三方评级工具（RTs）
新加坡金管局	1. 新加坡电子支付系统中的新元担保品：政府债主权央票 2. 其他新元担保品：新加坡伊斯兰债券私人投资公司发行的新元伊斯兰债券、新加坡政府法定委员会或其他AAA和AA级私人部门、跨国公司、主权及主权担保公司或非金融公司等部门发行的新元债券 3. 外币担保品：新加坡金管局与其他中央银行建立的跨境抵押安排"CBCA"下的某些外币和外币政府及中央银行证券	1. 合格担保品通常都为政府债券、央票等高等级债券 2. 其他非政府部门发行的债券要求发行人评级不低于AA-或穆迪评级Aa3	国债/央票：期限0~1年（2%），期限1~5年（2%），期限5~10年（3%），期限大于10年（4%）	新加坡金管局通过货币市场操作，常备借贷便利（SF）和日间流动性便利（ILF）来进行流动性管理。货币市场操作工具包括直接融资券、外币互换、担保债券逆回购和央票。担保品范围较暂备借贷便利和日间流动性便利更宽	外部评级 评级机构：标普、穆迪
日本央行	1. 日本政府债券、国库券、国债 2. 政府担保债券、市政债券、票据、商业银行历史和贷款计划（FILP）债券 3. 公司债、ABS、商业贷款资产 4. 信贷资产、不动产	1. ABS发行评级不低于AAA 2. 投资机构/境外机构/房地产公司发行的债券评级不低于AA 3. 房地产公司信贷资产评级不低于AA	1. 可获得市场价格的合格担保品价值，应根据其历史市场价格波动（包括其担保品价值）计算 2. 无法获得市场价格的担保的保证金，应根据理论价格波动（包括其担保品价值）计算	对于不同类别的货币政策操作采用统一的合格担保品范围。此外，对地震2次地区区央行提供特殊担保品优惠政策	外部评级 日本格付投资信息中心（R&I）、日本资信评估公司（JRC）等

在岸人民币债券作为初始保证金业务展望

姬晴柔　刘昕畅　陈哲钰

摘　要： 2016 年起，国际衍生品市场开始施行强制保证金制度，各国托管机构及国际担保品管理机构纷纷有针对性地提供初始保证金的托管服务和担保品管理服务。与此同时，市场机构和 ISDA 协会也在共同推动合格担保品范围的拓展。作为在岸人民币债券的托管机构和担保品管理机构，以第五阶段（2020 年）大量中资机构合规节点迫近为契机，可研究推动在岸人民币债券作为初始保证金业务。为该业务顺利开展而推进的各项基本制度完善及对标，也将成为在岸人民币债券纳入国际合格担保品池的极好切入点。本文围绕初始保证金管理业务开展背景以及托管机构／担保品管理机构需做的准备工作进行梳理和分析。

关键词： 非集中清算衍生品新规　初始保证金　在岸人民币债券　合格担保品池　担保品管理

一、初始保证金综述

（一）ISDA 及 ISDA 主协议

1. ISDA 概述

ISDA[1] 是国际衍生品交易界最具权威性和代表性的全球组织。20 世纪80 年代初利率互换交易兴起以后，为解决交易过程当中交易各方对互换的定义、条件、内容等的分歧，为交易各方提供统一的交易标准与秩序，互换市场上最具影响力的 10 家衍生品交易商在 1985 年于纽约进行谈判，讨论互换交易的基本内容及交易的标准与秩序问题，并成立了互换交易商自己的组织"国际互换交易商协会"，后于 1993 年将名称从"国际互换交易商协会"改为现在的"国际互换与衍生品工具协会"。

截至 2019 年 6 月底，ISDA 拥有来自 71 个国家和地区的 900 多名会员，囊括了国际市场上几乎所有重要的场外衍生产品交易市场参与者，包括企业、投资管理人、国际组织、保险、能源与商品企业以及全球性 / 区域性银行，除上述市场参与成员外，还包括交易所、中介机构、清算所、存托机构、律师事务所、会计师事务所等作为市场基础设施的成员[2]。ISDA 总部设在纽约，CEO 及大部分员工位于伦敦办事处，在新加坡、东京、华盛顿特区及布鲁塞尔也拥有办事处。

2. 主协议沿革

ISDA 从 1987 年开始发布具有知识产权的衍生品交易主协议，于 1992 年推出 1992 年 ISDA 主协议，大大扩大了协议的适用范围，从单纯的互换

---

[1] 全称"国际互换与衍生工具协会"（International Swaps and Derivatives Association）。

[2] https://www.isda.org/about-isda/，于 2019 年 6 月 30 日访问。

交易扩充到了几乎大部分衍生产品交易，包括利率、货币、外汇、商品等的远期、互换及期权交易。1993 年发布了《1992 年 ISDA 主协议使用指南》。1994 年和 1995 年发布了关于信用支持的标准文本。2001 年发布了《ISDA 保证金规定》。2003 年 1 月发布了《2002 年 ISDA 主协议》。经过近 20 年的努力，ISDA 主协议逐步形成了纽约法或伦敦法管辖的主协议正文、主协议附件（Schedule）、确认书、信用支持文件四类文件的文件群组。

2016 年之前，主协议的内容仅涉及商业谈判，自 2016 年多国根据 G20 要求执行强制保证金规定起，ISDA 为附合监管规定在原有主协议架构基础上不断进行更新，还特别与欧清、明讯共同出版了信用支持文件版本（担保品转让协议 CTA、担保协议 SA）来满足初始保证金要求。近年来 ISDA 为满足在监管实施过程中出现的具体需求频繁更新主协议版本。例如，2017 年版 ISDA 主协议还为日本债券作为初始保证金的场景增加了特别条款；2018 年最新版本主要考虑 2020 年第五阶段初始保证金要求囊括了许多小型金融机构，因而加入了买方一些针对性要求。

（二）强制保证金概述

G20 监管框架要求在若干较大的市场参与者之间提供初始保证金（Initial Margin, IM）和变动保证金（Variation Margin, VM）。变动保证金应对的是市场波动风险，将定期盯市计算出的现金以转移所有权的方式交付给对手方。市场参与成员自变动保证金监管规则公布起就已经开始缴纳。

与之不同，初始保证金应对的是信用 / 违约风险，从 2016 年开始按照参与者衍生品合约总金额的多少分阶段实施。为满足破产隔离要求，需要第三方存管机构（担保品管理机构）参与进来管理交易双方缴纳的初始保证金。

具体而言，初始保证金基于合并集团（consolidated group）的平均累计名义金额（AANA）而定，第一阶段、第二阶段和第三阶段已经完成，第四阶段正在进行中，第五阶段将在 2020 年完成。第四、第五阶段的合规门槛（threshold）分别为 7500 亿欧元和 80 亿欧元，分别于 2019 年和 2020 年 9 月 1 日开展。

（三）初始保证金与第三方存管

1. 初始保证金概念

变动保证金的管理者为接受现金的一方，并不涉及第三方担保品管理机构。而初始保证金为达到破产隔离[①]，实践中采取担保权益法律机制（而非所有权转让），并通过第三方存管/担保品管理机构进行管理，包括欧清、明讯、摩根大通、纽约梅隆等担保品管理机构，且初始保证金的缴纳规模较大，实践中市场参与者都会以证券充抵以节约成本。目前大部分证券为美元、欧元及日元债券。

2. 担保品管理法律文件

初始保证金第三方存管和担保品管理的相关法律文件，主要分为协议和法律意见书，均在 ISDA 主导或高度参与下形成。ISDA 协会于 2016 年分别与欧清、明讯联合发布了信用支持文件版本（担保品转让协议 CTA、担保协议 SA）[②]；其余众多托管银行则采用 ISDA 制作发布的信用支持契约（CSD）或信用支持附件（CSA），例如纽约梅隆、摩根大通等来服务各自的客户。此外，ISDA 针对自己发布或联合发布的每一份协议文本均出具了法

[①] 破产隔离要求担保品接收方在破产情形下，其对手方缴纳给他的初始保证金资产不得作为破产财产。在所有权转让的模式下，担保品接收方接受的担保品与担保品接收方的其他资产都属于破产财产，侵害了担保品提供方的权益。

[②] 担保品转让协议（CTA）和担保协议（SA）两份文件结合等同于初始保证金信用支持附件（CSA）或初始保证金信用支持契约（CSD）。

律意见书（针对不同管辖地法律），来说明所有权转让和违约处置等问题，但不包括外汇管制问题。对此，部分托管行的解决方案是雇佣外部律师对外汇管制问题出具自己的法律意见书。

二、业务参与机构的合规步骤

初始保证金的文件必须符合所有有关保证金的现有监管规则，涉及的法律问题比变动保证金更为复杂，包含信用和风险管理程序（信用要求、运营要求、建立模型），以及法律可执行力的"独立法律审查"。此外，根据托管人的类型不同，需应用不同的初始保证金文件，通常情况下，每一交易对手方采用不同的托管人，每一方分别与托管人之间构建一套单向初始保证金文件，特殊情形下每一交易对手方有两家托管机构。根据交易类型、安排的不同，初始保证金文件的构成也不同。大体上来看，文件包含以下几类：保证金当事方之间的双边协议（交易商与交易对手方之间）；开户文件（On-boarding documents，交易商和/或交易对手方与相关托管人签订一次）；交易商、交易对手方及其托管人之间的三方协议。

在法律适用方面，根据国际私法的一般原则，债券作为证券的一种，为各国普遍承认的准据法适用包括：证券所在地法、发行人属人法、行为地法、证券交易所所在地法以及当事人合意选择的法律。债券作为担保品，托管于第三方机构，当未发生违约等触发情形时，不发生担保品转移等问题，因此，各国就初始保证金问题最可能适用的原则为物之所在地原则。作为担保品的证券托管在中央证券托管机构，则适用统一托管机构所在地的法律。其中，日本政府债券（JGB）作为初始保证金的担保品，适用日本法律规定及结构安排。随着亚洲其他国家金融市场的不断发展，更多亚洲国家的政府债券作为初始保证金的应用范围将逐步扩大。

ISDA 为全球金融市场参与者提供了初始保证金合规的步骤[①]，共包括八步：

第一步"及早确定适用范围内的实体"。需确定集团的实体中哪些可能处于适用范围之内，以作规划。应将以下全部实体纳入考量：(i) 变动保证金（VM）适用范围内的实体；以及 (ii) 预估非集中清算的衍生交易的平均名义数额总和（AANA）将超过将来有关分阶段实施日期的水平的实体。第 4 阶段（2019 年 9 月）的门槛为 7500 亿欧元；第 5 阶段（2020 年 9 月）的门槛为 80 亿欧元（或接近该数额的其他货币，按适用法规而定）。公司必须在 AANA 观察期（如 9 月实施，则通常在 3 月和 5 月之间）之后作出最终决定，但须在观察期之前提早完成预估工作，以预留充足时间准备。公司可能须进行系统开发：AANA 必须在公司集团合并财务报表水平上厘定；根据适用的规定，可能须以多种货币计算；AANA 必须以投资人本人的数额决定——即该投资人委托的各个资产管理人（如有）的合计。投资人及其资产管理人可能须提前进行沟通。

第二步"提前向交易对手作出披露"。公司应向交易对手披露其预计将列入适用范围实体的状况，为各方预留充足时间完成所有步骤。早期的双向披露是必需的，以便每家公司确定将受影响的交易方关系的数目；鼓励各方加入 ISDA 或其他业界工作小组，以符合业界最佳行业惯例的方式分享此信息；披露应在初始保证金生效日期之前 12 至 18 个月完成，但是：较后期阶段需要较长时间，因为会有更多交易对手同时列入适用范围内；如某投资人

[①] https://www.isda.org/a/qXrEE/ISDA-Initial-Margin-Fact-sheet_Simplified-Chinese.pdf，于 2019 年 6 月 30 日访问。

委托多名资产管理人,须考虑由哪个实体作出所需计算及披露以及最佳实现方式;鼓励披露有关联系方式,以促进与交易对手的沟通,尤其当集团中不同法律实体有不同联络方式时更是如此。

第三步"交换合规信息"。有关公司如何符合初始保证金要求,须作出许多重要决定。应与所有交易对手交流此信息。应考虑公司自身以及交易对手会采用哪位托管人代为支付初始保证金;公司与交易对手如何计算初始保证金(例如使用 ISDA 标准初始保证金模型〈ISDA SIMM〉、监管表格或是其他方式);确定最低转账金额(MTA)以及初始保证金门槛,包括 MTA 如何于初始保证金及变动保证金之间进行分配。与所有交易对手和托管人(如需要)约定合资格的担保品及扣减率:仅以现金支付变动保证金的公司须计划取得额外形式的担保品以符合初始保证金要求;留意有关托管人就提交及启动担保品表格而设立的最后期限。

第四步"判明特殊情况"。确定是否属于任何特殊情况。特殊情况可能须将如下影响纳入考虑:无净额计算的司法管辖区、适用当地法律/当地语言的文件、印花税、担保的注册以及就具体实体而定的监管要求(如欧盟可转让证券集合投资计划〈UCITS〉)。还应考虑监管合规所要求的法律意见范围。

第五步"与托管人/担保品管理人建立关系"。公司应与有关托管人建立关系并就所有列入适用范围内的交易对手关系提供资料。包括将使用的托管人以及所有交易对手将使用的托管人。建立该等关系所需的工作量,取决于使用的托管人类型;可能须进行"认识您的客户"检查,可能需要数星期或数月;必要时须开立新的独立账户;与托管人之间展开沟通交流。

第六步"做好合规准备"。公司须事先提升合规管理能力。就初始保证金监管计算方式做好准备（如 ISDA SIMM 及 / 或监管表格）。准备 / 标识内部数据输入，包括与 ISDA SIMM 众包工具 (ISDA SIMM Crowdsourcing Utility) 连接（适用于股票及信用类交易）；增强计算能力或与外包商做好安排；与交易对手进行投资组合匹配或 ISDA SIMM 试运算；如需要，取得使用模型的监管批准。公司还应按需提升运营能力（包括信息技术或其他系统的开发）：发展使用多个初始保证金或变动保证金信用支持附件（CSAs）以及发出担保品支付要求 / 对账过程的能力。如需要，与外包商做好安排；监控错向风险以及集中度限额（根据适用法规而定）；根据外部评级以及信贷质量级别，推算并应用标准担保扣减率（根据欧盟法规）；就已收初始保证金计算及应用外汇扣减率（如适用）；如为任何担保品管理功能采用外包安排，保证相关第三方管理人有充足的了解并做好充分准备；即使一家公司并非直接受监管的机构，如其交易对手根据适用法规须支付初始保证金，该公司可能仍须开发系统以要求及收取合资格初始保证金。

第七步"磋商 / 签署文件"。必须在实施日期之前，与所有交易对手磋商并签署所需文件。包括：与所有交易对手签订双边初始保证金信用支持附件或担保转让协议 / 担保协议；与所有交易对手 / 托管人之间签订三边账户控制协议。如果通过中介使用托管人，可能需签署额外文件；合资格担保品表格；ISDA SIMM 特许使用协议以及 ISDA SIMM 众包工具参与协议（如需要）。

第八步"准备工作的最终完善"。检查全部需要的关系是否正常运作，且所有测试已完成。确保已在全部有关托管人处及公司内部系统完成开立账户流程；与托管人测试独立账户转账；与所有第三方担保品管理人进行测试。

三、各担保品管理机构的应对

在合规步骤的第五步"与托管人/担保品管理人建立关系"和第六步"做好合规准备"中，需要客户与自己的托管机构/担保品管理机构共同完成。

强制保证金要求自颁布至今，已实施三个阶段，因而众多国际担保品管理机构，已具备成熟的在运行中的方案。从市场占有率来看，主要的初始保证金担保品管理服务由欧清、明讯、摩根大通、纽约梅隆等提供。此外，对于部分托管的债券尚未进入国际担保品池的托管机构，也因第五阶段涵盖机构范围猛增而在做相应准备，以满足市场参与者对于该国在岸债券的使用需求，例如为第五阶段合规做准备的韩国 KSD。

（一）欧清

在监管趋严的背景下，客户越来越多地采用欧清银行的担保品管理解决方案来降低风险。可以继续看到包括三方回购、证券借贷等在内的各产品线担保品存续期余额（即欧清系统分配的担保品金额）均有所增加；同时在2017年，也吸纳了那些采纳了与非清算衍生品保证金要求有关的新监管制度的参与者。

越来越多的金融市场参与者需要可实现跨边界跨时区转移的担保品。受量化宽松政策取消的推动，和新的全球管理条例中要求客户在交易时提供保证金以降低对手与系统风险的影响，担保品需求将继续增加。其中一个监管变更领域是非清算衍生品需提交保证金。继2016年9月成功处理了第一波大批量新合同之后，2017年欧清继续与市场参与者合作，成功迎来了第二波客户。金融市场需要能实现担保品采购、转移与分离的中立、操作互通的公共设施，通过担保品高速路，欧清满足了这一需求。它能够提供担保品管理的综合解决方案，让客户对其所有资产类别一览无余。

（二）明讯

明讯银行抵押品管理业务主要包含证券借贷业务（Securities Lending and Borrowing）、三方抵押品业务（Triparty Collateral Services）和场外交易抵押品业务（OTC Collateral）三大业务类型。

明讯银行通过三方抵押品业务（Triparty Collateral Services）下的三方抵押品管理业务（Triparty Collateral Management Services）为客户提供非集中清算场外衍生品强制初始保证金相关的抵押品服务。明讯银行在 2014 年推出场外交易抵押品业务。该业务主要为客户提供双边抵押品管理解决方案，可对作为变动保证金的抵押品进行结算和托管。由于集成在全球流动性中枢体系中，可以方便客户使用同一个抵押品池覆盖双边抵押品交易、三方抵押品交易和 CCP 的风险敞口。

明讯银行的全球流动性中心（Global Liquidity Hub）以独立的担保品管理池为场外衍生品市场提供初始保证金服务。在初始保证金新规的要求下，全球流动性中心为衍生品交易初始保证金的账户分离与管理可以提供综合性的三方交易服务：资产将在分别独立的账户中，使其符合不同规定下的要求，且客户能够从标准化的担保品篮子中获益。此外，明讯提供了包括担保品转让协议与明讯担保条款（Clearstream Pledge Conditions，CPC）在内的标准化合同，简化的初始保证金管理法律框架的建立也为客户提供了极大的便利。与明讯回购协议（Clearstream Repurchase Conditions，CRC）的成功相似，CPC 吸引了更加广泛的交易对手方的参与。

CPC 与担保品转让协议通过利用 ISDA 有关场外衍生品交易相关的标

准化法律文件,共同确立了初始保证金交换基本法律框架的核心条款。此外,有关附加条款如限值、合格担保品以及销价等,可以基于交易对手方的双边共识进行合理的调整。

（三）全球担保品 DTCC-Global Collateral

根据多项国际新的监管要求（如:巴塞尔协议 III,多德-弗兰克法案等）,在担保品管理这项业务上,全市场需要支付高达 6.7 万亿美元的费用。通过全面提升金融业的基础设施来有效利用担保品,其费用更是极其庞大。在此背景下,2013 年 5 月 13 日,欧清银行与美国证券存托与结算公司签署了一份谅解备忘录,实现担保品管理服务方面的互联,通过建立统一的担保品资产池,将更多有价资产纳入担保品范围内,以有效应对担保品短缺等困境①。

美国 2013 年开始最早执行 G4 货币 IRS 的强制性清算规定。美国商品期货交易委员会按交易实体的分类,分阶段对场外衍生工具交易实施强制性中央清算,最初阶段是从 2012 年 12 月起,对多个类别的利率互换（IRS）及 CDS 实施,至 2013 年 9 月 9 日完成。2013 年 7 月 2 日,美国联邦储备系统管治委员会通过一项最终规则,构建一个适用于所有美国银行业的新的全面监管资本框架,来实施《巴塞尔协议 III》中的资本规定。根据巴塞尔银行监管委员会于 2017 年 4 月发布的巴塞尔监管框架实施进度报告,美国针对非中央清算衍生工具的保证金要求已于 2016 年 9 月 1 日起分步生效,并将于 2020 年 9 月 1 日全面生效,具体分为六个阶段②:

---

① 《证券登记结算境外动态》2013 年第 5 期,中国证券登记结算有限责任公司。

② http://www.globalcollateral.net/article27-caruso-initial-market.html.

阶段	阶段一	阶段二	阶段三	阶段四	阶段五
时间	2016 年 9 月	2017 年 9 月	2018 年 9 月	2019 年 9 月	2020 年 9 月
AANA	3 万亿美元	2.25 万亿美元	1.5 万亿美元	0.75 万亿美元	所有其他 CSE

其中，第一、第二阶段所涉及的企业数量就超过了 30 家全球性银行机构。

近期，全球担保品采用一种叫做保证金交易工具（Margin Transit Utility, MTU）的解决方案来减少担保品处理过程中所遇到的大量的耗费人力物力的内部工作。全球担保品有限公司认为，对于未清算的保证金而言，管理结算后数据将是一项艰巨的任务。如能近乎实时查看交易确认，以核实金额、货币等细节，将为企业节省时间和资金。此外，如能随时可获得关于保证金调用和结算状态的存储信息，可以提高公司的分析和风险管理能力。MTU 服务允许公司将聚合的数据输入他们的抵押品管理、交易和风险管理系统中，从而加速这些系统的处理并加强业务。

在 2018 年全球担保品召集的论坛上，行业内一些专家共同探讨了有关金融机构如何管理更大的保证金体量、三方与第三方分离担保品的账户结构，以及对结算速度的影响等议题。

（四）韩国 KSD

目前大部分合格担保品是美元、欧元及日元债券，其共同特点之一都是其货币能够自由兑换和流通，且在欧清、明讯可以直接结算。除此之外，ISDA 也在其他地区的债券拓展上进行着努力。以韩国为例，目前大部分韩国金融机构需在第五阶段（2020 年）达成初始保证金合规，与此同时有会员向 ISDA 提出了期望接受韩国债券作为初始保证金。因此，ISDA 近期开展了

---

① covered swap entities.

与韩国 KSD 的合作。

韩国货币的国际流通性不强，不是国际普遍认可的结算货币；韩国境内资本市场没有完全开放，仍有外汇管制的限制。合作中，ISDA 主要工作分为两部分，一是提供技术支持帮助 KSD 应对强制保证金的政策；二是确定初始保证金协议在韩国境内司法管辖内的可执行性，其中涉及破产隔离、外汇管制以及税务等相关法律问题的研究。KSD 或计划对外汇管制或其他问题发布法律意见书，使跨境交易的协议符合 ISDA 保证金新规要求。目前双方合作仍然处于极早期的阶段。

四、在岸人民币债券作为初始保证金展望

（一）合规时间表

第五阶段是最后一个阶段，门槛最低。基本所有参与国际衍生品业务的境内银行都会落入第五阶段的合规进度。该阶段需要在 2020 年 9 月底完成所有合规准备，在 2020 年 3 月至 5 月期间为观察期，以确认是否落入第五阶段合规进度。预计工商银行、中国银行等国际衍生品业务规模较大的银行[1]会落入第五阶段合规。在很多中资机构的境外交易中，也有以外币债券作为担保品的，虽然中资机构持有外币债的规模不大，但是胜在其托管于欧清、明讯等机构，商业模式非常成熟，且该等外币债能够获得对手方的承

---

[1] 此外，在是否需要满足合规要求以及初始保证金规模估算上，还有一个重要影响因素即终止净额结算制度。中国与许多其他司法区域有一个重要区别，即中国境内金融市场被认为是一个非净额结算的司法区域，按照强制保证金的合规要求，非净额结算地区的机构可以获得初始保证金豁免资格。但是有两个例外：一是和美国的对手方交易时，美国对手方强制要求提交初始保证金，无论其对手方是否属于净额结算；二是对于部分承认中区区为净额结算的对手方，也会要求中国金融机构提交初始保证金。在这一点上将导致初始保证金规模和具体合规的实体不能完全参照衍生品业务规模，还要观察中国金融机构的主要对手方的结构来确定。

认。但对于中资机构而言，其大量持有的人民币债券是更为理想的担保品来源。

此外，随着中国债券市场的对外开放，越来越多的境外机构持有在岸人民币债券，将这部分资产用起来也是投资持有在岸人民币债券的增值考量。因此市场上存在潜在的以在岸人民币债券作为担保品的需求。

（二）中国托管机构／担保品管理机构的准备工作

中国托管机构在推动人民币债券作为初始保证金业务中，需要完善两方面工作。一是捋顺制度及协议安排，二是搭建客户服务体系。

1. 捋顺制度及协议安排

人民币债券担保品的法律框架、管理框架，尤其是担保权利的内容以及违约处置的确定性和可执行性是核心的制约因素。就本文前文所述，ISDA在面对新的债券托管机构时，会针对性地出具法律意见书，提供给会员进行参考。其关心的问题也就是在岸人民币债券能否满足初始保证金合规要求的关键制度安排[①]，作为托管机构／担保品管理机构需要在开展业务前捋顺以下问题。

在担保品管理制度上包括如下几个方面：担保品违约处置的可执行性、执行效率；担保品接收者违约时，担保品提供者能否／如何取回担保品；期间的利息分配问题；担保品自动置换的逻辑，没有债券可以换入时的处理；如何根据敞口变化调整担保品额度，如何进行多余担保品的返还；债券的估值采用什么基准，市场价值的定义为何，交易双方对于估值的争议解决途径；用户注销账户或 CSD 关闭账户时，如何处置账户中的担保品等。

在 CSD 构建初始保证金业务协议中，包括以下需要满足的要求：（1）

---

① 根据 ISDA 的尽职调查材料整理归纳而成，该等问题都对应了明确的载于欧盟及美国的法规中的合规要求。

对于现金保证金，该 CSD 是否拥有现金管理资质；CSD 是否有权将现金转化为其他资产；现金保证金管理模式中，是否要求尽量用证券替换，以减少现金占用；是否根据汇率计算现金保证金的价值。（2）破产隔离方面，初始保证金能否与担保品接收者的资产隔离，是否与 CSD 的资产隔离，是否与担保品提供者的其他资产隔离等。（3）担保品转移和使用方面，是否 / 能否禁止担保品再使用，是否 / 能否禁止交易双方在互换初始保证金时采用互抵机制；是否能够由双方设定敞口差值比例；是否能够及时处理担保品提交指令，CSD 对于用户账户内的资产拥有什么权利（例如留置权）以及触发该等权利的事件包括哪些，担保品的费用由哪一方出具，如何修改合格担保品范围等。

2. 搭建客户服务体系

在岸人民币债券作为初始保证金必须采用跨境业务架构，需建立在基础设施互联互通基础上。在中国，各 CSD 均已经探索多年，至今没有形成一个成熟的模式。主要在于担保品管理服务的职责划分不清的问题上。如果制度属于客观障碍，那么搭建起有效的客户服务体系，主要取决于多家基础设施谈判和磋商的有效性的问题，以及国内监管机构对基础设施互联互通模式的决策。对于客户和市场而言，因为客观需求的存在，无论最后搭建起什么模式的服务体系，都不会过于制约业务开展，仅仅会影响客户体验。因此，搭建客户服务体系的工作可能更为耗时和棘手。

目前国际市场上已经具有多种互联互通模式，无论是 CSD 加入 ICSD 或托管行现有服务体系，还是 CSD 与 ICSD 成立合资公司搭建新的服务体系，都已有先例，可以适当参考和分析利弊。此外，鉴于国际市场上例如欧清、明讯、摩根大通等机构分别占据一定市场份额，具有差异化的客户群体，中国的 CSD 应当考虑同时与多个机构互联互通，以便利不同终端而来的客户，并且，也可以在与多个机构的不同合作模式中，探索出最符合自身利益和监管诉求的服务模式，循序渐进地予以完善、复制、推广。

上述两方面的工作完成后，不但能够开拓在岸人民币作为初始保证金这一新业务，与此同时，也可借此建立在岸人民币纳入国际合格担保品池的相关基本制度。

银行间债券市场交易结算失败风险及其处置机制优化

赵东旭　贾瑞　段怡然　陈婧　戴景明

摘　要：债券市场作为金融市场的重要组成部分，是国内主要的直接融资平台，与国民经济各个产业的发展联系紧密。近年来，债券市场逐步开放，投资者类型和债券品种日益丰富，市场在规模快速增长、发展更加多元化的同时，也累积了更多的风险，主要包括信用风险、流动性风险、操作风险和交易结算失败的风险等。在防范金融风险、治理金融乱象的政策基调下，监管部门发布了一系列的监管文件，要求守住不发生系统性金融风险的底线。

交易结算失败的风险是债券市场上一种较为普遍的风险，它与信用风险、流动性风险以及操作风险等多种风险相联系，影响也较为广泛，因此对风险发生的原因及影响加以分析，并完善相应的风险处置机制具有研究意义。我公司作为债券登记托管结算机构，是债券市场的核心基础设施，被主管部门赋予了保障市场平稳运行，监控市场结算风险的职责。该项课题不仅有助于我们更好地了解交易结算失败风险的特点，也能为风险处置及市场的平稳运行提供建设性意见，并提升客户服务的质量和公司在市场中的口碑及影响。

关键词：银行间债券市场　交易结算失败风险　风险处置机制优化

一、债券交易结算失败概述

（一）债券交易结算失败的定义

债券市场交易前台与结算后台相互分离是一项基本的制度安排，因此一笔债券交易的达成，需要完成前台债券交易和后台债券结算两个环节才能实现，其中后台结算又分为结算指令确认和结算合同处理两步骤，双方进行结算指令确认后会生成结算合同，作为结算后台办理债券过户和资金交割的正式依据。根据《全国银行间债券市场债券交易管理办法》（中国人民银行令〔2000〕第2号）和中国人民银行2013年12号公告的相关规定，债券交易应订立书面形式的合同，并通过全国银行间同业拆借中心交易系统达成，债券交易一旦达成，不可变更和撤销，并由债券登记托管结算机构负责债券结算处理。由此可以看出，前台生成的成交单及后台生成的交割单都是双方债券交易的正式依据。那么债券交易结算失败的情况就大致分为两种：第一种是成员前台交易已达成，但结算日日终前未进行后台结算指令确认，未生成结算合同而结算失败；第二种是成员前台交易已达成，后台结算指令已确认并生成结算合同，但因券不足或款不足而结算失败。但从市场上的交易习惯看，成员普遍认为第二种生成结算合同却未履行交割的属于债券交易结算失败的情况。

债券交易结算失败属于市场投资者的一种违约行为。为规范债券市场投资者行为，减少交易结算失败情况，相关交易管理规则中要求，"交易双方应在约定交割日拥有足额债券和资金用于交割，不得买空或卖空"。同时，为强化交易结算失败后的报备机制，相关规定中也要求"若出现债券交易结算失败的情况,该笔债券交易的参与双方应当于结算日次日向债券登记托管机构提交加盖机构公章的书面说明"。除了报备,市场投资者对于上述违约行为也需要协商后给予对手方一定补偿,协商不成也可采取仲裁、诉讼等法律手段。

（二）债券交易结算失败的原因

随着我国债券市场的快速发展,市场投资者数量和交易活跃度都显著增加,交易结算失败的情况也有所上升,导致失败的原因有很多,大致可以从风险管理、业务合规性、流动性预期以及网络系统故障等几个方面进行分析。

1. 风控机制不健全

风控机制不健全是导致债券交易结算失败的一种重要原因,主要涉及以下几个方面:一是前后台岗位人员未严格隔离。从市场参与机构的风控角度来看,要求在部门、岗位以及人员的设置上,严格实行前后台分离。但从实际情况来看,部分农小金融机构为节约人力成本,并未按照监管要求进行前后台的隔离,无法保障债券和资金头寸计算的及时性和正确性,以及交易结算操作的复核机制,提升了交易结算失败的可能性。二是未有效建立业务人员操作风险防控措施。经分析 2017 年交易结算失败统计数据,因业务人员操作失误导致的失败合同占当年失败合同总量的 30% 左右,具体原因包括以下两种:（1）是业务人员前台交易要素录入错误,如债券代码和债券面额录入错误,导致结算时债券余额不足;（2）是交易人员较多且信息沟通机制差,导致重复使用同一只债券进行交易,日终债券余额不足致使交易结算失败。三是未针对应急事件制定风控措施。应急事件发生的概率虽小,但造成的影响很大。部分机构重业务发展而轻风险防范,未能全面梳理潜在的风险隐患,从而缺乏相应的应对措施。应急事件发生在结算高峰期间容易造成较大概率的结算失败情况。例如，少数成员内部资金系统故障时缺乏有效的应急处理机制，对于寻求第三方进行应急的流程也疏于演练，导致无法在规定时间内完成应急处置，造成日终交易结算失败。该类交易结算失败可通过机构制定相应的风险防控机制加以规避。

2.业务合规性不足

合规性不足导致交易结算失败主要表现在三个方面：一是权限管理不合规。部分机构虽然按照要求进行了前后台岗位人员的分离，但实际管理中缺乏权限分离或监督，造成部分合规机制流于形式。机构内部权限管理的混乱容易引发岗位兼任或混合操作，加大了债券交易结算失败的风险。二是业务开展不合规。债券市场的繁荣发展叠加前期较为宽松的货币政策为市场引入大量的流动性，部分投资者通过"抽屉协议式回购"①等形式增加投资杠杆以规避监管和内部风控的要求，激进的交易策略增加了风险敞口，债券市场下行期间导致违规业务无法继续履行，增加了债券交易结算失败的可能性。同时，部分投资者为达到交易结算量指标、债券过桥、会计科目变更等多种目的，通常与多家机构进行频繁的买卖操作，交易链条的一环出现问题时，整个链条上的所有合同都有可能结算失败。三是业务人员合规意识较弱。例如后台结算人员在未进行账务余额检查的情况下进行第三方指令确认，导致应付债券合计超过其实际债券余额；或是风控人员未按要求定期对交易对手方进行信用风险的评估监控，导致交易面临较大的对手方信用风险。上述情形均会增加交易结算失败的可能性。

3.流动性管理缺失

流动性风险是银行间市场的主要风险，随着经济新常态、利率市场化的

---

① 市场投资者私下约定协议，通过两笔或多笔交易方向相反的现券交易达成回购目的以增加投资杠杆。

转型以及部分金融机构长期以来存在着资金期限错配、高杠杆投资交易、资金投向高度集中等行为都引致流动性风险有所增加。例如部分城商行、农商行普遍对同业拆借、同业存单、短期回购等依赖性较大，而资金投向普遍期限较长；部分资管产品大量使用委外资金或设置分级产品增加杠杆；部分基金产品客户集中度较高。市场环境逆转时，机构可能面临资金回款不及时、大额赎回等情况，导致机构发生流动性风险，进而引发其在存续的银行间市场债券交易中无力偿还对手方资金，交易结算失败。流动性风险涉及市场成员范围广、程度深，资金面紧张的时间节点往往容易导致出现大面积结算失败的情况。

4. 网络或系统故障

随着银行间债券市场业务处理电子化水平的提高，网络和系统安全成为保障业务稳定运营的关键。目前成员办理日常业务的联网终端需要通过专线或 3G 网卡进行网络连接。若发生局部区域停电、运营商网络服务中断、参数配置异常等情况均可能造成网络连接异常，导致成员无法完成前台交易或后台结算，进而引发交易结算失败的风险。针对此情况，一方面，运营商应及时恢复运力；另一方面，基础设施也提供了线下应急处置方案，完成代客应急操作。系统故障同样是导致交易结算失败风险的重要隐患，包括市场成员内部系统故障以及基础设施系统问题，其中后者发生概率虽低但影响范围较大。市场基础设施作为保障我国金融体系稳定运行的中坚力量，应该加强系统建设和更新维护工作，并制定完善的应急操作规程。

（三）债券交易结算失败的风险

交易结算失败的风险是债券市场上一种较为普遍的风险，它与信用风险、流动性风险以及操作风险等多种风险相联系，影响也较为广泛。根据影响程度的不同，交易结算失败风险包括个别式失败风险、链条式失败风险和区域性失败风险。

1. 个别式失败风险

个别失败是指市场投资者某笔或某几笔债券交易因为债券或资金不足导致的结算失败，相互之间缺乏关联性，影响范围较小。个别失败风险主要是指投资者的违约行为会导致相应赔偿并可能降低投资者信用；另一方面也会影响对手方债券或资金的头寸安排，造成不必要的损失。个别合同交易结算失败的情况常见于债券市场日常业务中，属于影响范围和程度均较小的一类风险。

2. 链条式失败风险

银行间市场投资者的交易行为日趋活跃、交易方式和对手都更加复杂，交易往往呈现出链条式的关联情况。因此，个别合同交割失败的风险可能会导致链条上的其他交易均失败。链条式的失败风险包括两种情况：一是资金不足导致合同失败。此种情况常见于季末、年末等流动性紧张时点，具有到期还款义务的投资者多因无法融入资金而造成交易结算失败，收款方因未及时收回资金可能导致其他合同交易结算失败，形成链条式失败的风险。二是债券不足导致合同失败。目前买断式回购和债券借贷都涉及标的券首期过户和到期返还的处理流程，需要投资者具有较强的债券头寸管理能力，部分投资者由于到期无法偿还标的券而导致合同失败，并可能引致链条式失败的风险。

3. 区域性失败风险

随着市场业务规模的增加和信息技术的进步，业务处理网络化和金融关系渗透化加强，债券交易结算失败具有一定的联动性和传播性，有可能造成中观层次的区域性风险。具体形成原因包括以下两个方面：一是某区域内个别失败或链条式失败风险的积累及扩散导致的区域性风险，这里的区域可以是地理空间，也可能是利益共同体；二是某区域内因网络故障、系统故障、电力故障及自然灾害等外部原因导致的区域性失败风险。区域性风险影响的机构范围较为广泛，程度较为深远。

4. 系统性失败风险

系统性风险就是金融机构从事的金融活动或者交易结算的金融场所受到外部冲击所发生的全局性的波动及危机，单个金融机构难以避免。银行间债券市场是我国重要的金融市场，承担着债券投资以及资金融通的重要职责，同时也受到外部市场风险、流动性风险、信用风险的多重冲击，而交易结算失败风险又与上述风险紧密联系，若市场出现信用破产或流动性枯竭，可能引致全市场范围内持续性的投资违约，形成系统性失败风险。"加强金融监管，防范金融风险"是近年来我国金融工作的基本主题，因此也一定要守住不发生系统性风险的底线。

二、我国债券市场交易结算失败处置机制现状

（一）银行间债券市场

1. 法律法规及管理规则

银行间债券市场的参与者主要为机构投资者和非法人产品投资者，信用程度较高，交易结算失败违约处置一般通过协商方式确定，协商不成也可通过仲裁或诉讼等法律手段解决。关于具体处置的依据，可以从法律法规、部门规章和业务规则等角度展开。一是法律行政法规。现阶段还没有相关明确规定，但考虑到市场机构达成交易后生成的成交单和交割单是其订立合同的

正式依据，可参考《合同法》中有关规定执行违约赔偿。二是部门规章。中国人民银行规定，"若出现债券交易结算失败的情况，该笔债券交易的参与双方应当于结算日次日向债券登记托管机构提交加盖机构公章的书面说明"。三是业务规则。银行间债券市场基础设施发布过关于交易结算失败的处理要求，如中央结算公司发布过《中央国债登记结算有限责任公司债券交易结算规则》《债券交易结算违规操作处理规程》，就明确了对于因违规操作造成结算失败引起双方纠纷，中央结算公司将视情节轻重给予口头提示、书面警示和书面警告，以及暂停或终止服务并报中国人民银行备案，并提供了回购、借贷到期合同失败后的解券处理以及可能用于履约保障债券的清偿服务。中国银行间交易商协会作为市场自律组织也发布了《中国银行间市场债券回购交易主协议（2013 年版）》（下文简称《主协议》）作为指导性文件，规定当发生违约或对另一方有影响的终止行为时，交易一方应向另一方支付罚息，且罚息利率按日利率万分之二计算，当事双方可另行约定罚息利率。① 除此以外，《主协议》还规定了详细的争议解决条款②，为当事人提供了示范仲

---

① 《中国银行间市场债券回购交易主协议（2013 年版）》公告〔2013〕2 号，第十条：罚息。交易一方未在按照通用条款第八条、第九条或适用的特别条款的相关条款确定的提前终止日或应付款日向另一方支付一笔应付款项的，应对从该提前终止日或应付款日起（含该日）至实际付款日止（不含该日）的期间向另一方支付罚息。罚息以应付款项为基数，罚息利率按交易双方在补充协议中约定的罚息利率计算。若交易双方未在补充协议中约定罚息利率，则罚息利率按日利率万分之二计算，若适用的回购利率高于日利率万分之二，则罚息利率按适用的回购利率计算，若存在多个适用的回购利率，则罚息利率按其中最高的一个回购利率计算。

② 《中国银行间市场债券回购交易主协议（2013 年版）》公告〔2013〕2 号，第十七条：适用法律与争议解决（二）争议的解决方式：交易双方可通过协商方式解决双方之间在本协议下或与本协议相关的任何争议、索赔或纠纷。若交易双方不进行协商或协商未果，交易双方同意将争议、纠纷或索赔提交中国国际经济贸易仲裁委员会按照届时有效的《中国国际经济贸易仲裁委员会仲裁规则》在北京以仲裁方式解决，仲裁庭由三名仲裁员组成，仲裁裁决是终局的，对交易双方具有约束力。

若交易双方另行约定其他仲裁机构解决争端，该其他仲裁机构应是在中华人民共和国（为本协议之目的，不包括香港特别行政区、澳门特别行政区及台湾地区）境内合法登记或设立的仲裁机构，仲裁地点位于中华人民共和国（为本协议之目的，不包括香港特别行政区、澳门特别行政区及台湾地区）境内。

若交易双方另行约定不采用仲裁而采用诉讼方式解决争端，则任何交易一方只能在中华人民共和国（为本协议之目的，不包括香港特别行政区、澳门特别行政区及台湾地区）境内向有管辖权的人民法院提起诉讼。

裁条款并声明了有管辖权法院。

2. 处理模式及实践特点

目前银行间债券市场主要采取全额逐笔实时结算的方式开展交易，但上海清算所同时支持净额业务结算，针对交易结算失败的情况，具体处理如下：

（1）全额逐笔实时结算——以中央结算公司为例

第一，结算双方可以协商失败后处理，包括重新执行交易以实现资产互换，违约方支付违约赔偿等，其中针对回购交易违约金率可以参考《主协议》规定。

第二，针对质押式回购、买断式回购和债券借贷到期合同失败，可通过债券登记托管结算发起"质押式回购逾期返售""买断式回购到期结算失败返券申请"和"债券借贷到期结算失败协议清偿过户申请"，完成资金清偿后的债券过户操作。

第三，中央结算公司也提供质押券、保证券等履约保障债券的清偿或拍卖服务。

第四，结算双方协商不成也可进行仲裁、诉讼等法律手段，针对回购失败合同具体可参考《主协议》，里面规定了争议解决条款和处理机制。

从实践特点观察，结算双方失败后处理综合考虑多方面因素，包括与对手方的业务关联性、对手方信用、是否涉及关联交易失败的情况。总体来说，失败后的违约处置可以通过协商方式得以解决。但是，在债券市场出现下行调整以及堆积风险逐步释放的过程中，违规交易及流动性风险导致结算失败的情况有所增多，其中不乏为了保护自身利益而恶意违约的事件。市场投资者也逐渐认识到原来基于信用的纽带关系不再坚固，通过仲裁以及诉讼形式处理交易结算失败的案例也有出现。此外，针对现券交易、远期交易、债券借贷等交易缺乏相应处置依据，给失败处理造成一定的影响。

（2）净额分时多笔结算——以上海清算所为例

①资金结算失败情形

第一，上清所可将清算会员及未履约非清算会员相应证券托管账户当日所有应收、应释放债券转入违约处置债券账户，暂停该清算会员相应清算业务权限，并逐日对该清算会员计收违约金[①]。

第二，上海清算所在资金违约后启动银行授信机制，完成对未违约方资金结算。上海清算所当日融资不足时可延迟支付，并逐日支付违约金。

第三，违约清算会员应于规定日期、规定时点前足额补交违约资金。部分补足应付资金的，清算所按照剩余资金缺口的一定比率（大于100%）冻结其应收资产。

第四，按规定缴足违约资金的，上海清算所释放其相应冻结资产。同时，将相应资金偿还授信银行或延迟支付方，支付授信费用或违约费用。未补足违约资金和违约金的，上海清算所启动后续违约平仓处置流程，包括但不限于对冻结资产、担保品的市场出售、对交易的平仓拍卖、对待平仓头寸的强制结算等。

第五，待处置资产全部处理完成后，将处置资产售出所得资金偿还授信借出方 / 延迟交付方。

②债券结算失败情形

第一，清所可将清算会员及未履约非清算会员相应证券托管账户当日所有应收、应释放债券转入违约处置债券账户，暂停该清算会员相应清算业

---

① 违约金的收取以债券面额的 0.1%/ 日计算。

务权限，并逐日对该清算会员计收违约金。

第二，上海清算所在债券违约后启动债券借贷机制，完成对未违约方债券结算。上海清算所当日融券不足的，按照事先公告的顺序规则选择延迟支付方，并逐日支付违约金。

第三，违约清算会员或非清算会员应于规定日期、规定时点前足额补交违约债券。部分补足应付债券的，上海清算所按照剩余资金缺口的一定比率（大于100%）冻结其应收资产。

第四，违约清算会员于规定日期、规定时点前足额交纳违约债券、违约金至指定账户的，上海清算所释放其相应冻结资产。同时，将相应债券偿还借券机构或延迟支付方，支付授信费用或违约费用。未补足违约债券和违约金的，上海清算所启动后续违约平仓处置流程，包括但不限于对冻结资产、担保品的市场出售、对交易的平仓拍卖、对待平仓头寸的强制结算等。

第五，待处置资产全部处理完成后，将处置资产售出所得资金偿还授信借出方/延迟交付方。

从上述全额结算和净额结算失败处理模式上分析，由于净额结算的对手方是债券登记托管结算机构，因此结算失败后的处理措施更加丰富有效，约束性更强。全额结算模式下主要是通过结算双方协商解决，债券登记托管结算机构只能起到部分辅助作用，处置效率和效果不确定性较大。

此外，为规范银行间债券市场投资者行为，强化交易结算失败后的报备机制，中国人民银行也在2013年第12号文中规定："若出现债券交易结算失败的情况，该笔债券交易的参与双方应当于结算日次日向债券登记托管机构提交加盖机构公章的书面说明"，报备机制有助于约束市场投资者的交易结算行为，使其不敢肆意违约，同时也能对失败情况进行有效统计，为进一步规范市场、建立信用档案做好数据支撑。

通过上述分析，我国针对银行间债券市场交易结算失败处置的规定尚未健全。首先，缺少具有法律强制效力的处置机制规范，目前的处理方式主要基于管理规则、行业自律和市场信用，虽然可以发挥一定的约束作用，但效果显然不及法律法规的强制效力。其次，净额结算方式下的违约处理流程更加规范，但银行间债券市场依然以全额结算为主，违约处理效果及效率有待提高。再次，《主协议》也只规定了回购交易的罚息规则，针对市场其他类别的交易并未明确，造成具体执行过程中缺乏依据。同时，现有处置方式仅有罚息，略显单一，还未建立起更加丰富完善的风险处置机制和信用档案机制，不利于全面维护市场信用和交易安全。最后，交易结算失败风险受多方面因素影响，应统筹考虑市场成员违约导致的结算失败以及基础设施系统故障造成的失败情况，设计更完备的事后处置机制。

（二）交易所债券市场

在交易所债券市场，债券的托管与结算都在中国证券登记结算有限公司（以下简称"中国结算公司"）进行。交易所债券市场多为集中竞价交易，具体交易结算模式主要分为两种：对于国债、地方债和符合净额结算标准的公司债的现券交易等品种，由中国结算公司作为共同对手方，通过担保交收账户完成交收；对于中小企业私募债及不符合净额结算标准的公司债等其他债券交易和大宗交易专场等品种，中国结算不作为共同对手方，不提供交收担保的结算服务，由交易双方自行协商交易。中国结算公司针对结算失败的处理机制主要针对尤其作为对手方的情况。

1.法律法规及管理规则

在证券法中，对于交易结算失败的处置机制并未做明确说明，我国证监会发布的《证券登记结算管理办法》首次明确了证券登记结算机构应采取的风险防范和控制措施，以及发生交收违约后的处理方式。针对交易方刻意违约导致的交易结算失败和由市场基础设施问题导致的交易结算失败，在《证券登记结算管理办法》的基础上，交易所及中国结算公司相继出台了一系列管理办法和实施细则①，如结算会员的准入制度、最低备付金制度、证券结算风险基金制度等，从事前风险管控、事中交易合规、事后等多个渠道规范交易结算流程，控制交易结算失败的风险和带来的损失。

2. 处理模式及实践特点

实践过程中，交易所市场的债券和资金都在 T+1 最终交收时点同时进行净额交收，在一天中，交收可以发生一次或多次，在资金和债券交收时，系统能够判断结算参与人本次交收是否会发生违约行为，从而采取相应的风险控制措施。

（1）结算参与人违约导致交易结算失败的办理程序

在《中国证券登记结算有限责任公司债券登记、托管与结算业务细则（2015年修订）》中，中国结算公司明确了集中竞价交易的担保交收②情况下，结算参与人发生资金交收或债券交收违约时的处理模式，现对此说明如下。

①结算参与人发生资金交收违约时的办理程序

第一，违约结算参与人应当向中国结算公司发送证券交收划付指令，在该结算参与人当日全部应收证券中指定相当于已交付资金等额的证券种类、数量及对应的证券账户，由中国结算公司交付结算参与人，并指定相当于不足金额的证券种类和数量，由中国结算公司暂不交付给结算参与人。

---

① 具体规则可以参考附件内容。
② 此处不包括采用逐笔全额非担保结算的产品，如私募债券转让以及不符合净额结算标准的公司债等其他债券、债券质押式协议回购、债券质押式三方回购、国债买断式回购到期购回等。

第二，中国结算公司在规定期限内收到有效证券交收划付指令的，应当依据结算业务规则将相应证券交付结算参与人，将暂不交付的证券划入专用清偿账户，并通知该结算参与人在规定的期限内补足资金或提交交收担保。中国结算公司在规定期限内未收到有效证券交收划付指令的，属于结算参与人重大交收违约情形，中国结算公司应当将拟交付给结算参与人的全部证券划入专用清偿账户，暂不交付结算参与人，并通知结算参与人在规定的期限内补足资金或提交交收担保。暂不交付的证券、补充资金或交收担保不足以弥补违约金额的，中国结算公司可以扣划该结算参与人的自营证券，并在转入专用清偿账户后通知结算参与人。

第三，结算参与人发生资金交收违约的，中国结算公司可按照先后顺序动用以下资金，完成与对手方结算参与人的资金交收：违约结算参与人的担保物中的现金部分、证券结算互保金中违约结算参与人交纳的部分、证券结算互保金中其他结算参与人交纳的部分、证券结算风险基金、其他资金。

②结算参与人发生债券交收违约时的办理程序

第一，中国结算公司有权暂不交付相当于违约金额的应收资金。中国结算公司可将暂不划付的资金划入专用清偿账户，并通知该结算参与人。结算参与人应当在规定期限内补足债券，或者提供中国结算公司要求的相应担保。

第二，结算参与人发生债券交收违约时，中国结算公司可动用下列证券，完成与对手方结算参与人的证券交收：违约结算参与人提交的用以冲抵的相同证券，委托证券公司以专用清偿账户中的资金买入的相同证券，其他来源的相同证券。

（2）结算参与人违约导致交易结算失败的处罚机制

《中国证券登记结算有限责任公司债券登记、托管与结算业务细则

（2015年修订）》对因违约导致的交易结算失败的处罚措施作出了明确规定，主要包括违约金等措施，现梳理如下：

第一，违规结算参与人所有物处置措施。

违约结算参与人未在规定的期间内补足资金、证券的，中国结算公司可以处分违约结算参与人所提供的担保物、质押品保管库中的回购质押券、卖出专用清偿账户内的证券。中国结算公司的处置所得，用于补足违约结算参与人欠付的资金、证券和支付相关费用；有剩余的，应当归还该相关违约结算参与人；不足偿付的，中国结算公司应当向相关违约结算参与人追偿。在规定期限内无法追偿的证券或资金，中国结算公司可以依法动用证券结算互保金和证券结算风险基金予以弥补。依法动用证券结算互保金和证券结算风险基金弥补损失后，中国结算公司应当继续向违约结算参与人追偿。

第二，违约金措施。

结算参与人发生资金交收违约或证券交收违约的，中国结算公司将按照有关规定收取违约金，并将其计入证券结算风险基金。

第三，重大交收违约处罚措施。

中国结算公司可依违约影响程度，暂停、终止办理其部分、全部结算业务，以及中止、撤销结算参与人资格，并提请证券交易所采取停止交易措施；提请中国证监会按照相关规定采取暂停或撤销其相关证券业务许可；对直接负责的主管人员和其他直接责任人员，单处或并处警告、罚款、撤销任职资格或证券从业资格的处罚措施。

第四，公示措施。

中国结算公司依法动用证券结算互保金和证券结算风险基金，以及对违约结算参与人采取以上的处罚措施的，将在当年年度报告中列示。

第五，备付金、保证金比例调整措施。

视结算参与机构的违约程度，中国结算公司可提高其结算备付金、结算保证金的最低限额标准。对于因不可抗力、市场基础设施导致的交易结算失败，中国结算公司未能有明文规定是否存在处罚措施。在各类业务操作细则中提及，中国结算公司可将证券结算风险基金用于垫付或者弥补因违约交收、技术故障、操作失误、不可抗力造成的市场损失。此外交易所应当将及时公告市场，并视情况需要单独或同时采取技术性停牌、临时停市、暂缓进入交收等措施，并及时报告中国证监会，同时抄报交易所所在地人民政府，通过网站及相关媒体及时向会员单位和投资者公告；原因消除后，可恢复交易，并向市场公告，由此造成的损失，交易所和中国结算公司将不承担赔偿责任。

综上，因交易所债券市场主要是集中竞价交易下、由中国结算公司担任中央对手方的担保交收模式，在交易结算失败的处置机制与银行间债券市场传统的全额结算模式存在一定差别，但在交易结算准入制度、备付金及风险准备基金、限制交易等处罚机制上，仍有较多可借鉴之处。

（三）债券交易结算失败处置机制问题分析

1. 立法层面存在缺口

现行法律法规中对"交易结算失败"这一概念缺乏明晰定义，在一定程度上对处罚机制仍模棱两可，各基础设施机构对此存在较大的灵活处理程度。法制化建设是我国债券市场不可动摇的基本方向，应该通过明确的法律法规对失败后续处理机制加以规范，目前我国仍缺少体系化的立法和司法机制以规范交易结算失败的处置机制，机构违约成本较小，从而无法做到彻底规范交易结算失败处置模式。

2. 投资者教育不足

目前市场成员对于交易结算失败造成的后果认识不足，同时也容易忽视这一问题。因市场成员未能重视交易结算失败导致的有关后果，容易导致违约事件。各登记结算机构应加强投资者教育，在日常培训中强调交易合规性，并突出交易结算失败的后续处置机制，以提升市场成员重视程度。

3. 违约处置机制较弱

目前对于市场成员导致的交易结算失败，处置机制仍主要限定为公示、收取违约金等措施。因违约成本较低，导致市场成员对于违约问题存在轻视。各登记结算机构应加重违约处罚措施，以引起市场成员重视。

4. 优化基础设施应急处置方案

目前市场基础设施结算工作集中于一定时间段内，且经常为结算日终，同时处理大批量债券交易结算，对登记托管结算机构存在较高要求，一旦数量过大或存在异常，对市场的影响也较为严重。此外，对于因基础设施的系统故障导致交易结算失败，目前公告机制较为薄弱，市场透明度较低，容易造成恐慌情绪。

三、美国债券市场交易结算失败处置机制研究

（一）美国债券市场交易结算失败概述

美国证券存托与清算公司（DTCC）成立于1999年，是由存管信托公司（DTC）和全国证券清算公司（NSCC）合并而成的控股公司。后来，DTCC引入并整合了另外两家固定收益债券清算公司，即政府清算公司（GSCC）和抵押债券清算公司（MBSCC）。至今，几乎全美的股票、债券、货币市场工具和

场外交易（OTC）衍生品都由DTCC的子公司负责清算和结算。从交易层面上，DTCC的子公司通过作为中央对手来承担结算风险，从而减少客户交易结算失败风险。DTCC子公司设置客户必须达到的资金充足性和抵押担保的最低标准，每一客户的抵押品需求量都基于敞开交易头寸而每天发生变化。DTCC通过一系列的结算控制措施，确保完成股票、公司政府贷款、货币市场工具和单位投资信托等交易的最终结算，避免交易结算失败所带来的挤兑风险。从系统信息安全层面上，DTCC通过实现完全冗余、通信网络的自动恢复，以及在距离遥远的地方建立多个数据运行中心，以确保在两分钟内实现回应和数据恢复，避免由于系统故障导致的交易结算失败带来的损失。

（二）处置机制的特点

结算银行或参与者应于17:00前履行其对存管信托公司（DTC）的付款义务。结算银行或参与者因资金不足或未按时付款而导致结算失败的，存管信托公司（DTC）将会根据结算银行或参与者的净借记余额及近3个月内违约次数收取罚金（详见表1和表2）。如结算银行或参与者在3个月内有超过4次的违约记录，存管信托公司将会在固有罚金基础上收取额外费用。但因存管信托公司自身原因导致交易结算失败的，存管信托公司将不会收取任何形式的罚金。

表1　DTC规定的交易结算失败罚金水平

1.结算银行或参与者的净借记余额（美元）	罚息（%）
不超过500万美元	2.0
超过500万至2500万的部分	1.5
超过2500万至7500万的部分	1.0
超过7500万的部分	0.5
2.固定罚金（根据违约次数而定）	（见表2）

资料来源：DTCC, Service Guide: Settlement, 2018.

表 2 固定罚金（单位：美元）

结算银行或投资者的净借记余额	第一次违约费用	第二次违约费用	第三次违约费用	第四次违约费用
0~100,000	100	200	500	1,000
100,001~900,000	300	600	1,500	3,000
900,001~1,700,000	600	1,200	3,000	6,000
1,700,001~2,500,000	900	1,800	4,500	9,000
2,500,001 以上	1,000	2,000	5,000	10,000

资料来源：DTCC, Service Guide: Settlement, 2018.

四、欧洲债券市场交易结算失败处置机制研究

（一）欧洲债券市场交易结算失败概述

与美国不同，欧洲具有多个中央证券结算托管机构（CSD），如葡萄牙国家证券存托与结算公司（Interbolsa）、国际证券结算托管机构（ICSD），其中包括欧洲清算集团（Euroclear）、明讯银行（Clearstream）等。为加强对欧洲各国中央证券托管机构（CSD）的监管，提升证券结算尤其是跨境交易结算的安全有效性，欧盟和欧洲议会颁布了欧盟第 909/2014 监管文件，即《中央证券托管机构管理条例》（*Central Securities Depository Regulation*，CSDR），于 2014 年 9 月正式生效。随后，一系列补充监管文件包括欧盟第 389/2017、3097/2018 监管文件陆续出台。以上文件在交易结算失败处置方面提出了三方面要求：第一，引入强制现金罚款和强制补偿买入机制；第二，CSD 需要采取预防交易结算失败的机制包括自动化结算指令处理及实时匹配；第三，CSD 需要对交易结算失败进行监控并上报主管部门。

2014 年 7 月 23 日，欧盟理事会和欧洲议会颁布了欧盟第 909/2014 监

管文件，即《中央证券托管机构管理条例》（CSDR）。随后，欧盟证券市场管理局（European Securities and Markets Authority, ESMA）与欧洲银行业监管局（European Banking Authority, EBA）共同制定 CSD 欧盟执行层面的监管技术标准（RTS）和执行技术标准（ITS）。2016 年 11 月 11 日，欧盟通过第 389/2017 监管文件，主要内容是关于交易结算失败罚金计算，该规定在 2017 年 3 月 10 日生效。2018 年 5 月 25 日，欧盟通过结算纪律（Settlement Discipline）的监管技术标准，包括强制性补偿买入机制，相关规定将在两年过渡期后正式生效。

表 3　欧盟关于交易结算失败的法律法规及进程

法律法规	关于交易结算失败内容	时间线
CSDR 第 909/2014 号文件	结算纪律措施（包括强制现金处罚及补偿买入）	2014 年 9 月 17 日生效
CSDR 第 389/2017 号文件	现金处罚的计算	2017 年 3 月 20 日生效
结算纪律 （Settlement Discipline）	由 ESMA 制定关于交易结算失败处置（包括强制现金处罚及补偿买入）的 RTS	2016 年 2 月 1 日 ESMA 提交草稿至欧盟审议 2018 年 5 月 25 日欧盟通过，两年过渡期后正式生效

资料来源：笔者根据相关资料整理。

（二）处置机制特点

1. 交易结算失败的处置

根据 CSDR，交易结算失败的处置包括两个方面，一是强制现金罚款（cash penalties），二是强制性补偿买入机制（buy-in process）。

（1）强制现金罚款（cash penalties）

债券罚金征收金额以统一参考价（single reference price）[①]计算的证券市值为基础。在欧盟交易所交易的金融工具，统一参考价是与其流动性最接

[①] 统一参考价：每个交易日金融工具的总体市场价值（aggregate market value）。

近的市场收盘价或最高换手率的交易所市场收盘价。而对于其他金融工具，各 CSD 应依照其监管当局批准的方法计算统一参考价。现金罚款应当在结算失败后的每个交易日日终计算，罚金每日累计，也就是说罚金计算周期是从结算失败日起至实际结算日或补偿买入期最后一个工作日日终。为保证金融市场平稳有序，CSDR 考虑到不同债券交易结算特点，对于不同类型的结算失败处以不同罚金水平。当主权债券出现交易结算失败，考虑到其交易量通常很大，适用最低罚金水平。对于因资金不足导致的交易结算失败，无论其交易资产种类或金融工具的流动性或交易类型，统一以借款成本作为罚金水平，即发行结算货币的官方利率。

表 4　CSDR 规定的结算失败罚金水平（债券相关部分）

失败类型	罚金率
因以下主体发行或担保的债务工具不足导致的结算失败： 主权发行人、第三国家主权发行人、当地政府、央行、CDSR 117（1）和 117（2）定义的多边发展银行、欧洲金融稳定机制或欧洲稳定估计值	0.1 bp
因缺乏在中小企业增长市场交易的债务工具导致的结算失败	0.15 bp
因缺乏其他债务工具导致的结算失败	0.20 bp
因资金不足导致的结算失败	结算货币发行央行的隔夜利率，利率下限为 0

资料来源：European Commission, Supplementing Regulation (EU) No. 909/2014 of the European Parliament and of the Council as Regards the Parameters for the Calculation of Cash Penalties for Settlement Fails and the Operations of CSDs in Host Member States, 2016.

CSD 应记录结算成员罚金变动情况，定期（至少按月）收取罚金并存入专用现金账户，并按月转交给收券结算成员。（券不足的是否要补偿给收款结算成员）CSD 可以收取一定服务费用，但不能将罚金作为主要收入来源，也不能用于覆盖惩罚机制的成本。

（2）强制性补偿买入机制（buy-in process）

补偿买入（buy-in）是指当卖方无法按时交付或未交付证券时，买方有权指定第三方补偿买入[①]。补偿买入中介（buy-in agent）在执行补偿买入时不应当有任何利益冲突。如买入价格高于合约价格时，卖方需向买方支付差价。但如买入价低于合约价格时候，买方不需向卖方支付差价。因此该条款仅单方面补偿买方，而对卖方不利。如果金融工具在原定结算日（ISD）后四日的日终（T+4日终）仍未结算成功，则需要进入强制性补偿买入程序。对于流动性差的金融工具，补偿买入的时间可以延长至最多7个交易日。在中小企业成长市场交易的金融工具可以灵活延长至15个交易日。CSD并不直接参与强制性补偿买入环节，但应当监控补偿买入的执行。如果是非中央对

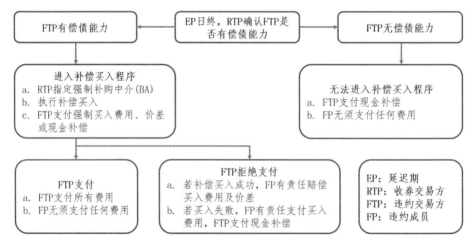

图1　非中央对手方清算交易补偿买入流程图

资料来源：ESMA, Draft Regulatory Technical Standards on Settlement Discipline under the Regulation No. 909/2014 of the European Parliament and of the Council of 23 July 2014 on Improving Securities Settlement in the European Union and on Central Securities Depositories and Amending Directives 98/26/EC and 2014/65/EU and Regulation (EU) No. 236/2012 (CSDR), 2016.

[①] 相关的金融工具已经不存在或结算失败方遵循破产清算程序的除外。

手方清算交易,RTS 中规定的补偿买入的具体流程见图 1:(明确途中违约成员和违约交易方的区别)

对于中央对手方清算的交易结算,中央对手方负责在延迟期结束后的第一个交易日确定补偿买入是否可执行并通知违约交易方。当补偿买入可执行时,中央对手方会发布拍卖或指定补偿买入中介,支付补购的金融工具费用并将金融工具转交给收券方,违约交易方负责支付所有费用。

2. 预防交易结算失败的措施

根据 CSDR 的补充监管文件,预防交易结算失败的措施包括三方面:一是信息收集及时性及准确性。投资公司应及时与机构客户和零售客户沟通以获得相关的信息,包括结算过程所需的标准化数据,并确保结算信息的准确性,以便及时有效地进行结算。二是结算便利化。所有的交易结算指令都应通过 CSD 实现自动化处理。但如结算指令在传输过程中遇到技术故障而导致传送失败的,CSD 可以手动处理,但应当在结算后 30 日内向监管单位报告原因。三是建立完善的双边取消机制(bilateral cancellation facility),结算双方可在成交前协商取消结算指令。

3. 交易结算失败的监测与报告

CSD 应该建立一套可以在每个交易日监测交易结算失败信息的系统。通过此系统,CSD 应在每个交易日监测相关信息(详见表 5),并统计交易结算失败的次数及分析成员的结算效率。以上信息将按月上报给相关监管当局。

表 5 CSD 监测信息

信息	具体内容
交易失败的原因	
任何结算限制	金融工具与现金的预定、阻碍或指定用途等导致无法结算
金融工具的类型	可转让证券、主权债券、除主权债券外其他、ETF、除主权债券外的货币市场工具、排放许可证、其他金融工具
交易类型	买入或卖出、担保品管理、证券借贷、回购交易、其他可以通过 ISO 代码识别的交易
交易及清算场所	
结算指令类型	同一 CSD 指令：买卖双方均为同一结算系统成员；跨 CSD 指令：买卖双方均为不同结算系统成员
结算指令类型	
结算失败账户类型	

资料来源：European Commission. Supplementing Regulation (EU) No. 909/2014 of the European Parliament and of the Council with Regard to Regulatory Technical Standards on Settlement Discipline , 2018.

（三）处置机制的实践效果

欧洲 CSDR 及其补充监管文件对债券交易失败处置作出了事前、事中、事后的三方面监管。对交易结算失败的监控将确保监管机构收集信息制定合适的罚款水平的信息。当买入补偿发生时，监管机构可以监督结算成员的合规性，以进一步提升结算效率。截至 2016 年 2 月，根据 ESMA 的调查评估报告，34 个 CSD 中 21 个有结算失败处置机制，CSDR 及补充监管文件中对交易结算失败的处置措施（现金罚款及补偿买入）实现了对欧洲各 CSD 的统一的监管。2017 年 5 月，国际资本市场协会（ICMA）就 CSDR 中的强制性现金罚款及补偿买入机制的相关规定在其成员机构中展开了调查。调查结果显示：成员机构支持现金处罚机制，并认为在欧洲低利率甚至负利率环境下现金处罚是尤为重要的，但其罚金水平（0.1~0.2bp）过低可能难以达到处罚效果，ICMA 建议将针对债券的罚金水平提升至 1 bp（年化约 2.5%）。大部分成员机构对补偿买入持反对意见，他们认为 CSDR 提出的强制性补偿买入会给欧盟债券市场的稳定性和流动性带来不利影响。对于流动性较弱的证券，大量强制性补偿买入可能会干扰市场的正常运行。另外，强制性补偿买入仍有可能结算失败，从而引起恶性循环，进一步降低结算效率和市场流动性。

五、我国债券市场交易结算失败处置机制优化路径

（一）提高市场投资者事前管理能力

1. 注重投资者交易结算的合规性

我国债券市场近年来在快速发展的同时也暴露出不少风险，尤其体现在业务合规领域。近年来，中央及各级主管部门均高度重视金融风险防范工作，相继出台了一系列管理规范，如《关于规范债券市场参与者债券交易业务的通知》，进一步强调债券市场投资者应该按照各金融监管部门的有关规定，加强内部控制与风险管理，健全债券交易结算合规制度，这也体现出金融机构业务合规性被重新提到了新的高度。与此相对应，市场成员应该严格遵照监管要求，消除侥幸心理，告别野蛮发展，正视违规成本，更加谨慎合规地开展银行间债券市场业务，相信一定有助于减少债券交易结算失败的情况。

特别需要注意的，加强合规性管理不仅是必经路，还是一场持久战：首先，严监管下仍有少数机构一味追求利益，采取各种手段规避监管，具有一定的复杂性和隐蔽性；其次，金融业务的交叉性、传染性极高，合规性管理

的松动会快速由少量个体向市场整体蔓延。因此，加强合规性管理需要市场成员严格、持续地落实相关政策规定，监管部门也要定期开展监督检查，针对违法违规行为要给予相应处罚以规范市场纪律。同时，需要根据市场业务的发展变化动态调整监管细则，树立市场机构合规经营的长期基调。

2. 强化投资者流动性预期管理能力

近年来，我国经济面临着内部增速放缓和外部经济环境恶化等多重考验，金融体系积聚的风险也在严监管下逐步显现，诸多因素叠加共振导致金融风险事件频发。由于金融风险往往最终体现为流动性风险，因此，监管部门也将金融机构流动性风险管理作为监管重点，除反复强调流动性风险管理的重要性外，还先后发布《商业银行流动性管理办法》（银保监 2018 年第 3 号）、《公开募集开放式证券投资基金流动性风险管理规定》（证监会公告〔2017〕12 号）等监管文件，进一步确保金融机构将自身流动性风险控制在一定范围内。

强化流动性管理能力可确保市场参与者更顺利地完成交易结算。结算成员可从以下几个方面入手提升流动性管理水平：一是加强期限错配管理。市场参与者需从银行间债券市场融入资金时，应结合资金用途审慎确定融资期限，将资金敞口控制在合理范围内。二是分散资金来源。产品资金来源过于集中将放大大额赎回引致的流动性风险，投资管理人应分散化资金来源，或对资金来源集中度高的产品保持相对较高的流动性资产占比。三是扩宽投资范围。极端市场环境中风险可能集中爆发于特定领域，集中投资于该领域的产品会面临较大的赎回压力，使产品管理者面临流动性风险。四是根据自身经营环境，加强对自身流动性风险的评估，明确流动性监测频度，预警限额，并完善应急处置方案。

（二）完善市场规则及事中处置机制

1. 完善相关法律法规及管理规则

法治化建设是我国债券市场不可动摇的基本方向，也是衡量其发展程度的重要标尺，应注重将理论与实践相结合，发挥其对市场规范管理和稳定运营的重要作用。具体地，应该加强对于市场公平以及投资者的保护，重视信息披露的及时性、信用评价机制和惩戒机制的建立，并根据实践处理特点及时发布指导性案例，为债券市场的发展提供司法保障。

交易结算失败属于债券市场一种常见的违约行为，应该通过明确的法律法规对失败后续处理机制加以规范。虽然人民银行在相关规章中规定了失败后的报备机制，登记托管结算机构制定了针对到期合同失败的处理机制，交易商协会在《主协议》中也规定了对于回购交易的违约赔偿机制，但是仍未覆盖债券二级市场的五类业务[①]，需要进一步补充和完善。如2019年6月发布的《中央国债登记结算有限责任公司担保品违约处置业务指引》就为交易结算失败后的处理提供了制度化、标准化的解决方案。

2. 优化基础设施应急处置方案

银行间市场的稳定发展得益于基础设施的建设，但随着业务的创新与扩张，以及信息化处理的全面覆盖，基础设施的建设必须紧跟市场的发展。因为基础设施系统故障容易导致较大范围交易结算失败的情况，风险程度也更深。根据前后台相互分离的交易安排以及市场投资者的习惯，为了尽早锁定头寸安排，债券交易达成时间较早，但实际结算往往集中于工作日16:00以后，此种情况尤其发生在市场资金面紧张的时候，给登记托管结算机构的结算处理带来了一定压力。为了应对此种情况，应该设置应急处置方

---

① 二级市场五类业务包括：现券交易、质押式回购、买断式回购、债券借贷和远期交易。

案，主要体现在以下几个方面：第一，增加日常业务监控的频率并丰富监控指标，争取尽早发现问题并及时处理；第二，建立公司级应急处置小组，由业务和技术人员共同处理；第三，若问题无法在业务截止前决绝，应及时与监管机构取得沟通，申请大额支付系统延时；第四，通过各种渠道向市场投资者通知实时情况，保持信息对等，协助完成后续处理操作。

3. 引入更加安全高效的流动性工具

三方回购和中央债券借贷机制有助于优化流动性风险管理，也是国际标准所推荐的。从国外经验来看，随着市场的发展，三方回购和中央债券借贷等创新产品的推出可以有效提升市场运行效率，并满足投资者流动性管理需求。三方回购是指由独立第三方提供抵押品管理服务，依据三方回购协议自动完成抵押品选择和资金的结算，并对抵押品进行逐日估值及增减处理。交易双方只需关注回购业务期限及利率等要素，有助于提升流动性管理的质量和效率。中央债券借贷机制是指当市场投资者有融券需求且无合适的交易对手时，可以通中央借贷机制提高原有双边借贷机制的交易结算效率，更大程度满足投资者的融券需求和流动性管理要求。从中央对手方结算模式（CCP）中可以看出，其具有更大避免结算失败的可能，同时便于进行事后违约处置，包括处以罚金、增加备付金等。引入更加安全高效的流动性管理工具有助于市场投资者管理流动性风险，降低债券交易结算失败发生的可能性。

（三）建立事后评价体系

1. 建立债券市场投资者征信机制

良好的市场秩序不能仅仅靠监管部门的规范，市场成员也应加强甄别能力，降低交易结算业务中来自对手方的风险。但目前，金融机构间缺乏统

一、有效的风险信息共享机制，市场参与者信息来源较少，面临的对手方信用风险较大。鉴于该情况，监管部门可建立债券市场投资者征信机制，提升对市场参与者交易结算业务规范性方面的信息披露，进而提升市场成员对交易对手方风险甄别的能力。此举不仅能够督促市场成员更加规范地开展业务，有效降低交易结算失败合同笔数，还可以促进债券市场交易结算的活跃程度，提升银行间债券市场活力。

关于信用评价措施包括：一是建立信用档案，记录投资者结算失败的情况，并对不按照相应处罚措施补救的机构予以公示；二是将此信用档案的记录情况计入投资者评优及其他相关资格的考评，扩大信用档案的效果。

2. 研究债券市场结算失败惩戒机制

参考交易所市场以及欧美市场的经验，为了维护市场的诚信机制和结算安全，托管结算机构可以针对违约行为建立信用评价机制和惩戒机制，并对相关信息进行及时的披露和管理。具体惩戒措施包括以下两点：一是强制现金罚款。定期收取违约罚金并存入专用现金账户，既能对守约方进行补偿并也能对违约方进行惩戒。同时，具体罚金率可根据违约涉及债券种类及次数进行调整。二是强制性购入补偿。即便合同在约定交割日结算失败，也可要求其在规定期限内继续完成交割。结算托管机构负责监督其执行，否则进行现金罚款并计入信用档案。

3. 制定投资者资格及评优的考核标准

目前，我公司未将结算业务培训证书作为业务人员从事结算业务的必要条件。但从日常情况来看，存在个别机构新人入职不了解常规业务操作导致交易结算失败的情况，并导致了较为严重的后果。比照同业，外汇交易中心对交易员培训证书进行了有效的控制，交易员须通过考核获得证书才可参与交易，且证书过期后该交易员无法登陆交易系统进行操作，从而有效地控制了业务人员的操作风险。结算环节也可借鉴此方式，严控从业门槛，并对从业人员的结算资格进行定期考核，减少由于人员不熟悉业务引发的交易结算失败。此外，债券市场基础设施依托于可获得的交易结算数据，根据市场参与者的业务情况制订评优方案。虽此举收到了很好的效果，但由于信息有限，评选主要针对各市场参与机构，对于优秀个人的评选覆盖面仍较窄。机构内部可制定更加完善的评优标准，鼓励业务人员不断提升从业水平，降低交易结算失败发生的概率。

参考文献

［1］全国银行间债券市场债券交易管理办法.中国人民银行令〔2000〕第2号.

［2］银行间债券市场债券登记托管结算管理办法.中国人民银行令〔2009〕第1号.

［3］中国银行间市场交易商协会.中国银行间市场债券回购交易主协议（2013年版），2013.

［4］中央国债登记结算有限责任公司.中央国债登记结算有限责任公司债券交易结算规则，2005.

［5］中央国债登记结算有限责任公司.债券交易结算违规操作处理规程，2000.

［6］中国证券登记结算有限责任公司.中国证券登记结算有限责任公司债券登记、托管与结算业务细则（2015年修订），2015.

［7］郑健鹏.关于完善我国银行间市场债券交易结算制度的思考[J].时代金融，2017(17).

［8］陈亦聪.证券交易异常情况的法律规制[D].华东政法大学,2013.

［9］金丽萍.证券登记结算风险分析与证券登记结算模式优化[D].复旦大学,2008.

［10］刘戈 . 证券登记结算制度中的法律问题研究 [D]. 吉林大学 ,2010.

［11］魏桦 . 我国证券结算风险控制与管理 [D]. 武汉大学 ,2005.

［12］余岚 . 基于 DVP 制度的证券结算体系风险控制策略研究 [D]. 南昌大学 ,2009.

［13］叶朱演 . 沪、深证券交易所制度变迁问题研究 [D]. 复旦大学 ,2011.

［14］洪雅娴 . 我国证券异常交易处置制度研究 [D]. 吉林大学 ,2016.

［15］ESMA. Draft Regulatory Technical Standards on Settlement Discipline under the Regulation No. 909/2014 of the European Parliament and of the Council of 23 July 2014 on Improving Securities Settlement in the European Union and on Central Securities Depositories and Amending Directives 98/26/EC and 2014/65/EU and Regulation (EU) No. 236/2012 (CSDR)，2016.

［16］European Commission. Regulation (EU) No. 909/2014 of The European Parliament and of the Council, 2014.

［17］European Commission. Supplementing Regulation (EU) No. 909/2014 of the European Parliament and of the Council with Regard to Regulatory Technical Standards on Settlement Discipline，2018.

［18］European Commission. Supplementing Regulation (EU) No. 909/2014 of the European Parliament and of the Council as Regards the Parameters for the Calculation of Cash Penalties for Settlement Fails and the Operations of CSDs in Host Member States, 2016.

［19］DTCC. Service Guide: Settlement,2018.

［20］李剑 . 美国证券业托管和清算机构的发展与现状 [J]. 金融电子化 , 2008(2): 74-77.

信用评级哪家强？基于中债隐含评级的实证研究

黄稚渊　尹昱乔　王雨楠

摘　要：本文尝试建立相对客观的评级机构信用评级质量评价标准，并据此对不同机构的评级质量进行分析。以中债隐含评级作为市场风险认知的代理变量，基于市场有效性理论，中债隐含评级可以作为市场评级有效全面的比照标准。通过对中债隐含评级与 6 家评级机构信用评级的静态一致性和调整同步性的实证分析发现：（1）机构信用评级显著高于中债隐含评级，且不同的评级机构和不同债券特征对评级上浮有所影响；（2）信用评级下调能影响市场风险认知，但评级上调对市场认知影响较小，整体来看评级调整提供信息仍不够充分；（3）各评级机构评级质量参差不齐。本文有助于提高市场投资者的评级使用效率，并为监管部门的工作提供了思路和借鉴。

一、研究背景

近年来，我国债券市场迎来了高速发展的阶段，截至 2018 年底，债券市场总规模已达 86.4 万亿元，跻身全球第二大债券市场。但与此同时，我国债券市场在定价市场化程度、市场流动性、信用评级质量、信息披露质量等方面相比发达国家债券市场仍然有待提高。就信用评级质量而言，我国信用评级长期存在评级虚高、区分度不足、预警能力差等诸多问题，影响了信用评级作为信用资质判断标准的有效性。

此外，不同评级机构的评级标准及质量往往也不尽相同，保险业资产管理协会每年组织保险机构投资者对 10 家信用评级机构从基本素质、评级质量、监管评价得分、专家评审意见等方面进行年度评价。但这一评价主要针对保险机构投资者，代表性不足，在评价内容上更多侧重于信评机构业务合规性，对于评级质量的考核采用问卷调查的方式，具有一定主观性和局限性。且评级质量等单项考核结果不进行单独披露，对市场的参考性不高。

本文尝试建立相对客观的评级机构信用评级质量评价标准，并据此对不同机构的评级质量进行分析。对不同评级机构进行评价和对比最直接的方式是考察多家评级机构同时覆盖的债券直接进行对比，但由于我国评级机构为发行人付费的运营模式，多家机构覆盖同一只债券的情况相对较少，难以进行大样本的量化分析。

中债市场隐含评级是中债估值公司基于市场价格信号、发行主体披露信息等因素提炼出的动态反映市场投资者对债券的信用评价，是具象化、符号化的市场风险认知。根据市场有效性理论，包括信用风险在内的与债券价格相关的信息最终都将体现在债券价格之中，从而使得市场价格可以最为准确地度量债券的风险状况。中债隐含评级实现了对信用债的全覆盖，并且采用与机构信用评级一致的评级符号和标准，作为市场风险认知的代理变量，为机构评级提供了有效而全面的比照标准。

二、样本和数据

本文以 2018 年底存续的无担保公募信用债评级数据为样本，数据来源为万得数据库。券种覆盖范围包括企业债、公司债、中期票据、短期融资券、资产支持证券、商业金融债 ① 等。私募债券公开信息披露相对较少，交易也较不活跃，风险状况可能难以及时准确地反映到市场价格上；有担保债券由于有担保方承担信用风险，债项评级和主体评级可能存在较大差异，在样本中剔除这两类债券。

（一）评级机构覆盖情况

本文样本主要来自中债估值公司隐含评级数据，以及 9 家评级机构的信用评级数据。评级机构具体包括：大公国际资信评估有限公司（大公国际）、上海新世纪资信评估投资服务有限公司（上海新世纪）、鹏元资信评估有限公司（鹏元资信）、东方金城国际信用评估有限公司（东方金诚）、中诚信证券评估有限公司（中诚信证券）、中诚信国际信用评级有限责任公司（中诚信国际）、联合资信评估有限公司（联合资信）、联合信用评级有限公司（联合评级）和中债资信评估有限责任公司（中债资信）。其中，被证监会、发改委、人民银行认可可以对交易所公司债、银行间市场企业债、银行间市场非金融企业债务融资工具进行评级（"全牌照"）的机构有大公国际、上海新世纪和东方金诚。鹏元资信被证监会和发改委认可对交易所公司债、银行间企业债进行评级，并于 2019 年被人民银行认可评级银行间非金融企业债务融资工具而获得全牌照。

---

① 包括商业银行债、证券公司债、二级资本工具等，不含政策性银行债。

中诚信证券和联合评级被证监会认可评级交易所公司债评级，中诚信国际和联合资信被发改委、人民银行认可评级银行间企业债和非金融企业债务融资工具，而中诚信证券和中诚信国际控股股东都是联合信用管理有限公司（联合），联合资信和联合评级控股股东都是中国诚信信用管理有限公司（中诚信），即联合和中诚信通过共同控股公司在商业行动上相当于拥有"全牌照"，本文将其评级数据按照孰低原则两两合并后纳入样本。

中债资信为投资人付费评级机构，在业务模式上与其他评级机构存在差异，评级结构也与其他机构不同，本文对中债资信评级数据单独分析，作为整体研究的补充和对照。

（二）评级数据处理

由于中债隐含评级均为债项评级，为保证评级数据一致性，机构评级数据同样有限考虑债项评级，对于没有债项评级的债券采用主体评级[①]。

为方便实证分析，本文将债券评级等级数字化。具体为，将评级 AAA、AA+、AA、AA−、A+、A、A− 分别对应于数字 10、9、8、7、6、5、4；对于低于 A− 的低评级债券，考虑到每一级的样本量较小，各家评级机构对低资质债券评级标准可能存在差异，因此进行分段处理，即 BBB+、BBB、BBB− 对应数字 3，BB+、BB+、BB− 对应数字 2，B+、B、B− 对应数字 1，低于 B− 评级对应数字 0。中债隐含评级采用了与市场评级同样的等级标准及与机构类似的数字化处理方法。中债隐含评级 AAA+、AAA 和 AAA− 均对标机构 AAA 级，对应数字 10；中债隐含评级 AA 级和 AA（2）级均对标机构评级 AA 级，对应数字 8。

---

① 机构未覆盖该只债券但覆盖了同一发行人的其他债券时可能出现有主体评级但无债券评级的情况。此外短期融资券债项评级为 A−1 等非标准化评级的同样采用主体评级代替。

（三）样本总体情况

样本共包含 11217 只 2018 年底前存续且同时具有中债隐含评级和至少一家机构评级的债券。各家机构覆盖债券数量不尽相同，其中合并机构中诚信覆盖债券数量最多，东方金诚覆盖债券数量最少，中债资信作为投资人付费评级机构整体覆盖面广于其他发行人付费评级机构。每家机构覆盖债券数量具体见下表。

表 1　各评级机构样本数

评级机构	覆盖债券只数	百分比
总样本	11215	100%
中债隐含评级	11215	100%
大公国际	3358	30%
上海新世纪	2162	19%
东方金诚	989	9%
鹏元资信	1335	12%
中诚信	5580	50%
联合	4570	41%
中债资信	7427	66%

各类机构评级分布情况也不尽相同，中债隐含评级以 AA 级（数字 8）为中心，分布较为对称，基本呈正态分布；中债资信评级分布以 AA- 级（数字 7）为中心，分布也较为对称；其他评级机构评级分布大多左偏，集中在 AAA 级（数字 10），且低于 AA 级（小于数字 8）债券较少（见下图）。

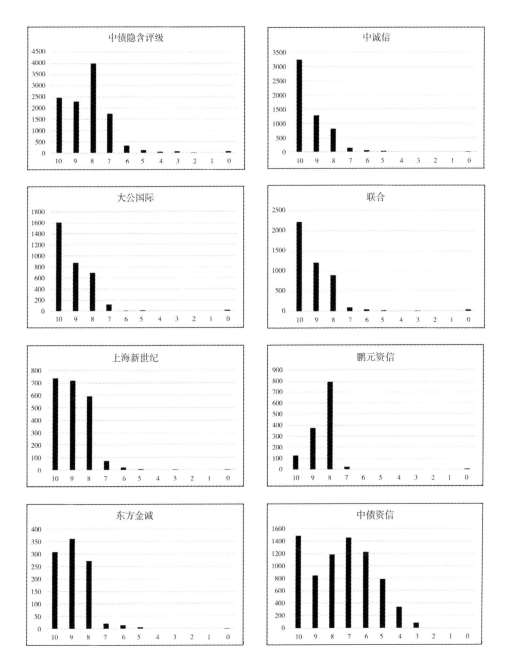

图 1　各机构(数字化)评级分布

三、中债隐含评级与机构信用评级静态一致性分析

本节主要研究中债隐含评级与机构信用评级的评级差异。用数字化评级可以计算两类评级的评级差。总体上看，除中债资信外各类机构评级均较中债隐含评级有所上浮，AAA级和AA+级债券的评级差普遍高于其他等级债券，一方面是由于机构高评级导致评级差扩大，另一方面低于AA+等级信用债用于质押或交易的难度将显著加大，发行人和投资人有动机鼓励评级机构将评级提高到AA+级以上。值得注意的是，AA+债券评级差甚至大于AAA债券，表明评级机构相对更加不愿意将评级调至AA+级以下。对于AA级债券，评级差出现显著下降，而更低评级的低资质债券评级差甚至由正转负，表明此类债券的评级与市场认识差距不大。

按机构来看，鹏元资信评级与中债隐含评级一致性最高，其中AAA级债上浮显著低于其他机构，AA+级和AA级债上浮也相对尚可，但AA-及以下级的低资质债券评级仍有较大上浮。中诚信整体上仅次于鹏元资信，且在上浮最为严重的AA+级债中表现最好。东方金诚评级上浮最为严重，且几乎在各个评级段上评级上浮都最为显著。大公国际、上海新世纪、联合表现则相对平均。中债资信整体评级低于中债隐含评级，主要表现为中债资信评级分布中有更多的AA-以下级的低评级债券（见下表）。

表 2　信用评级——隐含评级评级差统计

评级机构	总体	AAA 级	AA+ 级	AA 级	AA– 级至 A– 级	BBB+ 级及以下
大公国际	0.74	0.75	1.24	0.38	–0.46	0.09
上海新世纪	0.77	0.86	1.05	0.40	0.55	–1.00
东方金诚	1.13	0.97	1.54	0.67	1.81	0.00
鹏元资信	0.65	0.54	1.08	0.46	0.96	0.58
中诚信	0.70	0.69	1.02	0.53	–0.28	0.23
联合	0.81	0.80	1.11	0.63	0.39	–0.91
中债资信	–1.11	0.19	–0.32	–0.90	–1.80	–3.17

以上分组统计结果可能由于各家机构覆盖样本的结构差异造成，下面用回归分析进一步检验上述结果，通过加入控制变量来剔除评级机构外的其他因素对评级差的影响。控制变量具体包括债券等级、债券类型、债券规模、是否为城投债、企业性质、机构覆盖数量和所属行业。除债券规模和机构覆盖数量为连续变量外，其他控制变量均为哑变量。回归结果见表 3。

从全样本回归结果来看，在控制了其他因素后，各家机构评级上浮依然显著，其中上海新世纪评级上浮最小，上浮幅度约为 0.6 级；但中诚信、鹏元资信、大公国际、联合与其差距并不大；而东方金诚评级上浮超过 1 级，显著高于其他评级机构。

在控制债券等级因素后，评级机构的系数显著下降，且模型拟合优度（R^2）上升，表明评级上浮主要由债券等级所解释，其中 AA+ 级债券评级平均上浮 1 级，上浮幅度最大，这与上文描述统计结果相符。从具体评级机构来看，上海新世纪、鹏元资信两家机构系数为负且显著，表明其评级相比其他机构与中债隐含评级更为接近；东方金诚系数显著为正，即其评级上浮相对其他评级机构更为明显。

从其他控制变量来看，银行间非金融企业债务融资工具相对银行间企业债和交易所公司债评级上浮更大，可能是由于发改委对企业债审核更加严格，而交易所上市公司信息披露更加充分。债券规模与评级差有显著负向关系，规模较大债券发行人往往资质相对较高且信息披露充分，因此信用评级与市场认识更为接近，但债券规模系数绝对值较小，实际影响有限。国有企业评价差显著小于其他企业类型，一方面是国企信息披露充分，评级更加准确；另一方面是2018年民营企业信用风险集中爆发，外部融资环境恶化，信用风险有所上升，机构对民企信用评级可能存在调整不及时的情况；除此之外部分投资者对民企"一刀切"的行为也可能使得市场认识偏离实际风险情况。城投债的评级上浮显著小于产业债，与企业性质的影响类似，城投债并未出现实质性违约，而产业债信用风险出现上升，评级机构对产业债的信用评级可能出现调整不及时情况，此外投资者的"城投信仰"也会使市场认识偏离城投债实际信用风险状况。

进一步将样本按照机构评级分为 AAA 级、AA+ 级和 AA 级三组，对三组样本单独进行回归。对 AAA 级债券鹏元资信和中诚信评级上浮最小；对 AA+级债券，联合、中诚信和上海新世纪评级上浮最小；对 AA 级债券，上海新世纪、大公国际评级上浮最小。东方金诚在各评级段的上浮幅度均为最大。

表 3　评级差全样本和分组回归结果

	全样本 1	全样本 2	AAA 级	AA+ 级	AA 级
大公国际	0.62***	−0.13	0.42***	1.11***	0.94***
上海新世纪	0.59***	−0.18**	0.44***	1.05***	0.88***
东方金诚	1.01***	0.20**	0.68***	1.39***	1.18***
鹏元资信	0.61***	−0.15*	0.35***	1.16***	1.07***
中诚信	0.60***	−0.12	0.36***	1.04***	1.02***

续表

	全样本 1	全样本 2	AAA 级	AA+ 级	AA 级
联合	0.64***	−0.10	0.42***	1.03***	1.09***
AAA 级		0.46***			
AA+ 级		1.00***			
AA 级		0.67***			
AA− 级至 A− 级		1.43***			
银行间信用债	0.10***	0.08***	0.18***	−0.13***	−0.08**
交易所公司债	−0.03	0.00	0.01	−0.17***	−0.10**
债券规模	−0.00***	−0.00***	−0.00***	−0.00**	−0.01***
民营企业	0.85***	0.67***	1.68***	0.95***	0.62***
外资企业	0.84***	0.73***	0.81***	0.86***	1.05***
其他企业	0.23***	0.24***	0.36***	−0.06	0.15
城投债	−0.11***	−0.18***	0.22***	−0.42***	−0.27***
覆盖评级机构数	−0.04***	−0.04***	0.00	0.06***	−0.06***
行业 A	0.29**	0.21***	−0.90**	−0.25	0.59***
行业 B	0.42***	0.42*	0.60***	0.17	0.23**
行业 C	0.17***	0.23***	0.43***	−0.03	−0.26***
行业 D	−0.37***	−0.19***	−0.42***	−0.13*	−0.45***
行业 E	0.09***	0.17***	0.11**	0.22***	−0.16**
行业 F	0.26***	0.33***	0.74***	−0.13*	−0.17**
行业 G	−0.02	0.12***	−0.15**	0.23***	−0.55***
行业 I	−0.43***	−0.45***	0.10	−0.49**	−0.51***
行业 K	0.22***	0.26***	0.38***	−0.12**	−0.21***
行业 L	0.61***	0.56***	0.52***	0.39***	0.13
行业 N	0.03	0.09	0.11	0.19	−0.22*
行业 R	−0.39***	−0.44***	0.34	−0.57***	−0.78***
行业 Z	0.17***	0.25***	0.14***	0.18***	−0.33***

	全样本 1	全样本 2	AAA 级	AA+ 级	AA 级
行业 Others	−0.42***	−0.23*	−0.42**	−0.96	−0.35**
R^2	0.47	0.52	0.60	0.69	0.42
OBS	17994	17994	8248	4823	4067

注：控制变量包括债券等级（AAA、AA+、AA、AA− 至 A−、A− 以下，默认值为 A− 以下）、债券类型（银行间信用债、交易所公司债、银行间企业债，默认值为银行间企业债）、债券规模（单位为亿元）、是否为城投债、企业性质（国有企业、民营企业、外资企业、其他企业，默认值为国有企业）、机构覆盖数量（有债项或主体评级的评级机构数量）和所属行业（按统计局国民经济行业分类标准和证监会行业分类标准，其中行业 Z 为"综合"，行业 Others 为数量较少的 4 类行业 H、M、O、Q 合并，默认值为 J 金融业）。***，**，* 分别表示在 1%、5%、10% 水平显著。

四、中债隐含评级与机构信用评级调整同步性分析

本节主要研究中债隐含评级与机构信用评级的评级变化的同步性，研究机构评级调整对信用风险的揭示作用。本节研究使用的样本为 2017 年末和 2018 年末均存续的债券，采用与上文相同的评级数字化方法处理 2017 年末和 2018 年末的中债隐含评级和各评级机构信用评级，根据两期数量化评级的差异将评级调整分为上调、不变和下调三种方向，分别统计样本债券中债隐含评级调整情况和各机构评级的调整情况，并比较两类评级调整的异同。

用以下几个指标刻画两类评级调整的同步性。一是整体一致率，是指两类评级调整方向相同的债券数量的占比。二是调整 / 下调 / 上调准确率，是指机构评级发生调整 / 下调 / 下调的债券中，隐含评级调整与其一致的债券

数量占比。三是调整／下调／上调覆盖率，是指中债隐含评级发生调整／下调／下调的债券中，机构评级调整与其一致的债券数量占比。

指标统计结果见表5。各类机构（不含中债资信）评级调整方向整体上与中债隐含评级代表的市场风险认知一致，整体一致率均超过了85%。但各类机构调整准确率和调整覆盖率都较低，表明对评级变化的债券机构评级与市场认知的同步性不甚理想。从调整准确率来看，各机构平均为31%，其中下调准确率平均为99%，上调准确平均为1%。机构评级下调时，仅一只债的隐含评级不变，其他均出现同步下调，表明机构评级下调具有预警功能，对市场风险认知有较强影响；但机构评级上调时隐含评级基本不变甚至下调，表明机构评级上调未能影响市场的风险认知，不能发挥"警报解除"的作用。从调整覆盖率来看，各机构平均为15%，其中下调覆盖率平均为16%，上调覆盖率平均为1%。隐含评级下调时仅少数机构评级同步下调，隐含评级上调时几乎所有机构评级均未同步上调，表明机构评级只是市场风险认知的来源之一，并未能覆盖所有市场风险认知的变化。综合来看，资质恶化时信用评级发挥的作用相对更大，主要体现为通过评级下调为市场提供信息，对于债券资质改善，信用评级与市场认知的分歧较大。

按机构来看，由于各评级机构的下调准确率、上调准确率和上调覆盖率差距不大，应以下调覆盖率作为评价机构评级同步性的核心指标。东方金诚下调覆盖率为21%，在6家机构中最高，表明当其评级债券疑似发生资质恶化时，东方金诚为市场提供了最为充分的风险警示信息。表现最差的机构为上海新世纪，下调覆盖率仅为11%。

最后，对比投资人付费的中债资信和其他评级机构，中债资信整体一致率83%，调整准确率和调整覆盖率分别为18%和10%，均低于其他评级机构，表明中债资信提供的信息在有效性和充分性上均相对较弱。

表4 隐含评级和机构信用评级调整情况交叉表

		隐含评级下调	隐含评级不变	隐含评级上调
大公国际	评级下调	27	1	0
	评级不变	144	1559	64
	评级上调	6	48	0
东方金诚	评级下调	9	0	0
	评级不变	34	353	1
	评级上调	0	29	0
鹏元资信	评级下调	10	0	0
	评级不变	55	810	10
	评级上调	0	22	0
联合	评级下调	18	0	0
	评级不变	88	708	1
	评级上调	0	23	0
中诚信	评级下调	16	0	0
	评级不变	70	920	21
	评级上调	4	26	1
上海新世纪	评级下调	10	0	0
	评级不变	83	1068	4
	评级上调	0	52	0
中债资信	评级下调	31	26	0
	评级不变	270	2634	124
	评级上调	0	184	14

表5　机构评级同步性指标统计

评级机构	整体一致率	调整准确率	下调准确率	上调准确率	调整覆盖率	下调覆盖率	上调覆盖率
大公国际	86%	33%	96%	0%	11%	15%	0%
上海新世纪	89%	16%	100%	0%	10%	11%	0%
东方金诚	85%	24%	100%	0%	20%	21%	0%
鹏元资信	90%	31%	100%	0%	13%	15%	0%
中诚信	89%	36%	100%	3%	15%	18%	5%
联合	87%	44%	100%	0%	17%	17%	0%
中债资信	82%	18%	54%	7%	10%	10%	10%

五、小结

本文基于市场有效性理论，以中债隐含评级作为市场风险认知的代理变量，对评级机构评级质量进行了量化分析和评价。主要结论包括：（1）机构信用评级显著高于中债隐含评级，且债券等级、债券类型、债券规模、是否为城投债、企业性质、机构覆盖数量和所属行业均对评级差异有所影响。（2）信用评级下调能影响市场风险认知，发挥风险警示作用，但评级上调对市场认知影响较小；此外信用评级调整只是市场风险认知的来源之一，提供信息仍不够充分。（3）各评级机构评级质量参差不齐，上海新世纪、中诚信和鹏元资信的评级与中债隐含评级最为接近，而东方金诚评级上浮最为严重。东方金诚、中诚信和联合的评级调整提供了相对较为充分的信息，而上海新世纪评级调整提供信息最少。

信用评级机构作为资本市场重要的中介机构在近年来得到了监管和市场的关注。监管部门在致力于消除评级市场分割的同时，加强了对评级机构的监督管理。在合规性审核管理以外，建议对评级质量进行评价考核，督促评级机构提高评级的质量和可靠性。本文基于市场有效性和中债隐含评级提供了一个评级质量的分析框架，可以为监管部门提供思路和借鉴。

对市场投资者而言，建议关注各评级机构的评级质量差异，提高外部评级的使用效率。在考察债券信用等级时，可根据各家评级机构评级上浮情况分别予以适度的"打折"处理；在跟踪债券风险变化时，可以重点关注同步性较好的机构的评级调整结果，对同步性较差机构覆盖的债券用内部评级等方式予以补充。

债券违约常态化下信用风险防范相关问题探讨

耿鹏　陆文添　周啸驰

摘　要： 2018 年我国债券市场违约规模与数量已超过过去四年总和，债券市场进入违约常态化阶段。与此同时，债券市场的投资者利益仍未得到较好的保护，信用风险防范问题凸显。应在提升保护投资者理念的基础上，建立完善的投资者保护机制与违约处置机制，保障信用风险的防范和化解。

关键词： 投资者保护　违约处置　信用风险

2018 年我国债券市场违约规模与数量已超过过去四年总和，债券市场进入违约常态化阶段。与此同时，债券市场的投资者利益仍未得到较好的保护，信用风险防范问题凸显。应在提升保护投资者理念的基础上，建立完善的投资者保护机制与违约处置机制，保障信用风险的防范和化解。

一、我国债券违约已进入常态化阶段

截至 2018 年 12 月 31 日，我国债券市场共有 244 只债券发生违约，规模总计 1973 亿元，共涉及 103 家企业。仅看 2018 年全年，新增违约债券 125 只，新增违约企业 43 家，新增违约规模 1160 亿元，违约规模与违约债券数量已经超过 2014 年到 2017 年的总和。

图 1　我国违约债券数量、规模及违约时间分布

注：本文除中债隐含评级外的数据均来自 WIND 金融数据库，下同。

从违约债券类型来看，违约债券已涉及银行间市场的超短融、短融、中票、定向工具，交易所市场的公司债、私募债、可交换债、ABS，以及发改委的企业债，覆盖我国全部主流债券种类。其中，私募债违约数量最多，共计 50 只，其次是公司债（42 只）和中期票据（40 只）。

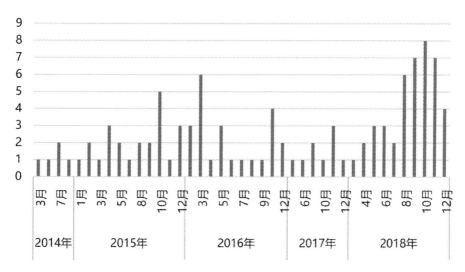

图 2 我国违约企业数量及违约时间分布(单位:家)

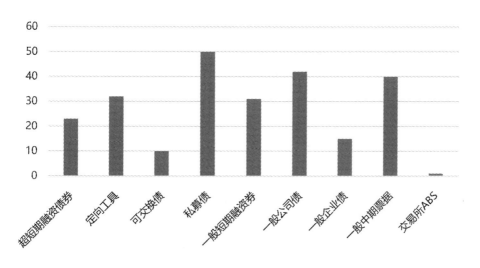

图 3 各类债券违约只数

从违约债券分布区域来看,目前已分布于我国 26 省、市、区,覆盖了我国所有经济发达地区,未出现违约的地区仅有江西、湖南、贵州、云南、甘肃、青海、西藏。(不含港、澳、台)

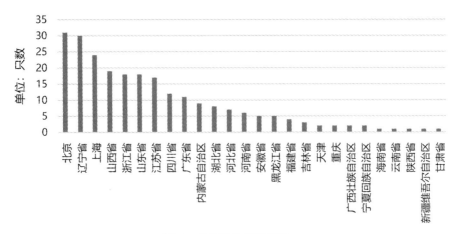

图 4   各省违约债券只数

从违约企业的所属行业来看，在 2017 年及以前，违约多集中出现在产能过剩行业，是市场发挥优胜劣汰作用，部分低效僵尸企业退出金融市场的成果。但 2018 年违约现象已扩散至各类型行业，不仅涉及产能过剩行业，还包括医药生物、非银金融、食品饮料等周期性并不明显的行业，以及信息科技、新能源、传媒等新兴行业，违约的行业特征已不明显。

表 1   2017 和 2018 年违约涉及的行业

时间	违约涉及行业
2017	纺织服装、钢铁、采掘、化工、机械设备、建筑装饰、交通运输、电子、公用事业、农林牧渔
2018	纺织服装、采掘、化工、机械设备、建筑装饰、交通运输、医药生物、非银金融、食品饮料、计算机、电子、公用事业、农林牧渔、房地产、有色金属、信息科技、新能源、传媒、商业贸易

二、信用风险防范问题凸显

债券市场违约已经呈现出常态化趋势，但目前债券投资者的信用风险防范手段仍然不足。主要表现在募集说明书中缺乏投资者保护条款，债券存续期信息披露质量不高，评级公司评级警示作用不强，持有人会议与受托管理人制度仍不完善。

（一）募集说明书缺乏投资者保护条款

1. 各规定未强制要求募集说明书中设置投资者保护条款

我国银行间债券市场和交易所债券市场均未对募集说明书的具体条款做强制要求。交易商协会发布的《银行间债券市场非金融企业债务融资工具募集说明书指引》作为自律性指引，主要针对债券的发行阶段，要求募集说明书中应包含发债企业的基本情况，财务、资信状况，募集资金用途，信息披露及发行条款等内容，未提及与保障债权人利益有关的限制性条款，也未提及与重大事项信息披露相关的违约条款等。证监会发布的《公司债券发行与交易管理办法》中，要求募集说明书中应包含募集资金用途、受托管理协议、持有人会议规则等，也未要求设置投资者保护条款等内容。

2. 缺少保护条款，投资者利益难以得到保护

投资者保护条款一般可以分为事件类条款和限制类条款两类，从不同的角度保障投资者利益。募集说明书中缺少相关保护条款，导致发行人出现风险事件后，投资者利益难以得到保护。

（1）事件类条款

事件类条款主要指交叉违约和加速清偿条款，是指该债券契约合同下的债务人或关联企业未能清偿到期应付的其他债务融资工具、贷款等违约行为，也被视为对该债券违约或加速到期清偿。募集说明书中缺少交叉违约条款，会导致投资者即使已知所持债券已经很难兑付，也无法向债务人提前求偿，在求偿顺位中处于极为不利的位置，不同投资者利益难以得到同等保护。

（2）限制类条款

限制类条款包括财务指标承诺条款、事先约束条款和控制权变更条款等内容。

财务指标承诺条款指要求发行人在债务融资工具存续期间确保发行人的财务指标符合要求，财务指标一般包括资产负债率、净资产收益率、流动比率、有息债务增长率等。财务指标承诺条款可以控制发行人过度投资或过度负债，如某集团在 2016 年发行 16 环保债，但其有息债务在 2016 年当年同比增长 85%，2017 年同比增长 77%，并于 2018 年因资金链断裂违约。如果能在募集说明书中对该集团负债进行约束，在一定程度上能够约束其过度负债行为，或投资者能更早地通过诉讼等行动保障自身权益。

事先约束条款是指当发行人做出出售或转移重大资产、质押或坚持上市子公司股权、对外提供重大担保、债务重组等行为时，应事先召开持有人会议并经持有人会议表决同意。事先约束条款能够避免发行人为自身利益，通过股权变更、资产置换、资产出售等行为，在不通知债券投资者的情况下，擅自做出危害企业资产安全和投资者利益的行为。没有事先约束条款的保护，发行人的"逃废债"行为就难以得到约束。

控制权变更是指发行人的控股股东或实际控制人发生变更时，发行人应进行信息披露并向投资者进行债券回售。企业控制权变更可能导致其融资渠道与经营状况发生本质变化，最为典型的案例是某水泥由于公司控制权争夺，大股东频繁变更，引发公司无法正常经营，原先的融资渠道被阻，最终导致债券违约。

3.行业自律组织已出台或正研究出台范例，但约束力较弱

为了填补在投资者保护条款方面的空缺，交易商协会和证券业协会都

设置或研究了相关范例。交易商协会在 2016 年制定了《投资人保护条款范例》，但未强制要求发行人使用，证券业协会在 2017 年就《公司债券投资者保护条款范例（征求意见稿）》征求意见，但仍未对外正式公布。

两者的投资者保护程序一致，均分为触发情形、处置程序、宽限期三部分。其中，交易商协会对条款的描述更为细致，例如在对豁免条款的表决要求方面，该条例明确了通过决议的具体表决权比例要求，以及未通过豁免决议或未办理相关法律手续后的处理方案。证券业协会仅提及豁免决议在持有人会议通过后，对所有相关人等具有法律效力。

在投资者保障条款设置方面，《投资人保护条款范例》中分为交叉违约条款、事先约束条款和控制权变更条款；《公司债券投资者保护条款范例（征求意见稿）》中分为交叉保护条款、指标承诺条款和限制性条款。比较来看，二者的交叉违约（交叉保护）条款内容基本一致，交易商协会的事先约束条款包含财务指标承诺和事先约束事项两部分，内容上相当于证券业协会的财务指标承诺条款和限制性条款的总和。交易商协会较证券业协会增加了控制权变更条款。控制权变更条款包含控股股东变更、实际控制人变更、董事长或总经理变动、固定比例以上董事变动等。证券业协会设置的财务指标更丰富，比交易商协会多了 EBITDA 利息保障倍数、经营活动现金流量净额、净利润、资产负债率、速动比率、总资产报酬率、EBITDA 全部债务比。

4. 投资者保护条款运用逐渐增多，但仍未普及

2017 年以来银行间市场非金融融资工具发行文件中投资者保护条款的运用逐渐增多，但仍未达到普遍使用的程度。2017 年，银行间市场新发行的各类债券中应用投资者保护条款的占比为 19%，而 2018 年该比例已经上升至 40%，且条款设置也从单一的交叉违约条款变为各类条款均有涉及。由于

交易所市场的《公司债券投资者保护条款范例（征求意见稿）》始终未对外正式发布，公司债的投资者保护条款应用比例在2017年为2%，2018年为4%，占比始终较低。

表2 2017、2018年银行间市场投资者保护条款统计

年份	债券类型	发行总数	投资者保护条款						含有投资者保护条款的债券	占比
			交叉违约	占比	事先约束	占比	控制权变更	占比		
2017	超短融	1675	280	16.7%	2	0.1%	0	0%	280	16.7%
	短融	465	118	25.4%	1	0.8%	0	0%	118	25.4%
	中票	910	197	21.6%	3	0.3%	2	0.2%	197	21.6%
2018	超短融	2490	625	25%	708	28.4%	188	7.6%	925	37.1%
	短融	428	166	38.8%	171	40%	55	12.9%	236	55.1%
	中票	1418	427	30.1%	435	30.7%	97	6.8%	591	41.7%

表3 2017、2018年交易所市场投资者保护条款统计

年份	债券类型	发行总数	投资者保护条款						含有投资者保护条款的债券	占比
			交叉违约	占比	事先约束	占比	控制权变更	占比		
2017	公司债	538	11	2%	2	0.3%	2	0.3%	11	2%
2018	公司债	798	23	2.9%	24	3%	12	1.5%	32	4%

（二）债券存续期信息披露质量不高

1.信息披露标准较粗略

我国各债券品种均针对信息披露要求建立了相应的制度，但与股票市场相比，仍然存在信息披露标准较为粗略的问题。

整体而言，交易商协会和交易所公司债券针对信息披露的规则较为详细缜密，可操作性较高，有利于投资人判断发行人的真实风险，尤其是针对

影响偿债能力的重大事项披露标准，协会和证监会均给出了部分定量标准，但部分定性条款仍存在模糊空间，导致发行人存在隐瞒重大事项的可能性。例如，《银行间债券市场非金融企业债务融资工具信息披露规则》中对于重大事项的描述有如下形式：企业生产经营的外部条件发生重大变化；企业涉及可能对其资产、负债、权益和经营成果产生重要影响的重大合同；企业发生可能影响其偿债能力的资产抵押、质押、出售、转让、划转或报废；企业对外提供重大担保。其中"重大变化""重要影响""可能影响""重大担保"等字样较为模糊，无法形成有力的制约。

股票市场信息披露由于涉及日常经营、股权信息变更等，在"重大事项定义"有一些更细致的要求，而且对于重大事项披露时限的要求更严谨，例如在《上市公司信息披露管理办法》中要求，上市公司应当在最先发生的规定的任一时点，及时履行重大事件的信息披露义务。如果在信息披露之前出现市场传闻或证券价格异动等情形时，应当及时披露相关事项的现状、可能影响事件进展的风险因素，提高了信息披露制度的完备性。

2. 部分债券信息披露频率低

在信息披露频率方面，不同市场的信息披露规定存在差异，如交易商协会和证监会要求在每年 4 月 30 日前披露年报信息，而发改委的企业债券规定在每年 6 月 30 日前披露年报，造成部分仅在银行间市场上市的企业债券发行人，在 5—6 月间才披露年报。证监会要求披露完整的半年报与季报，包括财务报表与经营情况说明等内容，交易商协会对半年报与季报仅要求披露资产负债表、利润表和现金流量表，发改委则未要求披露半年报与季报。如四川圣达从 2012 年发行至 2015 年违约，期间仅公布过三次年报，从未披露过其他审计报告，投资者难以及时了解发行人的信用风险。

表4　国内主要信用债券品种的信息披露规则要求

监管机构	债券品种	年报	半年报和季报	重大事项
人民银行	金融债券	强制披露，4月30日前披露	鼓励披露即可，实际披露情况参差不齐	7条重大事项情形标准，较为粗略
交易商协会	非金融企业债务融资工具	强制披露，4月30日前披露	强制披露，仅须披露资产负债表、利润表和现金流量表，较为简略	15条重大事项情形标准，较为详细清晰
证监会	公司债券	强制披露，4月30日前披露	强制披露，须披露完整季度报告，包括资产负债表、利润表和现金流量表及经营情况说明等，较为详细	13条重大事项情形标准，较为详细清晰
发改委	企业债券	强制披露，6月30日前披露	鼓励披露，实际执行情况较差	9条重大事项情形标准，中等清晰

3. 披露质量存在问题

（1）披露不充分

部分发债企业在信息披露时隐瞒重要信息，故意误导投资者，严重损害了投资者利益。

（2）披露不及时

部分发债企业未按照时点要求披露，还有部分债券违约后索性长期不披露年报。

（3）财务报告可信度低的问题

更为严重的信息披露问题是，部分违约企业违约前最后披露的财务报告的现金流仍处于健康状态，该财务报告可信度显然存在问题。

（三）评级公司评级警示作用不强，违约后评级断崖式下跌

通过对55家违约公募债券发行企业的外部评级变化情况分析后发现，评级公司的外部评级警示作用不足。

在债券发生违约前一年，53%的企业主体评级为AA，25%的企业主体

评级为 AA-，13% 的企业主体评级为 AA+，合计 91% 的企业主体评级属于 AA 级别（含 AA+、AA、AA-）；到违约发生前一个月时，有 38% 的企业主体评级为 AA，11% 的企业主体评级为 AA+，9% 的企业主体评级为 AA-，仍有 58% 的企业主体评级属于 AA 级别（含 AA+、AA、AA-），仅有 27% 的企业主体评级属于 BBB 级别及以下。另外，这 11 个月的时间里，仅有 50% 的企业主体评级被下调过，另有 31% 的企业主体评级调整在 3 个级档之内。评级公司外部评级的作用无法体现。

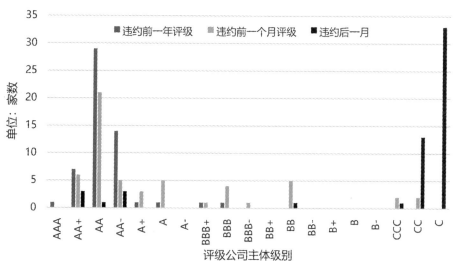

图 5　违约前一年、违约前一个月及违约后一个月的评级公司级别

与超过八成企业在违约前一个月外部评级没有明显下降相反，债券违约一个月后，评级公司等级呈现出断崖式降级，平均下调 11 个档级。其中，新光控股、永泰能源在违约后直接从 AA+ 降至 C，一次性调降 17 个档级；洛娃科技、丹东港、东北特钢等 8 家企业在违约后直接从 AA 降至 C，一次性调降 16 个档级。

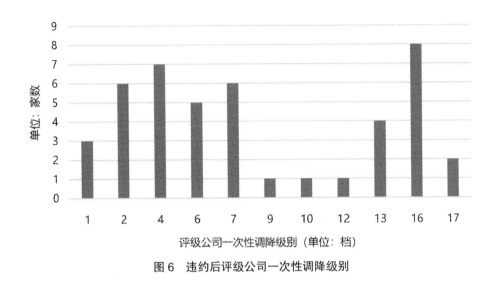

图6 违约后评级公司一次性调降级别

（四）持有人会议和受托管理人制度尚需完善

1.银行间市场持有人会议设置条件较高，降低效率

银行间市场《非金融企业债务融资工具持有人会议规程》规定，单独或合计持有百分之三十以上同期债务融资工具余额持有人可以召集持有人会议；出席持有人会议的债务融资工具持有人所持有的表决权数额应达到本期债务融资工具总表决权的三分之二以上，会议方可生效；持有人会议决议应当由出席会议的本期债务融资工具持有人所持表决权的四分之三以上通过后生效。上述规则虽然在设置时是考虑保护中小份额投资者利益，但在实践中也在一定程度上降低了持有人会议的效率。

相较而言，交易所市场的持有人会议规则要求相对宽松。《公司债券发行与交易管理办法》规定：发行人、单独或合计持有本期债券总额百分之十以上的债券持有人书面提议召开的，受托管理人应当召开持有人会议；发生其他对债券持有人权益有重大影响的事项，受托管理人应当召集而未召集持有人会议时，单独或合计持有本期债券总额百分之十以上的债券持有人有权自行召集债券持有人会议。

2. 银行间市场未明确设置受托管理人制度

公司债券属于集约型融资方式，在债券的存续期间，债权人由于人数众多分散，利益诉求各异，采取一致行动的成本极高，难以对发行人实施有效监督，因此应由专业的受托管理人召集持有人会议就特定问题投票表决。当前，银行间市场未明确设置受托管理人制度。《银行间债券市场非金融企业债务融资工具持有人会议规程》，明确了持有人会议的组成机制、责任机制、程序规定等，持有人会议由召集人负责召开。《银行间债券市场非金融企业债务融资工具中介服务规则》中对主承销商的工作范围作了近似代理人职责的粗线条规定，但并无实际业务规范，导致主承销商的责任与义务不明确，债券违约时，既无从要求主承销商必须发挥代理人职责，也无法追究主承销商是否存在信息披露问题。另外，在《关于切实加强债务融资工具存续期风险管理工作的指导意见》中提及，主承销商应做好债务融资工具存续期管理工作，密切跟踪监测信用风险，对发行人债务偿付风险进行动态评估分析，违约后及时召开持有人会议等，实际上是要求主承销商承担了受托管理人的职责。但该通知对主承销商参与违约处置的工作仅以"督导"发行人开展违约后的信息披露工作，"协助"投资人做好维权等工作，并未约束主承销商参与违约处置的义务。

3. 受托管理人制度存在利益冲突

证监会发布的《公司债券发行与交易管理办法》中规定，发行人应当为债券持有人聘请债券受托管理人，在债券存续期限内，由债券受托管理人按照规定或协议的约定维护债券持有人的利益。但在实践中，交易所债券的受托管理人实际上多数都由主承券商同时担任，忽视了主承销商作为债务发行人的代理中介，与债权人天然存在潜在利益冲突的问题。当债券出现风险问题时，主承销商存在维护发行人利益的倾向。

（五）部分债券违约处置时间长

违约公募债券中，处置周期最长的是保定天威，其处置过程已经超过1300天，超过三年时间。截至2018年12月31日，违约处置超过两年的还有天威英利（1175天）、山水水泥（1051天）、雨润集团（962天）、春和集团（959天）、国裕物流（875天）、中城建（752天）、大连机床（749天）。根据对公司公告的统计，已完成违约处置的共计41只债券的平均处置周期为304天。

违约处置周期过长主要与诉讼或破产重整流程耗时有关。

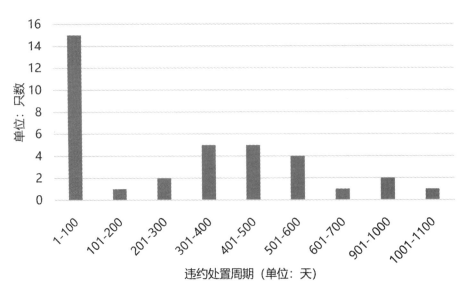

图7　已完成违约处置债券的处置周期

三、投资者保护机制亟须完善

债券市场投资者保护机制不足,将影响机构投资者购买信用债券的积极性,或要求发行人变相地提供担保,降低债券融资的资金使用效率,提高融资成本。应从强化相关市场制度与引导投资者及时关注隐含评级两个方面,完善债券市场投资者保护机制。

（一）强化信息披露制度,保障投资者权利

1. 要求发行人在发行条款中设置投资者保护条款

债券募集说明书的本质是商事合同,体现了有偿债券债务关系,对于维护债券市场的正常运转至关重要。债权人有权依照债券募集说明书中的投资者保护条款要求发行人履行约定义务,并可据此向法院提起诉讼。募集说明书的内容是发行人与主承销商主导设立,我国债券市场以往长期处于刚兑时代,投资者对条款的重视程度不足,与发行人的博弈中也处于弱势地位。在现阶段,建议要求发行人在募集说明书中设置丰富的投资者保护条款。

2. 明确信息披露要求

（1）提高及时性与完备性

不同监管体制下的债券市场信息披露要求有所差异。建议通过统一信息披露规则,将所有债券的信息披露频率提高至季度披露的频率。另外,对于可能影响企业偿债能力的资产抵质押,他人债务免除,对外担保等符合重大事项标准的必须在执行前进行披露,以保障信息披露制度的完备有效。

（2）明晰重大事项覆盖范围

现有信息披露规则不够明晰,描述多为"重大变化"或"可能影响偿债能力"等，容易被发行人利用以逃避重大事项信息披露。建议应对如资产抵质押、资产重组、查封、担保物变化、对外担保、股权变更等等重大事项的披露事宜，设置具体量化的披露标准。

（二）关注市场隐含评级，及时根据信用风险变化

中债市场隐含评级是从市场价格信号和发行主体披露信息等因素中提炼出的动态反映市场投资者对债券的信用评价，能够及时捕捉市场信息，相较于传统评级，更加迅速准确地对信用风险进行提早预警。

在正常的市场环境下，中债市场隐含评级能够比评级公司评级提前揭示信用风险变化。相比评级公司评级，中债市场隐含评级能够提前捕捉到63%的信用风险上升状况，平均提前103天下调其隐含评级，最大能够提前342天捕捉到其信用风险。

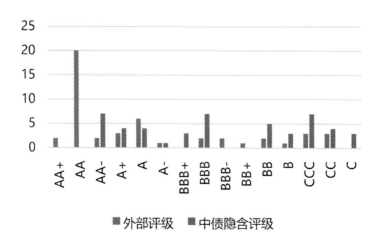

图 8　违约前一个月的外部评级和中债隐含评级

表 5　中债市场隐含评级提前下调情况

中债市场隐含评级提前下调只数占比	63%
中债市场隐含评级同步下调只数占比	37%
中债市场隐含评级提前下调家数占比	42%
中债市场隐含评级同步下调家数占比	58%
中债市场隐含评级最大提前下调天数	342
中债市场隐含评级平均提前下调天数	103

在面临违约风险前，中债市场隐含评级比评级公司评级反映更为迅速，违约前一个月中债市场隐含评级比评级公司评级平均低 4.3 个级档。

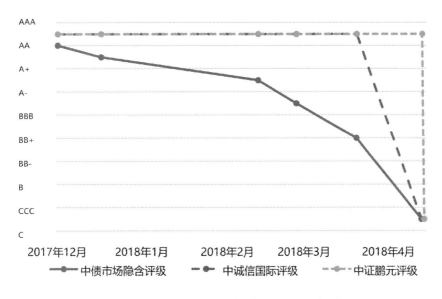

图 9　中债市场隐含评级与国内评级公司评级对比

（三）完善受托管理人制度

1. 全面实施受托管理人制度

银行间市场实施主承销商负责制，虽然也有规定要求主承销商在违约处置中积极发挥作用，但没有明确赋予某一主体作为受托管理人代表持有人利益，执行相关法律事务的责任，在违约处置中动力不足，代表投资者维权存在法律身份障碍，影响银行间市场的违约处置效率。建议在银行间市场也应明确实施受托管理人制度，强化受托管理人的职责。

2. 积极解决受托管理人利益冲突问题

交易所公司债券的受托管理人制度未明确要求利益隔离问题，建议探索由无利益冲突的第三方托管机构作为债券的受托管理人，例如，在 2019 年第一期湖北大冶湖高新技术产业投资有限公司公司债券中，主承销商为民生证券股份有限公司，债权代理人（受托管理人）为湖北银行股份有限公司大冶支行，做到了主承销商和受托管理人的分离。

对于存在主承销商和受托管理人为同一机构时，可以参考美国债券市场的规定，受托管理人如果与发行人存在利益冲突问题时，需要通过设置隔离墙等方式主动消除利益冲突，如不能消除利益冲突，则要求受托管理人在90 天内主动辞职。

另外，对于目前发行与受托管理人角色在激励机制上不对等，存在重前端轻后端的问题，应建立受托管理人报酬与持有人利益损害程度挂钩机制，激励受托管理人积极参与违约处置。

参考文献

［1］陈洁，张彬 . 我国债券受托管理人制度的构建与选择——以公开募集的公司债为视角[J]. 证券法苑，2016 (1)：50-77.

［2］段丙华 . 美国债券违约风险化解路径及启示：基于市场演进 [J]. 证券法苑，2016 (1)：

261–283.

［3］冯果, 段丙华. 债券违约处置的法治逻辑 [J]. 法律适用, 2017(7): 11.

［4］冯果, 阎维博. 论债券限制性条款及其对债券持有人利益之保护 [J]. 现代法学, 2017 (4): 40–53.

［5］洪艳蓉. 公司债券违约零容忍的法律救赎 [J]. 法学, 2013 (12): 39–45.

［6］刘瑜恒, 凡福善. 我国交易所公司债券受托管理制度探析 [J]. 债券, 2017 (5): 47–54.

［7］刘艳、林青、杨津晶. 债券违约: 处置方式、回收率及影响因素 [J]. 债券, 2018 (2): 40–49.

［8］庞小凤, 郭智. 我国证券监管转型背景下的投资者保护研究述评 [J]. 经济研究参考, 2016(18):37–46.

［9］习龙生. 公司债券受托管理制度的国际比较及立法建议 [J]. 证券市场导报, 2005 (2): 4–10.

［10］赵洪春, 刘沛佩. 债券受托管理人制度立法若干问题研究 [J]. 上海金融, 2017(6): 71–75+70.